A Study of Western Historiography Thought

西方史学思想研究

郑先兴◎著

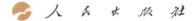

人民出版社

目　录

引　论

主题与概念

关于史学史及史学理论核心内容的史学思想的研究，一直以来就是史学研究中的重点与难点问题。以西方史学思想为例，就笔者所见，目前已经正式问世的专著，只有四部而已。[①] 究其原因，除了客观上存在的史学自身发展的曲折往复及其与社会互动的微妙难测、史学繁茂芜杂论著的海量阅读及其旨趣的精准领悟、史学思想实践的复杂性及其学科特性的规范要求之外，还有主观上研究者所拥有的社会属性、知识结构及其价值诉求，等等，这些无不制约并影响着史学思想的研究。所幸的是，生逢构建新时代人文社会科学新体系的盛世，史学同人无不潜心研学，笔耕不辍，为学术繁荣贡献才华。在这里，笔者不揣浅陋，以西方史学中历史主义思潮与流派为主题，并以西方概念史学理论为研究方法，梳理西方史学思想的基本内容及其发展理路。

一、成果与主题：西方史学思想研究的现状走向

史学思想是关于历史学学科建设与发展的基本观点与看法，它既是

---

① [英] 柯林武德：《历史的观念》，何兆武、张文杰译，商务印书馆 1997 年版；陈勇、罗通秀：《西方史学思想导论》，武汉大学出版社 1995 年版；于沛主编：《西方史学思想史》，湖南教育出版社 2015 年版；王晴佳：《西方的历史观念：从古希腊到现在》，北京师范大学出版社 2013 年版。

历史研究的基础理论与方法，又是史学史研究的核心内容。史学思想的研究，既有着具体时空的思潮与流派的规定，即所谓的史学史，又有着一般理论与方法论的展开，即所谓的历史哲学。

目前，基于史学史的西方史学思想的研究，其主题为史学理论，是从以下三个方面展开的。

一是以通史性的视域，在记述西方史学的时代特征、文献价值、史学功能的同时，着重介绍历代史学家的史学思想。如西方的代表专著是美国学者汤普森（Jams Westfall Thompson，1869—1941）的《历史著作史》①，分为上下两卷，上卷叙述上古到17世纪末叶，下卷叙述18世纪到第一次世界大战结束的史学发展状况，特别是记述了历史学与社会重大历史事件的关系，以及历史学的重要学派如德国兰克史学、英国的牛津学派与剑桥学派。伊格尔斯、王晴佳、穆勒等主编的《全球史学史：从18世纪至当代》②，以全球化的同一性视野，论述了18—20世纪全球史学发展的状况。沃尔夫主编的《牛津历史著作史》③，凡六卷，每卷的主编都是世界史学各个领域的著名学者。全书由150篇专论组成，按照编年体例，挖掘各国史学的传统精华，展现人类史学的优秀文化传统，尤其是地中海、伊斯兰与儒家等三大传统的个性传承；注重吸收艺术、考古、自然科学与社会科学各个领域的学术成果，注重史学研究与社会历史的互动，以及历史学知识的形成。④ 国内方面的研究主要

---

① ［美］J. W. 汤普森：《历史著作史》，谢德风、孙秉莹译，商务印书馆1988、1992年版。

② ［美］伊格尔斯、王晴佳、穆勒：《全球史学史：从18世纪至当代》，北京大学出版社2011年版。

③ ［英］丹尼尔·沃尔夫：《牛津历史著作史》，陈恒、李尚君译，上海三联书店2017年版。

④ 陈恒：《全球史学史的典范——评析〈牛津历史著作史〉》，《光明日报》2015年11月28日第11版。

有郭圣铭的《西方史学史概要》①、张广智的《西方史学史》②与《西方史学通史》③、郭小凌的《西方史学史》④、杨豫的《西方史学史》⑤，等等。在这里，无论是西方还是国内的史学史论著，都对西方的史学思想予以了专门的论述。

二是以史学流派的视域，论析西方史学思想的各种类型。罗凤礼主编的《现代西方史学思潮评析》⑥，全面评价了20世纪西方各家各派的重要史学思潮及其代表人物，如克罗齐、柯林武德、韦伯、弗洛伊德、汤因比、卡尔、汤普森和年鉴学派等。姜芃的《西方史学的理论和流派》⑦，论析了现代西方史学中的马克思主义史学、思辨的历史哲学、妇女儿童史学、美国的新政治史学，以及后现代主义史学的思想特征。徐浩、侯建新的《当代西方史学流派》⑧，以年鉴学派的社会科学范式和后现代主义史学的叙事理论为维度，考察其从传统到现代化的转变。

三是以史学思想的视域，专门探究西方史学的发展。关于这方面的研究，国外的专著于英国著名的历史哲学家柯林武德的《历史的观念》⑨，从历史编纂的角度，论析了古希腊罗马史学、基督神学史学与现代科学史学的编纂思想，指出史学思想的本质在于史学家属性，即"一切历史都是思想史"。国内的专著有陈勇、罗通秀的《西方史学思想导论》⑩，

---

① 郭圣铭：《西方史学史概要》，上海人民出版社1983年版。
② 张广智：《西方史学史》，复旦大学出版社2000年版。
③ 张广智：《西方史学通史》6卷本，复旦大学出版社2011年版。
④ 郭小凌：《西方史学史》，北京师范大学出版社1995年版。
⑤ 杨豫：《西方史学史》，江西人民出版社1993年版。
⑥ 罗凤礼主编：《现代西方史学思潮评析》，中央编译出版社1996年版。
⑦ 姜芃：《西方史学的理论和流派》，中国社会科学出版社2007年版。
⑧ 徐浩、侯建新编著：《当代西方史学流派》，中国人民大学出版社2009年版。
⑨ ［英］柯林武德：《历史的观念》，何兆武、张文杰译，商务印书馆1997年版。
⑩ 陈勇、罗通秀：《西方史学思想导论》，武汉大学出版社1995年版。

以史学家为中心，介绍了西方历史上各个阶段史学家的史学思想；于沛主编的《西方史学思想史》①，分阶段介绍了西方史学思想的发展，尤其是对 20 世纪 20—30 年代以来的西方史学思想的内涵、特征及其学术影响，予以了深入的论析；王晴佳的《西方的历史观念：从古希腊到现在》②，以历史本体论（思辨的历史哲学）与历史学理论（分析的历史哲学）为范畴，将史学思想理解为"揭示历史演变的过程""解释和总结人类历史的发展变化"，以 10 章的篇幅，描述了古希腊以来的西方史学思想。其论文，主要是以史学家为单位而展开的。如李晶洁博士的《丹尼尔·布尔斯廷的史学思想研究》③、韩炯博士的《历史思考的新途径：海登·怀特的历史哲学研究》④、胡术恒博士的《罗素史学思想研究》⑤，等等。

基于历史哲学的西方史学思想的研究，其主题是历史主义（historism）。

国外方面，主要集中在对德国、意大利和美国的研究。

德国的历史主义研究。1899 年，法国的安托万·基扬的《近代德国及其历史学家》是较早研究德国历史主义的论著，论析了 19 世纪德国的著名历史学家尼布尔、兰克、蒙森、聚贝尔和特赖奇克的史学思想，指出历史学意义："历史方法是表达民族观念的主要手段"，"历史学家们以他们的学说来塑造德意志民族"，"他们是民族自由主义政策的推动者"。⑥1936 年，弗里德里希·梅尼克出版的《历史主义的兴

---

① 于沛主编：《西方史学思想史》，湖南教育出版社 2015 年版。

② 王晴佳：《西方的历史观念：从古希腊到现在》，北京师范大学出版社 2013 年版。

③ 李晶洁：《丹尼尔·布尔斯廷的史学思想研究》，复旦大学博士学位论文，2008 年。

④ 韩炯：《历史思考的新途径：海登·怀特的历史哲学研究》，中国社会科学院研究生院博士学位论文，2010 年。

⑤ 胡术恒：《罗素史学思想研究》，东北师范大学博士学位论文，2018 年。

⑥ [法] 安托万·基扬：《近代德国及其历史学家》，黄艳红译，北京大学出版社 2010 年版，第 1 页。

起》是研究历史主义最系统的论著，详细考察了 18—19 世纪欧洲学术中的历史主义，重点论析了法国启蒙思想家伏尔泰、孟德斯鸠，英国的休谟、吉本、罗宾逊、弗格森与柏克，以及德国史学家墨泽尔、赫尔德与歌德等学者的史学思想。在梅尼克看来，"历史主义不仅是一种历史观，而且是一种生命观和世界观"；历史主义是"通过一种发展的过程"予以"一种个体化的观察"；"历史主义的兴起乃是西方思想中所发生的最伟大的精神革命"。①1968 年，美国学者格奥尔格·G.伊格尔斯的《德国的历史观：从赫尔德到当代历史思想的民族传统》，论析了从赫尔德到当代（1968 年为止）的民族传统中的历史思想，考察了洪堡、兰克、普鲁士学派和相对主义学派的史学思想，批评德国历史学家借助历史研究塑造民族传统，反对民主自由，从而形成了德国式的历史主义（historism）。②

意大利的历史主义研究，一是体现为著名历史哲学家克罗齐的史学思想。1938 年，克罗齐的《作为思想和行动的历史》一书中的"历史主义及其历史"与"没有历史问题的历史学"，比较详细地论析了历史主义的特征，并介绍了兰克和布克哈特的史学思想。③二是体现为安东尼的史学思想。安东尼是克罗齐的得意弟子，罗马大学的教授，1956年，意大利文化部邀请他在电台做了关于历史主义的系列讲座。安东尼从历史主义的含义和背景开始，对 18—20 世纪中曾经盛行于英国、法国、德国和意大利的各种历史主义思潮如自由、人文、民族、浪漫、辩

---

① ［德］弗里德里希·梅尼克：《历史主义的兴起》，陆月宏译，译林出版社 2010 年版，第 606 页。

② ［美］格奥尔格·G.伊格尔斯：《德国的历史观：从赫尔德到当代历史思想的民族传统》，彭刚、顾杭译，译林出版社 2014 年版。

③ ［意］克罗齐：《作为思想和行动的历史》，田时纲译，中国社会科学出版社 2005年版。

证和唯物主义等等，予以了深入浅出的讲述。①

美国的历史主义研究，集中体现为海登·怀特的史学思想。1993年，张京媛主编的《新历史主义与文学批判》，收集了海登·怀特的《评新历史主义》《解码福柯：地下笔记》《作为文学虚构的历史文本》与《历史主义、历史与修辞想象》等四篇文章。②2003年，陈永国、张万娟翻译了怀特的《后现代历史叙事学》，③2011年又被董立河翻译成《话语的转义——文化批评文集》④，收录了怀特有关历史主义的13篇论文。2004年，陈新所翻译的海登·怀特的《元史学：十九世纪欧洲的历史想象》⑤，介绍了怀特以其历史诗学的眼光对19世纪欧洲著名的历史学家和启蒙学者黑格尔、米什莱、兰克、托克维尔、布克哈特、马克思、尼采与克罗齐等所做的评论。美国的历史主义研究，曾用"新历史主义"、"后现代主义"与"文化诗学"等概念，相对来说比较紊乱与复杂。

英国的历史主义研究，主要就是著名的历史哲学家卡尔·波普的《历史主义的贫困》，又被翻译为《历史决定论的贫困》。1935年作为会议论文宣读，1944年在《经济学》上发表，1957年正式以书的形式问世。该书以史学的科学性为话题，论析了作为科学方法论的历史主义的特征。

国内方面，有关西方历史主义的研究，可以说是成绩卓著。

1979年，张芝联先生发表《资产阶级历史主义的形成及其特征》，

---

① ［意］卡洛·安东尼：《历史主义》，黄艳红译，格致出版社、上海人民出版社2010年版。

② 张京媛主编：《新历史主义与文学批评》，北京大学出版社1993年版。

③ ［美］海登·怀特：《后现代历史叙事学》，陈永国、张万娟译，中国社会科学出版社2003年版。

④ ［美］海登·怀特：《话语的转义——文化批评文集》，董立河译，大象出版社、北京出版社2011年版。

⑤ ［美］海登·怀特：《元史学：十九世纪欧洲的历史想象》，陈新译，译林出版社2004年版。

探讨了历史主义思想的渊源是对启蒙史学思潮的反动，揭示资产阶级历史主义的特点和本质在于人类理性的共性与民族传统文化的个性，分析了马克思主义的历史主义与资产阶级历史主义的分野在于革命的批判精神。2002 年，黄进兴先生的《历史主义与历史理论》出版，收录了作者 20 世纪 70 年代中期的学位论文《历史主义：一个史学传统及其观念的形成》，分三个时段介绍了西方历史主义的发展史：18 世纪的酝酿期，主要介绍了启蒙思想、浪漫主义与柏拉图主义等；19 世纪的发展期，如维科、赫尔德、黑格尔、兰克、布克哈特、狄尔泰；20 世纪的修正期，如德国的搓尔契和迈内克、意大利的克罗齐。2008 年，北京大学黄轩的学位论文《试论德国经典历史主义史学的学科理论特性——以兰克、德罗伊森为中心》，专题性地介绍了德国的历史主义传统。2010年，复旦大学焦佩锋的学位论文《唯物史观与历史主义》，系统考察了西方历史主义发展的谱系；明确历史主义是启蒙史观的批判者，马克思既反对启蒙史观，又反对历史主义；进而，又从"个体性""发展原则"两个方面揭示唯物史观对历史主义的超越。①2012 年，宋友文的博士论文《历史主义与现代价值危机》指出，历史主义思潮既是思想运动，又是哲学思潮，是历史表象与深层次矛盾与危机的哲学问题；聚焦历史主义、价值相对主义与虚无主义，考察梳理历史主义的兴起、发展和危机的发展脉络，其认识论的内核及危机的表现就是价值相对主义和虚无主义，其实质是现代社会的价值危机。②2016 年，李永刚的博士论文《历史主义与解释学——以"历史性"概念为核心的考察》指出，"'历史性'本质上是人类自身存在的时间性"，历史主义与解释学融合与统一的进程，本质上就是"历史性"概念的自我理解逐步深化的进程。还指

---

① 焦佩锋：《唯物史观与历史主义》，复旦大学博士学位论文，2010 年。
② 宋友文：《历史主义与现代价值危机》，人民出版社 2012 年版。

出，历史主义经历了两个阶段，古典阶段是历史主义与方法论解释学融合，立足于主客二分的认识论模式，作出贡献的有维柯、赫尔德、黑格尔、施赖尔马赫、兰克、德罗伊森、狄尔泰等，现代阶段的"第二等级的历史主义"，立足于此在（或人类）生存的时间性和历史性，强调古与今、过去与现在关系的解释模式，作出贡献的学者有海德格尔、伽达默尔等。①

综上所述，西方史学思想的研究，不仅其数量相对较少，即"对西方史学思想进行理论深究式的研究成果偏少"，而且在研究态度上，缺乏"理论批判力"，预设着"西方史学是先进的，我们的史学是落后的。西方史学是现代的，我们的史学是传统的"；在研究见识上，缺乏对西方史学"背后隐藏的意识形态意图"的"意识和警惕性"，"欣欣然"接受其"新史学思想"，而"丧失了分辨能力"。②

由此而言，西方史学思想的研究走向，有以下三点应当注意：

一是当加强马克思主义理论的指导，创建中国的西方史学研究体系。张广智老师曾经指出："无论是吸取西方史学中确有学术价值的有益成分，还是建立西方史学研究的中国学派，都需要我们在马克思主义的理论指引下，把辩证唯物主义与历史唯物主义的基本原理作为指导原则贯彻到这门学科研究的全过程中"；"当代中国史学的发展方向，无疑是要努力推进历史学的现代化，创建具有自己特色的中国马克思主义史学的新体系"。③ 吴英也指出：马克思主义理论的指导作用，"一是指通过一些理论预设指导我们如何研究和解释历史；二是指作为评价各种历

---

① 李永刚：《历史主义与解释学——以"历史性"概念为核心的考察》，人民出版社2016年版。

② 吴英：《对当前西方史学研究的几点反思》，《中国社会科学报》2018年5月7日第6版。

③ 张广智：《关于深化西方史学研究的断想》，《社会科学》1992年第3期。

史事实和评判各种史学思想的标准"。①

二是当以史学思潮与流派为线索，把握西方史学思想的发展脉络。按照唯物史观，任何思想观点不仅仅是社会历史发展到一定条件的产物，而且也有着相对独立的个性发展空间。这就是说，史学思想作为一种意识形态，总是处于一定的社会思潮之中；而作为学术思想，则又处于一定的学术流派之中。换句话说，思潮与流派构成了史学思想的社会性与学术性。由此，从思潮与流派的角度认识史学思想，是史学实证精神的具体展现。

三是当以历史主义为主题概念，把握西方史学的精髓。陈新在谈到西方史学史学科研究的拓展时，曾指出，史学史的主题是撰写史学史的主线；确立了史学主题，既可以认识史学家怎样组织筛选资料、采用何种叙事方式、其史学判断与客观事实的关系，又可以把握历史学的元问题，如"历史学存在的目的是什么""历史学的性质又如何"等。②

据此，我们认为，西方史学思想研究的主题是历史主义，线索为史学思潮与流派。简而言之，西方史学思想的内核为历史主义，其外壳则是史学思潮与流派。因为历史主义作为历史学与人文社会科学研究中的基本概念，不仅体现着历史发展到一定阶段的社会政治思潮，而且也影响着历史学学科理论的构建。所以，准确清晰地论析其基本含义及发展理路，尤其是把握其各种思潮与流派，不仅能了解西方史学思想发展的线索及其总体特征，而且还能正确地认识西方历史学与社会政治的互动影响，正确认识历史学与人文社会科学的关系，吸取其历史学学科构建及其发展的经验。

---

① 吴英：《对当前西方史学研究的几点反思》，《中国社会科学报》2018 年 5 月 7 日第 6 版。

② 陈新：《当前西方史学史学科拓展的可能方向与任务》，《史学月刊》2012 年第 10 期。

二、概念与学科：西方史学思想的本质范畴

作为史学思想的本质，历史主义（historism）的概念究竟应该怎样理解？可以说，这是一个非常复杂的问题。正如卓立先生所指出的，"'历史主义'的所指不仅繁复，而且还包容了一些彼此冲突的元素"；所以，时至今日，"为历史主义总结出一个固定内涵是不可能的"。① 话虽如此，既然作为一个概念被提出并得以广泛地应用，说明还是有其较为固定或者说是特定的内涵的。

笔者认为，准确地把握历史主义的概念，要从以下三个方面进行。

其一，从学术理论上来说，历史主义作为人文社会科学方法论，其准确的提法，应该是历史学主义。它与哲学主义、文学主义等的提法一致，都属于学科方法论。当然，就其学科旨趣而言，史学是求真的，哲学是求善的，文学是求美的。具体到方法论上，历史主义要求的是逻辑并全面地占有资料，去伪存真，真实再现历史发展；哲学主义要求的是观察各种社会现象，披沙沥金，抽绎出符合人类整体利益的善言善行；文学主义要求的是考察人生百态，淋漓酣畅，点化芸芸众生的心灵震颤及别样情愫。由此，历史主义含义的把握，必须与哲学主义、文学主义相区别、相媲美。但是，西方史学史发展到 20 世纪，基于反思 19 世纪兰克客观主义史学的需要，其前期的相对主义，却以历史研究中的认识主体性的参与割裂、损害客观事实为借口，否认史学的实证特质，将历史主义等同于哲学主义；其后期的后现代主义，或曰新历史主义，则以历史学与文学皆以叙事为借口，以皆会使用情节、语言、修辞、隐喻为手段，混淆历史事实的真实与文学故事的虚构之差异，将历史主义与文

---

① 卓立：《历史主义与"如何是"》，《社会科学家》2011 年第 3 期。

学主义画等号。显然，无论是相对主义，还是后现代主义，其认识把握的愿景都是兰克史学，其愿景依然是史学的客观性，其指向是史学的学习者、阅读者，由此，我们称之为接受史学，而其旨趣却是强调史学与哲学、文学有着共同的特质，从而确立历史学的学术地位及价值。美国学者德怀特·李、罗伯特·贝克曾考察了历史主义之"聚讼纷纭的概念"，说："历史主义是一种评价事物的哲学信念；是一种立足历史来理解或评价人类当下处境及问题的反实证主义和反自然主义观点。"①显然，这个观点是针对相对主义史学与后现代主义史学而言的。

其二，从社会实践上来说，历史主义作为西方历史中的社会思潮，是与社会政治的意识形态紧密相连的。自古迄今，尤其是近代以来，西方社会风云激荡，新航路的开辟与殖民主义、重商主义、金融资本等政策的推行，资产阶级的革命与制度的确立、殖民掠夺与战争的爆发，以及工业化、电气化、信息化等科技革命的实现，等等，可以说新生事物层出不穷。随之而生的是纷繁芜茂的各种社会思想、思潮，如人文主义、启蒙思想、民族主义、科学主义等，它们既演绎为多姿多彩的历史现象，又反思并回应着历史的疑问。这样，自然地，就形成了各种不同的史学思潮与流派，从而构成了不同的历史主义。由此，对历史主义内涵的把握，需要观照其所处时代的历史处境、社会思潮、精神架构与诉求，才能领悟其深邃的历史感，才能领悟各种历史主义思潮的精意深旨。意大利著名的历史学家克罗齐的弟子安东尼在谈到历史主义的含义时说："我们显然不能再谈论一种历史主义，而应该说有多种历史主

---

① ［美］德怀特·李、罗伯特·贝克：《"历史主义"的五种含义及其评价》，焦佩锋译，《当代国外马克思主义评论》2009 年第 7 期。

义。"① 比如有自由的、人文的、民族的、浪漫的、辩证的、唯物的、绝
对的等历史主义。

其三，从思维方式上来说，历史主义作为基于社会思潮与史学方法
论的思维方式，其基本的内容在众多学者的论析中，已经得到了充分
的展现。如英国学者莫米格利亚诺（Arnaldo Momigliano）考察了希
罗多德、修昔底德、迈尔（E.Meyr）和布洛赫（M.Blcoh）的历史学
研究，指出，历史学家的工作特性在于：（1）"普遍地热衷于对人类
过去的各种事迹进行研究"；（2）"喜欢发现有关人类历史的各种新的史
实"；（3）"认识到人们所掌握的有关人类的历史资料会引起种种疑问，
而这些疑问将影响这些资料本身的可信性，进而影响对人类历史本质的
认识"；（4）"力图了解有关人类历史的、经过挑选的各种事实的意义，
即对这些事实加以解释和评价"。又说："所谓'历史主义'，即产生于
对史料的选择、解释和评价的过程中。说得更确切一些，历史主义认识
到，我们每一个人看待以往的历史事件时，都要（或至少）受到我们个
人本身在历史中的变化情况的制约。"② 据此而论，历史主义作为思维方
式，其基本范畴在于：

1. 历史本体论，即历史的含义、内容与性质等问题，即所谓的"人
类过去的各种事物"，"人类历史的各种新的史实"。卡尔·维尔纳尔指
出，维科的"历史为人类创造，因此反映了人类的意图，即意义"论点，
即体现了历史主义的核心。③

---

① ［意］卡洛·安东尼：《历史主义》，黄艳红译，格致出版社、上海人民出版社2010
年版，第11页。

② ［英］莫米格利亚诺：《历史主义新探》，张广勇译，《现代外国哲学社会科学文摘》
1985年第9期。

③ ［美］格奥尔格·G.伊格尔斯：《历史主义的由来及其含义》，王晴佳译，《史学理
论研究》1998年第1期。

2. 历史学学科论，即历史学的研究对象、任务、性质与功用等问题，即所谓的"人类历史本质的认识"的疑问，"挑选各种事实的意义"，"加以解释和评价"。美国著名的国际史学史权威伊格尔斯明确指出："有关历史主义的最新论著必须回答下面两个问题：历史学什么时候成为一门科学和历史学什么时候成为一项专业化的学问。"①

3. 历史认识论与方法论，即历史研究的路径、方式、方法及要求等问题，即所谓的"对史料的选择、解释和评价"，"受到我们个人本身在历史中的变化的制约"。

由上所述，可以说，所谓历史主义就是指基于历史含义的认知并由此而生发的关于历史学的学科论、认识论与方法论的设定，进而形成的认识、研究和看待历史的基本范式。历史主义是植根于一定的社会历史中的，与其社会意识形态互为交融、互为拥有、互为促进的社会思潮；同时，历史主义是以求真为鹄的，与哲学主义的求善、文学主义的求美相互映衬的、相互依赖的学科理念与思维方式。

三、思潮与流派：西方史学思想的发展脉络

西方史学思想的发展，是以历史主义为本质，以思潮与流派为线索而展开的。所谓史学思潮是基于社会思想意识所涌现的共同的历史观念、价值诉求与审美意趣；所谓史学流派则是基于史学思潮的共同的学科理论构建、学科认识论与方法论的规定。由此，史学思潮是史学流派的核心与基础，史学流派是史学思潮的体现与折射。在史学史上，史学思潮与史学流派是自然融为一体的。所以，探讨史学思潮，必须探究史

---

① ［美］格奥尔格·G.伊格尔斯：《历史主义的由来及其含义》，王晴佳译，《史学理论研究》1998 年第 1 期。

学流派；反过来也是一样，要探究史学流派，就必须把握其理论基础即史学思潮。可以说，史学思潮与史学流派是史学史研究的基本理念和范畴，是宏观与整体把握史学发展史的基本方法论，是认识和掌握西方历史主义的基本范畴与方法论。

由此，史学思潮与史学流派就成为 20 世纪中叶以来西方史学研究的热点问题。回顾其发展的历程，首先，是从史学流派的译介与研究开始的。早在 1960 年，北京大学著名历史学家张芝联先生到贵阳师范大学历史学系讲学，其题目就是"西方史学流派"，主要提出了"四个学派：德国学派、年鉴学派、文化形态学派、大企业史派"。①1982 年，上海人民出版社出版的由复旦大学田汝康、金重远主编的《现代西方史学流派文选》②，对 20 世纪 17 位历史学家所代表的西方史学流派的代表性的论著予以了摘选，可以说是改革开放以来再次启用史学流派概念的专著。1987 年，朱孝远在《历史研究》第 2 期上发表了《西方现代史学流派的特征与方法》论文，详细介绍了第二次世界大战以来西方史学所兴起的各种史学流派，如年鉴学派与社会史学派、心理史学与精神史学。③2007 年，姜芃先生所主编出版的《西方史学的理论和流派》④，详细考察了西方思辨的历史哲学、美国新政治史学、西方妇女儿童史、后现代主义史学，以及西方马克思主义史学等流派。2009 年 5 月，中国人民大学出版社出版了徐浩和侯建新编著的《当代西方史学流派》⑤，介绍了第二次世界大战结束以来的西方史学流派，该书以年鉴学派为代表

① 张芝联：《从〈通鉴〉到人权研究：我的学术道路》，生活·读书·新知三联书店1995 年版，第 14 页。
② 田汝康、金重远主编：《现代西方史学流派文选》，上海人民出版社 1982 年版。
③ 朱孝远：《西方现代史学流派的特征与方法》，《历史研究》1987 年第 2 期。
④ 姜芃主编：《西方史学的理论和流派》，中国社会科学出版社 2007 年版。
⑤ 徐浩、侯建新编著：《当代西方史学流派》，中国人民大学出版社 2009 年版。

的社会科学范式和以后现代主义为代表的叙事范式为分野，分别介绍了
兰克史学，从思辨的（包括斯宾格勒、汤因比）到批判的（包括狄尔
泰、克罗齐、柯林武德与波普尔）历史哲学，以及鲁滨逊的新史学、新
社会史学等。在对西方史学的译介中，一些学者深刻地意识到史学流派
是研究西方史学的基本范式。张广智先生说："深化对史学流派的研究
自是题中应有之义"，是史学史研究"不断开拓创新"的基点；进而指出，
史学流派与史学学派"似可混用"，但稍有所不同，流派是"泛指"，学
派则多是"单指"。① 孟广林鉴于一个多世纪以来西方史学流派"几经
变迁，门庭众多，其学术思想与研究方法各有所异"，指出要深化世界
史研究，必须"密切追踪西方史学流派"。②

　　其次，史学思潮的研究开端于 20 世纪 80 年代。1987 年，罗荣渠
先生的《西方现代化史学思潮的来龙去脉》，率先采用了史学思潮的概
念。在这篇长文中，罗先生评述了从 19 世纪工业化以来尤其是 50—70
年代西方现代化的进程，指出：现代化史学思潮是以美国工业文明为依
据的社会新思潮，其特征"乃是对已发展的史实的模仿"。③1992 年，
中国社会科学院世界历史研究所获得了"当代西方史学思潮评析"的院
级重大研究项目，该项目的成果于 1996 年由中央编译出版社出版。该
成果主要介绍了 20 世纪克罗齐、柯林武德、马克斯·韦伯、弗洛伊德、
汤因比、爱德华·卡尔、J. W. 汤普森以及年鉴学派等西方史学流派。
2006 年，陈新的《20 世纪西方史学思潮二题》，论析了年鉴学派与历史

---

① 张广智：《流派史：史学研究新的生长点》，《中国社会科学报》2016 年 7 月 11 日第
4 版。

② 孟广林：《密切追踪西方史学流派，深化我国的世界史研究》，《河南大学学报》
2001 年第 1 期。

③ 罗荣渠：《西方现代化史学思潮的来龙去脉》，《历史研究》1987 年第 1 期。

人类学两个史学思潮的发展情况。①

　　最后，在西方史学的研究中，将史学思潮与史学流派融合于一体，以史学流派揭示史学思潮的本质及其呈现，或者以史学思潮来阐释史学流派的发展及其趋向，有学者已经认识到了。《现代西方史学流派文选》选编了狄尔泰的《梦》，就哲学的共性与个性，以及就其思潮与流派的关系予以了形象的说明。狄尔泰说，晴朗的夏日黄昏，他在克莱恩—奥爱尔思城堡与其朋友讨论欧洲哲学，而后回到卧室，脑海中萦绕着讨论的话题，看到卧室墙壁上伏尔帕托的蚀刻画，画面是拉斐尔所画的柏拉图与亚里士多德激烈争论的场景，于是突然萌生一种"令人高兴万分"的念头："天才的拉斐尔的和谐精神是怎样把敌对哲学体系的生死斗争融合成一片和平意境的。"② 带着这个念头，狄尔泰在《梦》中将欧洲哲学家予以了归类：布鲁诺、笛卡尔、莱布尼茨、阿基米德、托勒密、达兰贝尔、孔德等的唯物主义和实证主义者；苏格拉底、柏拉图、圣奥古斯丁、康德、席勒、费希特、卡莱尔、兰克、基佐、特赖奇克等的自由唯心主义者；毕达哥拉斯、赫拉克利特、斯宾诺莎、谢林、黑格尔等的客观唯心主义者。③ 狄尔泰说："当看到哲学被分化、被瓦解成三个甚至更多的趋向时，一种从哲学角度所产生的忧虑便油然而生，我也顿时忧思重重"，"于是我就极力为思想的一致性而斗争，而在斗争中，我的睡意和梦境也就越来越淡，我梦中的人物遂纷纷消逝"。④ 显然，狄尔泰

---

　　① 　陈新：《20世纪西方史学思潮二题》，《学术研究》2006年第10期。
　　② 　田汝康、金重远主编：《现代西方史学流派文选》，上海人民出版社1982年版，第3页。
　　⑤ 　田汝康、金重远主编：《现代西方史学流派文选》，上海人民出版社1982年版，第4—6页。
　　④ 　田汝康、金重远主编：《现代西方史学流派文选》，上海人民出版社1982年版，第6页。

的旨趣在于调和哲学的流派分野，强调哲学的共性。换句话说，狄尔泰所强调的是哲学流派表层下的哲学思潮本质。当然，由于时代的限制，国内学者曾对此完全持否定的意见。如说"这是抹杀世界观的是非界限，抽掉阶级属性的有害理论"①。

其实，史学思潮的研究，正是要在史学流派的分野与矛盾之上，挖掘其共性，细辨其个性，从而抽绎其本质。简单来说，就是在其相互矛盾中看到其统一性、一致性，这用狄尔泰的话说就是"和谐精神"。所以，在史学史上，不同流派的史学，表面看来相互抵触、相互反诘，但有可能是建立在共同的思潮、思想之上的，其本质是一致的。如古典西方史学与中世纪的基督神学史学，表面看来分属于不同的史学流派，即古典人文主义史学与基督神学史学，但就其思想、思潮基础而言，却都从属于历史主义的文化思潮，即都强调人类是历史的主体，是历史的创造性因素。同时，又都认为，不是所有的人都是创造历史的，只有善良的人、善良的欲望才是推进历史的；相反，丑恶的人、丑恶的欲望会促退历史。因此，古典史学也好，基督神学史学也好，有着一致的要求，即主张抑恶扬善。又如 20 世纪以来的西方史学，经历了相对主义史学、后现代主义史学两个流派的发展阶段，而这两个流派又都被视作是对 19 世纪德国兰克客观性史学的反动。"20 世纪西方史学史和史学理论领域中，客观性这一历史学传统的核心价值和信念遭受了两次较大的冲击：20 世纪 20—30 年代的史学相对主义思潮以及 70 年代以降的后现代主义思潮。"②实际上，兰克客观主义史学与相对主义史学、后现代主义史学，包括如今方兴未艾的概念史学，都从属于实证史学思潮，都

---

① 夏祖恩：《"现代西方史学流派"之漫议》，《福建师范大学福清分校学报》1995 年第 1 期。

② 彭刚：《相对主义、叙事主义与历史学客观性问题》，《清华大学学报》2008 年第 6 期。

是从构建历史学学科理念的角度来讨论历史学研究的理论与技艺的。再如心理史学，自从其产生以来，大多被认为是反对马克思主义史学的，而实际则是其发展和深化。"弗洛伊德的理论在西方思想史上开辟了一个研究人的问题的全新领域，将关于人的研究带入了一个前所未有的新阶段。在客观上，弗洛伊德确实呈现了一种关于文化和社会的病理学分析，从而为对资本主义社会的批判提供了优越的理论资源。""精神分析理论进入了西方马克思主义者的视界，铸就了成果辉煌的弗洛伊德主义的马克思主义这一思潮。"①

弄清楚了史学思潮与流派的含义及相互关系，以及其学术价值及意义，那么，怎样以此来揭示和阐释西方史学思想的发展呢？

在这里，我们以历史主义作为切入点，考察整个西方史学思想的进程。西方史学思想虽然纷繁复杂，但是其历史主义的发展脉络，却是异常清晰的。

其一，历史主义的文化思潮，其流派主要是古典史学与基督神学史学。

其二，历史主义的启蒙思潮，其流派包括理性史学、非理性史学与民族传统史学。

其三，历史主义的实证思潮，其流派有实证史学、接受史学与概念史学。

其四，历史主义的科学思潮，其流派有唯物史观、年鉴学派与心理史学。

由上所述，西方历史主义的发展，从古代、中世纪到近现代，其演变则依次经过了四个思潮，即文化思潮、启蒙思潮、实证思潮、科学

---

① 张一兵：《当代国外马克思主义哲学思潮》上卷，江苏人民出版社2012年版，第186、187页。

思潮；十一个流派，即古典史学、基督神学史学、理性史学、非理性史学、民族传统史学、实证史学、接受史学、概念史学、唯物史观、年鉴学派、心理史学。

西方历史主义发展的节点则依次为古典史学→理性史学→实证史学→唯物史观。

如果说古典史学是历史主义萌芽的话，那么，理性史学才是真正的历史主义的诞生；进而，如果说理性史学只是历史主义的社会政治思潮的话，那么，实证史学则是奠定了历史学的学科与学术规范；如果说古典史学、理性史学、实证史学都认为历史是人类的活动，其动力是意识，从而仍然宣扬的是唯心史观的话，那么，唯物史观则将意识看作是历史发展到一定阶段的产物，是受制于物质生产方式的，从而将作为人类的思维方式、社会思潮或学术规范的历史主义，安放在真正的科学基础之上。

四、任务与方法：西方史学思想研究的价值诉求

如上所述，考察西方史学思想的研究现状及其走向、界定其历史主义的本质、厘清其思潮与流派的发展理路，其基本的任务就在于以下几点。

一是构建西方史学思想的知识体系。经过研究，可以发现，西方史学思想的内核为历史主义，而其外壳则是史学思潮与流派；西方历史主义的发展，从古代、中世纪到近现代，依次经过了四个思潮，即文化思潮、启蒙思潮、实证思潮、科学思潮；十一个流派，即古典史学、基督神学史学、理性史学、非理性史学、民族传统史学、实证史学、接受史学、概念史学、唯物史观、年鉴学派与心理史学。

二是界定西方史学思想的本质内核为历史主义。历史主义不是因启蒙运动的历史虚无主义而产生，而是随着文化思潮的萌生而发生的，是古典史学以及整个西方史学的核心与灵魂。这个结论的意义在于，超越了之前学者们所界定的历史主义所受的时空两个条件的制约。从时间来说，超越了"历史主义产生于 18 世纪末 19 世纪初"观点的局限。在历史主义的研究中，一些学者将其产生界定为文艺复兴时期，是立足于史学的反封建及其现代化而言的。也就是说，历史主义产生于中世纪的结束与新兴的资本主义发生发展的欧洲，是伴随着工业化与现代化发生发展而逐渐产生的以历史学为核心的现代人文社会科学理论。用现代化的观点来说，历史主义是在西方现代化进程中现代学术的主要门类即历史学的研究范式，是基于历史为人类的活动观念的、以探究并把握其规则为目的、以史料事实为依据的学科理论与以发展为视角的方法论。① 但是，若将历史主义作为历史研究的思维方式、历史学的学术规范，那么，就会发现，历史主义不仅仅是在反封建神学与现代化中才产生的，而应该是随着历史研究的展开与历史学的产生而产生的。因此，在古典史学、基督神学史学中，也有着历史主义的元素需要考察与梳理。从空间来说，超越了德语国家的局限。正如伊格尔斯所说："迄今为止，有关历史主义的研究主要局限在德国，表现了德国的观点。但正像卡洛·安东尼许多年前所指出的那样，历史主义作为一个运动和观点已经

---

① 马德普分析了历史主义兴起的社会历史原因，主要是："资产阶级革命和工业革命引起的巨大变化打破了西方思想中的永恒意识""启蒙运动的进步观念滋养了发展变化的思想""法国革命的普遍主义原则和理想，在向其他国家传播的过程中，受到民族主义的抵抗""随着对其他民族或文化体系的风俗、历史与传统的了解，人们逐渐增强了多样性、差异性和变化性意识，并使传统的自然法观念发生了动摇"。西方历史主义的流派："浪漫主义、黑格尔主义、德国的历史法学派和进化论，最后，在马克思那里以历史唯物主义的新形式发展到高峰。"（马德普：《历史主义的兴起及其对自由主义普遍主义的冲击》，《政治学研究》2003 年第 4 期）

超越了德语的范围。"①

三是厘清西方史学思想发展线索在于其史学思潮与流派。历史主义是认识和把握西方史学史上各种思潮与流派的指南。西方史学思想在时间和空间上的跨度都很大，其线索繁复，国度众多。但是以历史主义的学科规范、社会思潮与思维方式予以本质的观察，即可纲举目张，一目了然。同时，从史学思潮与流派的角度予以考察，即可廓清历史学观点纷陈、学派林立的迷雾，准确地认识西方史学的发展史。四个思潮与十一个流派的提出，可以说是西方史学史研究中中国学者话语权的较为科学的表述，也是"构建具有中国特色、中国风格、中国气派的史学理论体系和话语体系，推动中国史学沿着唯物史观的路径健康繁荣发展"②的尝试。

四是肯定唯物史观在西方史学思想中占据着重要的地位。历史主义的科学思潮尤其是唯物史观学派是人类历史的一代昆仑。放眼古代以来的西方历史主义的发展，无论是其社会思潮、史学流派及其思维方式哪个层面，可以发现，它不仅总结了文化思潮的古典史学、基督神学史学，启蒙思潮的理性史学、非理性史学、民族传统史学，实证思潮的实证史学、接受史学与概念史学等思潮与流派的合理内容，而且还批判了宗教神学与历史虚无主义，引领了年鉴学派与心理史学的研究，并超前回应了今天的接受史学、概念史学所提出的问题。所以，作为西方史学的科学思潮，唯物史观的历史主义不愧为人类历史的一代昆仑。

西方史学思想研究的方法论，主要是采用历史与逻辑相结合的方

---

① ［美］格奥尔格·G.伊格尔斯：《历史主义的由来及其含义》，王晴佳译，《史学理论研究》1998 年第 1 期。

② 《历史研究》编辑部：《〈评"人人都是他自己的历史学家"——兼论相对主义的历史阐释〉编者按》，张江：《评"人人都是他自己的历史学家"——兼论相对主义的历史阐释》，《历史研究》2017 年第 1 期。

法。历史的方法，就是依据历史发生的基本线索来考察问题；具体说，就是根据历史事实的自然进程，认识把握其每个阶段的本质特征。逻辑分析的方法，则是根据历史事实的结构因素，观察其每个结构与因素的本质特征及相互关系，然后再从整体上予以总结概括。

在史学研究的实践中，历史与逻辑相结合的方法，就是今天流行于史学界的概念史学。概念史学源自史学的实证思潮，是从实证史学、接受史学两个史学流派发展而来的。概念史学将言语、词汇与概念看作是历史的本质，是主宰历史的元素，历史就是概念的运动与变迁；历史学研究的任务就是揭示言语、词汇与概念的历史情境、所反映的社会生活状况以及所体现的社会历史变迁；历史学研究注重概念的历史性与政治性，采用多学科的方法论。概念史学运用于西方史学思想的研究，主要就是关注历史主义（其中包括历史本体论、历史学学科论、历史认识论与方法论）、史学思潮与流派（其中包括上述的四个思潮与十一个流派），并予以详细考察与论析，从而把握其本质及发展理路。

第一章

文化史学思潮

历史主义的文化思潮当是指古希腊古罗马与中世纪时期的史学发展。其特征一是在于披露人类的欲望及其实现、所创造的文明成果；二是抑恶扬善、确立人的信仰并规范人的行为。古典史学的使命是从理论上构建其思想体系，从而确立历史主义的基本精神，而基督神学史学则是对古典史学的发展与应用，是对其理论观点的践行、实验和丰富发展。

古典史学。首创西方历史主义的先河，其基本观点在于：历史是人类的活动，其动力在于人的欲望，其发展有着自己的规律；人们要创造历史，必须遵从规律，借鉴历史知识。历史学的研究对象是人类的辉煌功绩，其任务则是记存历史的辉煌，探究其成因，其属性则是科学。历史认识的基点是闻见，其方式是叙事，其方法则是比较。总之，古典史学在历史主义上的贡献，就是开创了人文史观，奠定了文化史学，提出了据闻见而叙事的科学方法论；而且由于神祇的引用，也助长了中世纪宗教神学史学的萌生和发展。为古典史学作出杰出贡献的史家是以希罗多德、修昔底德为表率的。

基督神学史学。经历了《圣经》的原始经典、前中世纪与中世纪（5—13世纪）等三个阶段的发展。其基本观点在于，历史是基于上帝创造的人类的活动，其本质是属地之城与属天之城相互纠

缠、交织、渗透与斗争，并在上帝的指引下众俗离开属地之城走向
属天之城的过程；其动力是人的意识，其方向是致力于上帝之城。
历史学的研究对象是基督崇拜及其传播，其任务是揭示奥秘，其
性质属于文化；历史认识的基点是中介，其方式是纪年，其方法是
比较。为基督神学史学作出贡献的史家有奥古斯丁、格雷戈里、比
德等。

第一节　人文与神祇：古典史学思想

历史主义作为人类最基本的思维方式，是以社会思潮、学术规范与
史学方法论的形式呈现出来的，是随着历史学的产生发展而产生发展
的。恩格斯说："历史从哪里开始，思想进程也应当从哪里开始。"① 因
此，我们探究西方历史主义，必须从西方古典史学开始，必须探究古典
史学的历史主义。

一、古典史学及其研究现状

正如有学者所指出的，西方的古典史学，"通常指的是古代希腊和
古代罗马的史学，它是西方史学的母体。人们不难从西方古典史学的图
景中，寻觅到色彩斑斓的西方近现代史学的原生形态和历史源流"。历
史上，为古典史学作出贡献的历史学家非常多，但其杰出的代表是希罗
多德与修昔底德。"先是'史学之父'希罗多德为西方史学的奠立作出

---

① 《马克思恩格斯选集》第 2 卷，人民出版社 2012 年版，第 14 页。

了不朽的贡献，其后由于修昔底德的努力，为后世的西方史学确立了一种范型，它曾经在相当长的历史时期内成为支配西方史学的范型。"① 柯林武德也曾指出："希罗多德可以是历史学之父，但修昔底德则是心理历史学之父。"②

希罗多德（Herodotus，约前 484—前 425），出生于小亚细亚西海岸的哈利卡尔那索斯一个富有的奴隶主家庭，从小受到良好的教育，熟悉希腊古典文化。希罗多德 30 岁的时候，因受其叔父政治迫害的连累，开始其文化旅游生涯，西亚、北非、希腊半岛、地中海沿岸，以及东方的腓尼基、叙利亚、巴比伦、波斯等地，都留下了他的足迹。在感受各地不同的自然与人文风光之时，希罗多德寻访古迹，采集各地的民间传说，领略各个民族的风俗人情，为撰写记载希腊与波斯的战争准备了充足的资料。《历史》即《希腊波斯战争史》，凡 9 卷，其中前 5 卷分别记载了波斯、埃及、波斯宫廷及其统治下的黑海沿岸民族的事迹，卷 6 至卷 9 才是描写希波战争史的。《历史》所记述的希波战争史，因普遍使用了考古学、人类学、民俗学、地理学、文学等方面的资料，所以被称为相应学科"之父"，"不愧是西方文化史上的伟人"。

修昔底德（Thucydides，约前 460—前 396），出生于雅典，如希罗多德一样，也是显贵之家，从小受到优秀文化的熏陶，知识渊博，酷爱历史学。伯罗奔尼撒战争爆发后，修昔底德被推选为雅典的十将军之一参加了战争，但是因为率领战船援救色雷斯的重镇菲波里斯迟到，被控告贻误军机，以通敌之嫌，被放逐在外达 20 年。流放期间，修昔底德四处搜集资料，以完成其撰写此次战争的夙愿，此即《伯罗奔尼撒战争

① 张广智：《西方史学史》，复旦大学出版社 2000 年版，第 1 页。
② ［英］柯林武德：《历史的观念》，何兆武、张文杰译，商务印书馆 1997 年版，第 64 页。

史》。该书凡 8 卷，以编年的方式，详细记录了雅典与斯巴达之间的战争起因、经过及结果。修昔底德因此被称为"政治史之父"。

如上所述，由希罗多德与修昔底德所创造的西方史学的叙事研究范型，影响了西方史学迄今的发展。西方史学史的研究者，如接受史学家克罗齐、柯林武德等，都有专门论析古典史学的篇章；国内著名的史学史研究专家如朱本源、张广智、杨共乐等，皆有专门的论析文章。总结这些论析，可以发现，有关古典史学的研究，主要有以下几个方面。

其一，关于古典史学的旨趣问题。

希罗多德在《历史》开篇，提出了"探究"（historia）的概念，一些学者认为，这是领会《历史》旨趣的至为关键的一步。张巍考察了希罗多德对 historia 和 historein 的使用情况，及其词源、词义的变化，指出，historia 是伊奥尼亚的语言，"作为一种新的认知方式，它可以用来指称针对任何一种对象的'探究'，人类的过去、动物、植物、地理、风俗习惯等等都可以称为它的对象"。"《历史》序言的结构、内容和功能与荷马史诗的序诗，尤其是与《伊利亚特》的序诗存在着多重的互应关系"，说明希罗多德"更多地沿袭着荷马史诗的传统"。[1] 吴晓群分析了 historia "调查研究"、"探究"的本义，是"新的认知方式"，其特征就是通过调查获取资料，甄别判断后，以散文的形式记载下来。这种叙事方法，虽然不是希罗多德的首创，然而他却是最早使用这种批判方法叙事的人，所以说，是他"开创了历史学"。[2] 杨共乐说"历史"的希腊语本义是"探研究诘"，在希罗多德方面，"并非指客观的历史，也非

---

① 张巍：《希罗多德的"探究"——〈历史〉序言的思想史释读》，《世界历史》2011年第 5 期。

② 吴晓群：《论希罗多德的"探究"是何以成为"历史"的》，《世界历史》2013 年第 3 期。

指希罗多德作品所研究的对象，而是指一种认知的手段与方式。但这种手段与方式一旦使用于揭示人类过去的行为，就会使人类求得过去的真相成为可能，"标志着一次文学上的革命"。①

修昔底德承继了希罗多德的优秀史学传统。李电认为，希罗多德与修昔底德的史学旨趣，一是在于"求真"："不应把历史简单地当作实用或政治权术或娱人耳目之工具；历史的作用首先在于获得真理：既不该大胆撒谎，也不该不敢讲真话。"求真主要体现在"求史实之真"与"求原因之真"。二是在于"成功地运用了史料批判法"，如实地考察、逻辑推理、调查询问、凭借经验、存而不断等。② 王振红则指出，希罗多德与修昔底德受到古代希腊人的理性精神影响，从而具有"史学的批判思想"自觉意识，前者展现于"史料的取舍与历史事实的建构上"，后者还提出了"人性不变论"。③

其二，关于古典史学的历史观问题。

在谈到古典史学的编纂特征时，柯林武德分析其历史观是人文主义，"它是人文主义的。它是人类历史的叙述，是人的事迹、人的目的、人的成功与失败的历史"。④ 国内学者大多接受了柯林武德的这一论述。如魏辰玢认为希罗多德"虽然继承了前人的英雄史观，但他创立了人本史观，并将人本史观和英雄史观巧妙结合"。⑤ 易宁、李永明指出，在修昔底德心目中，人性是指与"重大历史事件有关的人类所共有的本性，

---

① 杨共乐：《希罗多德〈历史·序言〉的史学解析》，《史学史研究》2014年第2期。

② 李电：《希罗多德与修昔底德史学思想及方法之比较》，西南师范大学硕士学位论文，2002年。

③ 王振红：《理性与建构：古希腊史学批判思想刍议》，《淮北师范大学学报》（哲学社会科学版）2011年第1期。

④ ［英］柯林武德：《历史的观念》，何兆武、张文杰译，商务印书馆1997年版，第78页。

⑤ 魏辰玢：《希罗多德的编史方法与历史观初探》，内蒙古大学硕士学位论文，2014年。

即人类追求权力、财富和荣誉的欲望、好斗性以及人的情绪等等";"修氏以人性说为基础建构自己的历史观","历史以社会经济发展和人类联系不断加强的方式表现其发展的理路。人性是推动历史发展的动因。历史的本质就是人性"。①

古典史学中有关大量神谕、神谶的记载，学者指出，其本质仍然是人文。阮芬说希罗多德"以神谕及其应验来构筑此类叙事"，"他不是在提供颂扬神谕的传说，而是记载人类过去的事迹"。② 李永斌说古典史学受原始神人合一的影响，记载了众多的神话故事，"修昔底德作品中所体现的唯物主义、客观主义以及求实精神，都浸透着人本主义思想，使之成就了神话迷雾中的人本主义曙光"。③ 郭海良则说，《历史》残留着"神的影子"，《伯罗奔尼撒战争史》对"神的敬而远之"，是古希腊史学的进步，"他们在处理人与神谕的关系时所表现的偏重就是古希腊历史学的'人文主义'这一基本特征的具体体现"。④

其三，关于古典史学的方法论问题。

在学者们看来，古典史学方法论的价值所在，就是其科学性。柯林武德认为，希腊人"擅长法庭诉讼"，所以，希罗多德"把习惯在法庭上对付目击者的那种批评应用于历史的作证上"⑤，"即他必须反复追究过去事件的目击者，直到他在报导者本人的心目中能唤起一幅这些事件的历史图画，远比报导人能为自己所自动提供的任何历史图画更

---

① 易宁、李永明：《修昔底德的人性说及其历史观》，《北京师范大学学报》（社会科学版）2005 年第 6 期。

② 阮芬：《神谕与希罗多德的叙事》，复旦大学博士学位论文，2013 年。

③ 李永斌：《神话迷雾中的人本主义曙光——解读修昔底德的历史观》，《天中学刊》2009 年第 1 期。

④ 郭海良：《关于希罗多德与修昔底德作品中对神谕的描述》，《史林》2003 年第 6 期。

⑤ ［英］柯林武德：《历史的观念》，何兆武、张文杰译，商务印书馆1997 年版，第57 页。

加完备、更为一贯为止"①。但是这种反诘性的方法论，也是有其局限性的：一是因为崇信真实而忽略传说或思想的"短浅性"；二是因为重视历史纪念题材而忽略人类历史的完整性；三是因为自传性的叙事而忽略了历史的综合性、通史性。②如前揭文，魏辰玛认为，希罗多德的方法论在于"创立了历史叙述体、普世性宏观技术和理性批判"。唐晓春认为，希罗多德所用的资料文献方面如文学作品、神谕档案、官方文献、口述与考古等，而其处理资料的标准在于是否有证据、是否合乎情理，其方法在于实地考察、博采善择。③辈宏晔认为，希罗多德方法论是因果分析法，其模式有现代因果解释与非现代因果解释，其被解释项即问题主要是军事、政治、宗教、人物与自然等，其解释项即角度主要是自然、神意与人为，其因果关系的建构有征兆、归纳演绎与神话等。④郑鹏认为，修昔底德的史料观在于演讲词、他人著作、条约、史家亲历与考察等，而其处理史料的技法有辨伪与考订、编排与取舍等；其方法论一是人物或战争场面的细节描述，二是谋篇布局的宏观叙述，三是夹叙夹议或寓评论于叙述等。⑤

由上所述，可以说，古典史学的研究，虽然已经取得了丰硕的成果，但是，从历史主义的高度予以考察与论析，除了国外的学者偶尔有所论及之外，全面深入的论析，还期待我们的进一步探究。

---

① ［英］柯林武德：《历史的观念》，何兆武、张文杰译，商务印书馆1997年版，第58页。

② ［英］柯林武德：《历史的观念》，何兆武、张文杰译，商务印书馆1997年版，第58—61页。

③ 唐晓春：《希罗多德〈历史〉的史料拣择与考证》，《哈尔滨师范大学社会科学学报》2013年第4期。

④ 辈宏晔：《希罗多德〈历史〉中的因果解释》，东北师范大学硕士学位论文，2014年。

⑤ 郑鹏：《修昔底德的史学方法论》，内蒙古大学硕士学位论文，2014年。

二、人类欲望的展现与神祇的知识性

古典史学浓郁的人文史观，是其在历史观方面最伟大的建树。可以说，这是史学史研究者的共识。但其人文史观的具体内涵怎样？显然，相关的论析却是极少。

按古典史学的记载，人文史观的本意，有这样几个意思：

其一，历史的本质是人类的活动。希波战争前夕，波斯国王克谢尔克谢斯召集波斯名流商议出兵的事宜，玛尔多纽斯鼓励说："因为任何事物都不会是自行产生出来的，而人间的一切事物都是经过多次尝试才得到的。"伊奥尼亚在即将遭到波斯军队的进攻前，波凯亚的将领狄奥尼修斯号召其族人奋起反抗："伊奥尼亚人，当前的事态，正是处在我们是要做自由人，还是要做奴隶，而且是逃亡的奴隶的千钧一发的决定关头了。"①由此，借助两位历史人物的话语，希罗多德表明其人文史观：历史是人类的活动，仰赖人类自身的创造，才能呈现其发展。

其二，历史的动力是人类的欲望。历史是人类的活动，而人类的活动是有目的的，是贪求荣誉、财富乃至于情欲等欲望促使下的实施。克谢尔克谢斯在征服埃及之后，为鼓励波斯人继续扩张，他说，居鲁士、冈比西斯、大流士因不断向外扩张，征服的国土、奴隶等，"其结果是给我们带来了好处"；因此，他要承继这份扩张传统征服希腊半岛，"我们不仅可以赢得声名，而且可以得到一块在质和量方面都不次于我们的土地，这块土地比我们现有的土地还要肥沃；这样我们既满足了自己的需要，又达到了报复的目的"；"如果我得到你们的助力把整个欧罗巴的土地征服，把所有的土地并入一个国家，则太阳所照到的土地便没有一

---

① ［古希腊］希罗多德：《历史——希腊波斯战争史》，王以铸译，商务印书馆 2016 年版，第 551、477 页。

处是在我国的疆界以外了"。① 仿佛是回应希罗多德所记载的克谢尔克谢斯的话，修昔底德记载了希腊雅典的克里昂的讲话。他说，贫穷迫使人们勇敢，财富的傲慢和豪华养成人们的野心，加之不可救药的强烈情欲的支配，从而促使人们冲动，走入危险。"希望和贪欲到处都有，贪欲在前，希望跟着来。贪欲产生计划，希望暗示计划可以成功——这两个因素虽然看不见，但是比我们眼前所能看得见的恐怖还强烈得多。此外，一个认为可以遇着幸运的思想也和其他东西一样，使人产生过分的信心，因为有时候，人们意外地遇着幸运，所以幸运引诱人们，就是在他们没有充分准备的时候，也会去冒险。""由贪欲和个人野心所引起的统治欲是所有这些罪恶产生的原因。"② 由此，欲望、计划与幸运，可以说，是人们创造历史的三重奏。在欲望的支配下，加上缜密的计划与渴望的幸运，成为人们勇敢地进取、奋斗、征服的源源不断的动力源泉。在此面前，任何习俗道德、国家制度、自然物质等等因素，都是纸老虎，是可以冲破的枷锁。

其三，历史的发展是受到诸多因素所制约的，人类以满足自己欲望的行动创造着历史，但在实践中，人的愿望不是无限制得到满足的。所谓"人在江湖身不由己"，人类历史的发展还受到历史规律的制约，人们必须遵守规律，才能达成自己的愿望。《历史》记载了吕底亚国王克洛伊索斯征服雅典之后，在萨尔迪斯接待来访的雅典改革家梭伦。为炫耀自己征服者的荣耀，克洛伊索斯与梭伦讨论谁是最幸福的人。梭伦首先列举了雅典的泰洛斯城的居民，言其繁荣，有世代繁衍的子孙，能抵

---

① ［古希腊］希罗多德：《历史——希腊波斯战争史》，王以铸译，商务印书馆 1959 年版，第 548、549 页。

② ［古希腊］修昔底德：《伯罗奔尼撒战争史》，谢德风译，商务印书馆 2016 年版，第 240、269 页。

御外来的入侵者,"一生一世享尽了人间的安乐,却又死得极其光荣";其次,又说了克烈欧毕斯与比顿两人,言其两人在运动会上曾经得过奖牌,又在希拉女神祭典时,为使其母亲能参与典礼,亲自驾辕拉车,"把母亲拉了四十五斯塔迪昂的路程直到神殿的眼前","极其光彩地结束了他们的一生",赢得了众人的赞赏,在神殿中有了自己的塑像;最后,梭伦才谈到了自己的幸福观:富有、健康、平安、子嗣与善终,只有这些条件都具备了,"也就够得上称为幸福的人了"。但是,"没有一个人是十全十美的,他总是有某种东西却又缺少另一种东西。拥有最多的东西,把它们保持到临终的那一天,然后又安乐地死去的人,只有那样的人,国王啊,我看才能给他加上幸福的头衔"。① 也许是认同了梭伦的意见,当克洛伊索斯臣服了大流士之后,曾经劝诫大流士:"首先要记住,人间的万事万物都是在车轮上面的,车轮的转动是决不容许一个人永远幸福的。"克谢尔克谢斯率领着船队进军希腊时,其叔父阿尔塔巴诺斯为其分析进军征程中海洋与土地的利弊,劝诫说:"要记着,人不能控制事故,而是要受到事故的摆布。"② 由此,在希罗多德看来,历史的发展是有其自己的规律的,人们必须遵从历史规律,顾及历史发展的诸多因素,才能达到自己的目的,并推进历史的发展。

那么,影响历史发展的因素究竟有哪些呢?

古典史学在其探究中,"寓论断于叙事",详细论析了各种影响历史发展的因素。

1. 心理信念。历史既然是人类的活动,其动力是人的欲望,因此

---

① [古希腊]希罗多德:《历史——希腊波斯战争史》,王以铸译,商务印书馆1959年版,第16、17、18页。

② [古希腊]希罗多德:《历史——希腊波斯战争史》,王以铸译,商务印书馆1959年版,第121页。

说，人的心理因素是历史发展中的决定性的因素。在心理因素中，坚定的信念是人类创造历史最关键的因素。克谢尔克谢斯在回应其叔父谨慎扩张方案的劝诫时，强调了信念的重要性："假如不拘在任何情况下，你都想对所有的事情加以同样的考虑，那你根本就任何事情都做不成了。与其对任何可能发生的情况都害怕，结果没有遭到任何危险，那在我看来，反而是对一切可能发生的情况抱着坚定勇敢的信念……因此，我以为获利的大抵是那些有施行的愿望的人，而不是那些徘徊观望，对任何事情都加以考虑的人……老实说，先王们只有冒巨大的危险才能成就伟大的功业。因此，我们也应当仿效他们的榜样。"① 同样意思的话，在斯巴达进攻雅典时，伯里克利是这样对雅典人说的："你们打算怎样做，你们现在就一定要下定决心——不要在他们还没有伤害你们的时候，就向他们屈服；就是，如果我们将要战争的话（我认为这是应当的），就下定决心，不管外表上的理由是大的或小的；无论怎样，我们不会屈服，也不会让我们的财产经常有受人干涉的威胁。"而密提林的暴动者在加入斯巴达同盟时，也强调双方要有"诚实的信念"，"共同的心理状态"，否则，人与人之间的坚强友谊、国与国之间的真正联盟，都是不可能的，"因为思想不同的人行动也不会一致"。②

2.习俗道德。人类不同于其他生物的地方，正是长期历史发展所积淀的习俗道德。可以说，习俗道德的好坏，是直接推进历史进步的又一关键因素。希罗多德非常重视习俗道德的功用，记载了各个民族的习俗道德。如谈到克洛伊索斯的父亲阿律阿铁斯的陵墓时，说其费用出自商

---

①　［古希腊］希罗多德：《历史——希腊波斯战争史》，王以铸译，商务印书馆1959年版，第574、573页。

②　［古希腊］修昔底德：《伯罗奔尼撒战争史》，谢德风译，商务印书馆1960年版，第112、213页。

人、手工业者和娼妓们，而且娼妓付出最多。"吕底亚普通人民的儿女们全都干这种卖淫的事情，以便存钱置办自己的妆奁，直到她们结婚的时候为止。"波斯人的习俗是，"不供养神像，不修建神殿，不设立祭坛，他们认为搞这些名堂的人是愚蠢的"；"他们最着重的是每个人的生日，他们认为这一天吃的应当比其他日子更丰盛些"；"他们通常都是在饮酒正酣的时候才谈论最重大的事件的"。① 希罗多德认为，习俗作为历史传承的优良传统，是人们的精神家园。他说，如果考察历史，就会发现，"他们一定会把自己的风俗习惯放在第一位。每个民族都深信，他们自己的习俗比其他民族的习俗要好得多"。"这些想法是这样地根深蒂固，因此我以为，品达洛司的诗句说得很对：'习惯乃是万物的主宰。'"历史上，冈比西斯不尊重其他民族的习俗，如对波斯人以及其同盟者的习俗道德予以肆意践踏，对孟菲斯的古墓开棺验尸，揶揄海帕伊司托斯神殿的神像，甚至焚毁卡贝洛伊神殿的神像。对此，希罗多德非常不满，他说："不管从哪一点来看，我以为都可以肯定，冈比西斯是一个疯狂程度甚深的人物。否则他不会作出嘲弄宗教和习俗的事情。"② 修昔底德也非常重视习俗道德的功用。雅典人指责斯巴达人，凭借伯罗奔尼撒同盟，"安排了各国的事务以适合你们自己的利益"；那么，雅典也是这样做的，"没有什么违反人情的地方"。雅典的统治基于"三个很重要的动机"，即"安全、荣誉和自己的利益"；"一个普遍的法则"，即"弱者应当屈服于强者"。但是，现在斯巴达变化了，"你们考虑了自己的利益之后，就开始用'是非'、'正义'等字眼来谈论了"。这对雅典来说，

---

① ［古希腊］希罗多德：《历史——希腊波斯战争史》，王以铸译，商务印书馆 1959 年版，第 57、80、81 页。

② ［古希腊］希罗多德：《历史——希腊波斯战争史》，王以铸译，商务印书馆 1959 年版，第 246、247 页。

"是很不合理的"。① 可见，雅典与斯巴达的战争，率先的冲突在于习俗道德的争执。伯里克利在《阵亡将士国葬典礼上的演说》中，宣扬雅典习俗道德的高尚："在我们这里，每一个人所关心的，不仅是他自己的事务，而且也是国家的事务：就是那些最忙于他们自己的事务的人，对于一般政治也是很熟悉的。""我们结交朋友的方法是给他人好处，而不是从他人方面得到好处。""在这方面，我们是独特的。"②

　　3. 国家制度。如果说习俗道德是历史发展的关键因素，那么，国家制度就是习俗道德发展的结晶，是其顶层设计。《历史》记载了美地亚国家建立的过程，其时各个民族都是独立的，僭主政治导致了"无法无天的状态"，于是戴奥凯斯试图稳定天下，制订了统一计划，"便比以前更忠诚和热心地努力在他同部落人中间执行正义，同部落的人看到他的正直行为立刻推举他为一切争端的仲裁者。由于心中向往着统治权，他便表现出自己是一个忠诚和正直的人物"。这样，不仅是本部落，就是其他部落的人，也逐渐信任他。直到大家都离不开他，他才提议建立国家，设置国王。于是大家一致愿意推举戴奥凯斯出任国王，由此，建造了宫殿，组建了亲卫兵，又构建了城寨，制定了拜见国王的各种礼节。③ 国家就这样逐步建成了。大流士统治时期，因僧人叛乱，曾就国家的政体形式进行过讨论。欧塔涅斯主张全体波斯人参加国家管理。他认为，个人独裁统治是"一切恶事的根源"，因为"一个人愿意怎样做便怎样做而自己对所做的事又可以毫不负责"；即使世界上最优秀的人，

————————

　　①　[古希腊]修昔底德：《伯罗奔尼撒战争史》，谢德风译，商务印书馆1960年版，第61、62页。

　　②　[古希腊]修昔底德：《伯罗奔尼撒战争史》，谢德风译，商务印书馆1960年版，第149、150页。

　　③　[古希腊]希罗多德：《历史——希腊波斯战争史》，王以铸译，商务印书馆1959年版，第59—62页。

也会产生骄傲、嫉妒之心。而因法律面前人人平等，人民参与政治，"一切职位都抽签决定，任职的人对他们任上所做的一切负责，而一切意见均交由人民大众加以裁决"。美伽比佐斯同意欧塔涅斯反对独裁暴君的意见，但是拒绝其"民治"的提法。他说，民众的特征是"更愚蠢和横暴无礼的"，"肆无忌惮的"，"盲目的"，"直向前冲，像一条泛滥的河那样盲目向前奔流"；所以，应该实行寡头之治，即"选一批最优秀的人物，把政权交给他们吧"。大流士总结说，民治、寡头之治与独裁之治相比，民治产生恶意、闹分裂，最终还是需要独裁之治来解决；寡头之治下，虽然大家都想为国家做好事情，但是都想出风头，意见分歧，会出现派系，派系产生流血事件，最终也需要独裁之治来解决；所以，最好的统治形式还是独裁，"能完美无缺地统治人民，同时为对付敌人而拟订的计划也可以隐藏得最严密"。其时，古希腊的民主制度是备受推崇的。斯巴达的叛逆者戴玛拉托斯向克谢尔克谢斯介绍其士兵的战斗力时，指出："凡是法律命令他们做的，他们就做，而法律的命令却永远是一样的，那就是，不管当前有多么多的敌人，他们都绝对不能逃跑，而是要留在自己的队伍里，战胜或是战死。"所以，"在集合到一起来作战的时候，他们就是世界上无敌的战士了"。① 伯里克利也自夸其制度："我们的制度是别人的模范"，"我们的制度之所以被称为民主政治，因为政权是在全体公民手中，而不是在少数人手中"，"每个人在法律上都是平等的"，"我们的政治生活是自由而公开的"，"我们遵守法律，因为这种法律使我们心悦诚服"。②

---

① [古希腊] 希罗多德：《历史——希腊波斯战争史》，王以铸译，商务印书馆 1959 年版，第 270—273、594 页。

② [古希腊] 修昔底德：《伯罗奔尼撒战争史》，谢德风译，商务印书馆 1960 年版，第 147 页。

4. 物质经济。历史是人类为实现自己目的的活动，而人类要创造历史，首先要仰赖物质经济而生存。对此，古典史学已经予以了充分的关注。冈比西斯率军征讨埃西欧匹亚人时，仓促行事，"他既不下令准备任何粮食，又没有考虑到他是正在率领着自己的军队向大地的边缘处进发"，中途又抽出五万人加入，当他的军队"还没有走完他们全程的五分之一的时候，他们便把他们所携带的全部粮食消耗完了"，于是开始吃"驮兽"，"直到一个也不剩"。"如果冈比西斯看到这种情况，改变自己的原意而率领军队返回的话，则他起初虽然犯了过错，最后还不失为一个有智慧的人物，但实际上，他却丝毫不加考虑地一味猛进。"士兵只能采摘草类"为活"，到沙漠边缘时，没有了草类能吃，于是开始吃人，十选一抽签。冈比西斯知道后害怕了，又匆忙撤退，返回了底比斯。[1] 修昔底德也充分意识到了物质经济的决定性作用。伯里克利在守卫雅典、防御斯巴达军队的攻击时，特别强调物质经济的保障。"同盟者所缴纳的金钱就是雅典的力量，战争的胜利全靠聪明的裁决和经济的资源。"[2] 可能是翻译修昔底德史著的原因，谢德风先生说："修昔底德是第一个注意到经济因素对历史发展影响的史学家。"显然，对修昔底德是过誉的，如前所述，因为希罗多德并没有忽略经济因素的制约作用。

如上所述，心理信念、习俗道德、国家制度、物质经济，等等，在实践中，往往影响着历史的发展，人们要创造历史，必须要考虑这些因素。换句话说，人们要创造历史，必须要遵从历史规律，才能实现自己的愿望，达到自己的目标。

---

① ［古希腊］希罗多德：《历史——希腊波斯战争史》，王以铸译，商务印书馆1959年版，第238—239页。
② ［古希腊］修昔底德：《伯罗奔尼撒战争史》，谢德风译，商务印书馆1960年版，第130页。

古典史学认为，历史是人类的活动，但其发展大势却是由神祇所决定的；人要实现的愿望，必须祈祷神祇。可以说，这是古典史学备受诟病的根源所在。

从实而论，神祇作为古代人们思想信念的源泉与精神家园，不能一概给予批判与否定，需要予以科学的解释。

一方面，神祇本质上是代表民意的，是人的基本欲望的体现。当克谢尔克谢斯筹划征服希腊时，其叔父阿尔塔巴诺斯借助神祇来劝诫说：

> 你已经看到，神怎样用雷霆打击那些比一般动物要高大的动物，也不允许它们作威作福，可是那些小东西却不会使他发怒。而且你还会看到，他的雷箭怎样总是投掷到最高的建筑物和树木上去；因为不容许过分高大的东西存在，这乃是上天的意旨。因此，一支人数众多的军队却会毁在一支人数较少的军队的手里，因为神由于嫉妒心而在他们中间散布恐慌情绪或是把雷霆打下来，结果，他们就毫不值得地毁掉了。原来神除了他自己之外，是不容许任何人妄自尊大的。①

当波律克拉铁斯完全征服了并成为萨摩司的国王时，埃及国王阿玛西斯却非常替他担心，于是写信给他，说：

> 我很高兴地知道自己的朋友和盟友的兴盛。但是我并不为你的这些太大的好运感到高兴；因为我知道诸神是多么嫉妒的，而且我多少总希望我自己和我的朋友既有成功的事情，又有失意的事情，我宁愿有一个成败盛衰相交错的生涯，而不愿有一个万事一帆风顺的生涯。根据我的全部见闻来看，我知道没有一个万事一帆风顺的人，他的结尾不是很悲惨，而是弄得一败涂地的。

---

① ［古希腊］希罗多德：《历史——希腊波斯战争史》，王以铸译，商务印书馆1959年版，第553页。

　　于是，阿玛西斯给波律克拉铁斯提出了建议，将其认为最珍贵的东西丢掉，以消除诸神的嫉妒之心。波律克拉铁斯听取了建议，将其"一个嵌在黄金上的珐琅质的指环印玺"丢到了海里。但是，巧合的是，渔夫捕捉到了一条肥美的大鱼，很兴奋，将其献给了波律克拉铁斯。波律克拉铁斯邀请渔夫共进晚餐。厨师却从鱼肚里取出了指环印玺。阿玛西斯听说之后，便感觉到，"没有一个人能够把另一个人从他的注定的命运中挽救出来"，波律克拉铁斯如此幸运，"一定会遇到不幸的结局的"。[①]

　　由此，从表层看，希罗多德以神祇宣扬历史的宿命论，从深层看，物盛而衰，月盈则亏，原本是事物发展的基本规律。可见，借助神祇以陈述历史规律，正是希罗多德的旨趣所在。

　　另一方面，神祇与神殿，是僧侣们歆享安居之所，表面上与世无争，实际上因香客的忏悔祈祷，社会上所有的人事纠纷，皆纷至沓来，其时信息技术滞后中，这里却是信息的汇集之地；加之僧侣们长期关注各种事务，逐渐积累了相关的社会历史知识，从而对其未来的走向，都有一定的基本认识。当古代的国王或其他人有事情来祈祷祈福时，僧侣们就会加以点拨。当然，祈福者总是要供养神灵，供奉牺牲，有时甚至价值丰厚。由此，僧侣是知识的掌握者、拥有者。神祇的本质是智慧、知识的咨询、请教。

　　总之，撩开神祇的神秘面纱，神谕的示意、示警，其实是历史知识及其规律的警醒、提示。可以说，神谕的实质就是对历史知识的学习，对历史规律的认识，对历史发展大势的把握。自然地，世俗之人要从僧侣口中得到神谕，需要香火钱的供奉。

　　综上所述，古典史学认为，历史是人类的活动，其动力是人的欲

---

　　① 　[古希腊]希罗多德：《历史——希腊波斯战争史》，王以铸译，商务印书馆1959年版，第248—250页。

望，其发展是有着自己的规律的；人们要创造历史，必须要遵从历史规律，考量各种影响历史发展的因素；当然，其前提是要拥有丰富的历史知识，把握历史发展的规律及其大势。

三、人类的功绩及其成因的探究

论者谈及古典史学之旨趣，或者纠结于《历史》的序言，或者考究其学术环境，对于《历史》《伯罗奔尼撒战争史》中的内容，论析反而少了。由此之见，我们需将两部书的序言与其内容互相映衬，进而挖掘其史学意蕴。

希罗多德的"序言"有很多翻译版本，在这里，采纳杨共乐先生的意见：

> 目的是不使过去业已发生的事情随时光的流逝而遗忘人间，不使某些希腊人、某些异族人创造的丰功伟绩失去光泽。除此以外，还特别涉猎了双方之间发动战争的原因。①

在希罗多德看来，历史学的研究对象是"过去业已发生的事情"，与人类（希腊人、异族人）所"创造的丰功伟绩"。披阅《历史》，可以看出，希罗多德所谓的"事情"，就是波斯与希腊之间的战争及其之前的历史沿革；而所谓的丰功伟绩，就是指人类的物质与精神文明的成果。概而述之，有以下几点：

1. 黄金制品。包括金银卧床、黄金杯、金条（长六帕拉斯提，宽三帕拉斯提，高一帕拉斯提）、纯金的盾牌、枪头、枪杆。这是克洛伊索斯供奉给戴尔波伊神殿的供品。此外，还有金三脚架献给底比斯的伊兹

---

① 杨共乐：《希罗多德〈历史·序言〉的史学解析》，《史学史研究》2014 年第 2 期。

美尼亚阿波罗神，金牛献给以弗所等。①

　　2.建筑设施。最主要的是神殿，如底比斯宙斯神殿、腓尼基的海拉克列斯神殿，有纯金的、绿柱石材质的两根柱子，距希罗多德时期已经有两千三百年了；萨摩斯人"是希腊全土三项最伟大的工程缔造者"，一是埃乌帕里诺斯所设计开凿的双孔隧道，二是围绕着港湾的堤岸，三是神殿。壕沟即运河的挖掘技术，是腓尼基人所发明的，采用运河顶部宽于底部一倍的方式，分层次来取土，即可以防止用陡峭形式取土导致河堤倒塌的危险。② 雅典的城墙是由地米斯托克利设计建造的，"两辆四轮马车载着建筑的石料可以在城墙上相对走过。墙的中间不是用碎石和泥土塞满，而是用大块石头镶砌起来的，外面用了铁和铅的夹板"。"他的用意是想利用这些巨大而高厚的城墙抵抗一切敌人的进攻，认为他们只要用少数劣等的军队就可以很好地防守。"③

　　3.行政区划。大流士征服了西亚各地之后，将其划分为二十个区域，每个区域选派一人作为首领予以管理，"并规定每个个别民族应当向他缴纳的贡税"。④

　　4.物产与生活方式。包括阿拉伯的乳香、没药、桂皮、肉桂和树胶。希腊的阿拉佐涅斯人"播种和食用麦子、洋葱、大蒜、扁豆、小米"。斯奇提亚人的游牧生活方式是"不修筑固定的城市或要塞，他们的家宅随人迁移，而他们又是精于骑射之术的。他们不以农耕为生，而是以畜牧为生

---

① ［古希腊］希罗多德：《历史——希腊波斯战争史》，王以铸译，商务印书馆1959年版，第26、28、56页。

② ［古希腊］希罗多德：《历史——希腊波斯战争史》，王以铸译，商务印书馆1959年版，第150、152、258、562页。

③ ［古希腊］修昔底德：《伯罗奔尼撒战争史》，谢德风译，商务印书馆1960年版，第75页。

④ ［古希腊］希罗多德：《历史——希腊波斯战争史》，王以铸译，商务印书馆1959年版，第276页。

的。他们的家就在车上",所以能"所向无敌和难于与之交手"。对此,希罗多德非常推崇,他说,这是"我们所知道的、最有才智的一个发现"。①

5. 战争技艺。在波斯与希腊战争中,拉凯戴孟人采用了"回马枪"的战术,双方相遇,"转过身去装作逃跑的样子",敌人"看到这种情况就呼啸着并鸣动着武器追击他们,可当他们眼看要给追上的时候,他们就回转身来"反击,将敌人杀倒在地。大流士攻陷巴比伦,是其部下佐披洛斯作为内应才实现的。而佐披洛斯采用苦肉计先是自残,而后又诛杀自己的队伍,赢得了巴比伦人的信任,才成为巴比伦军队的统帅和城墙的守备官。②

在这里,黄金制品、建筑设施、行政区划、物质与生活方式,以及战争技艺,等等,都属于人类文化的范畴,可以说,《历史》是一部百科全书式的文化史。可见,古典史学所谓的历史学研究对象,就是人类的活动,以及人类所创造的一切文明或文化成果。

在希罗多德看来,历史学的任务有以下两项内容:

一是记存历史,其目的是人类的文化成绩不被"流逝而遗忘","失去光泽"。

> 我这部历史的后面的任务,就是必须考察一下摧毁了克洛伊索斯的帝国的这个居鲁士是个何等样的人物,而波斯人又是怎样称霸于亚细亚的。在这里我所依据的是这样的一些波斯人的叙述,这些人并不想渲染居鲁士的功业,而是要老老实实地叙述事实。

> 这些埃及的故事是为了给那些相信这样的故事的人来采用的:

> 至于我个人,则在这全部历史里,我的规则是我不管人们告诉我什

---

① [古希腊]希罗多德:《历史——希腊波斯战争史》,王以铸译,商务印书馆1959年版,第283、319、331、332页。

② [古希腊]希罗多德:《历史——希腊波斯战争史》,王以铸译,商务印书馆1959年版,第645、306—309页。

么，我都把它记录下来。

佩拉司吉人被雅典人赶出了阿提卡，这件事做得正当还是不正当我不能发表任何意见，我只能把人们传说的记述下来。不过海该桑德罗斯的儿子海卡泰欧思在他的历史中却宣布说这一行动是不正当的。

至于我本人，则我的职责是把我所听到的一切记录下来，虽然我并没有任何义务来相信每一件事情；对于我的全部历史来说，这个说法我以为都是适用的。①

可见，希罗多德的记存历史，是抱着疑者传疑、信者传信的实录精神的。

修昔底德承继了希罗多德的遗志，认为历史学的研究，尤其是当代史的研究，其首要的任务就是记存历史。"至于目前这次战争"，"任何人，只要看到事实的本身，就会知道这次战争是所有的战争中最伟大的一次战争了"；"但是如果那些想要清楚地了解过去所发生的事件和将来也会发生类似的事件（因为人性总是人性）的人，认为我的著作还有一点益处的话，那么，我就心满意足了"。②

二是分析历史的因果关系，揭示历史发展的规律。

如上所述，古典史学考察历史的因果关系，主要是从心理、习俗、制度、经济与神祇等方面进行的。但是在具体的操作中，各自又有所不同。希罗多德更多地是注重人性。如，冈比西斯的变态心理导致了很多荒唐的事情。他占领埃及后，越来越专横，因担心自己的弟弟司美尔迪斯做波斯的国王，于是就派人将其杀死。之前，冈比西斯爱上了自己的亲妹妹，请教王家法官，王家法官慑于其威势，说"找不到

---

① ［古希腊］希罗多德：《历史——希腊波斯战争史》，王以铸译，商务印书馆1959年版，第59、193、540、617页。

② ［古希腊］修昔底德：《伯罗奔尼撒战争史》，谢德风译，商务印书馆1960年版，第19、20页。

一条可以使兄弟有权娶自己的妹妹的法律",但是根据法律"波斯国王可以做他所愿意做的任何事情"。由此,冈比西斯强行娶了自己的妹妹.并带到埃及;当其妻不满意并指责其杀害自己兄弟时,又残忍地杀害了她。冈比西斯酗酒发疯,其幕僚普列克萨斯佩斯予以规劝,他拿着弓箭,让幕僚的儿子站在门口,说:"如果射中心脏,就说明波斯人发疯了;如果没有射中,就表明自己发疯了。"结果一箭正中心脏。冈比西斯非常高兴,"我很清醒而是波斯人疯狂了"。希罗多德分析其原因,一是因其杀死了埃及的神牛阿庇斯,"由于做了这样的一件错事,冈比西斯以前的缺乏理智立刻便转变到疯狂的地步","这些疯狂行动也许是由于阿庇斯的缘故而干出来的,也许是由于人们经常遭遇到的许多痛苦烦恼当中的某些而产生出来的";二是可能从生下来就患"圣疾"的严重疾病,即癫痫病。"如果一个人的身体得了这样的病,则他的精神也会受到这种病的影响,这一点并不是不可想象的。"再如,坎道列斯因特别宠爱自己的妻子而请其侍卫巨吉斯窥视,遭到妻子的报复被杀;巨吉斯掌控了吕底亚的政权,从而引出了神谕,即巨吉斯的第五代,会遭到坎道列斯所在的海拉克列达伊家的报复。①

与希罗多德相比,修昔底德不仅重视心理因素,还特别重视物质因素。他说自己研究伯罗奔尼撒战争史的目的,就是揭示其发生的历史原因。"我首先说明双方争执的理由和他们利益冲突的特殊事件,使每个人都毫无问题地知道引起这次希腊大战的原因。""使战争不可避免的真正原因是雅典势力的增长和因此引起斯巴达的恐慌。"②

古典史学将历史学的研究对象看作是人类的活动及其文明,而其研

① [古希腊]希罗多德:《历史——希腊波斯战争史》,王以铸译,商务印书馆1959年版,第242、245、241、243、4—8页。
② [古希腊]修昔底德:《伯罗奔尼撒战争史》,谢德风译,商务印书馆1960年版,第21页。

究任务是记存历史并揭示其原因，其学科属性则属于科学。古典史学的科学性质，除了其严格的资料搜集整理程序之外，还在于对影响历史发展的诸种因素的考察，对历史规律的把握，尤其是对历史本质即人类的活动及其人性的认识。在谈到城邦革命所引发的灾殃时，修昔底德指出："只要人性不变，这种灾殃现在发生了，将来永远也会发生的，尽管残酷的程度或有所不同；依照不同的情况，而有大同小异之分。"[1] 论及于此，柯林武德则称之为"实质主义"，"一种形而上学的体系"，[2] 是构成历史知识体系的核心。

古典史学对其自身的功用有着深深的自觉，认为，其功用在于以下两个方面。

一方面，历史学的功用在于教化。希罗多德借助巨吉斯的口，说明历史学的教育功能："过去我们的父祖们已经十分贤明地告诉了我们哪些是应当做的，哪些是不应当做的，而我们必须老老实实地学习古人的这些教诲。"[3] 修昔底德认为，借助国王阿基达马斯的演说，杰出的人都是"经过最严格训练的人"，"这种训练是我们的祖先遗传给我们的，我们现在还保持着，它总是给我们带来好处。"[4]

另一方面，历史学的功用在于化解矛盾。克谢尔克谢斯征讨希腊之前，派使者到阿尔哥斯游说，以赢得其配合。

我们认为，我们的祖先培尔谢斯的父亲是达纳耶的儿子培尔赛

---

[1]　[古希腊] 修昔底德：《伯罗奔尼撒战争史》，谢德风译，商务印书馆1960年版，第268页。

[2]　[英] 柯林武德：《历史的观念》，何兆武、张文杰译，商务印书馆1997年版，第80页。

[3]　[古希腊] 希罗多德：《历史——希腊波斯战争史》，王以铸译，商务印书馆1959年版，第5页。

[4]　[古希腊] 修昔底德：《伯罗奔尼撒战争史》，谢德风译，商务印书馆1960年版，第68页。

欧斯，他的母亲是凯培欧斯的女儿安多罗美达。如果是这样的话，那我们就是你们这个民族的后裔了。因此，我们不应当进攻我们祖先的国土，而你们也不应当帮助别人和我们为敌，这是完全正当合理的事情，你们应当安静不动地待在原来的地方；如果你们按照我所期望的一切来做的话，那我对你们的尊重就要高过其他的任何人了。①

在伯罗奔尼撒战争发生前，雅典人对斯巴达人说：

> 我们用不着谈很久以前的事情，因为我们对于那些事情的证据只是耳闻，而不是目见。但是我们要提到波斯战争，提到你们大家都知道得很清楚的事件，纵或你们也许因为经常听到这个故事而感到厌倦了。在当时的战争中，我们为着共同的利益，冒着一切危险；你们也分享了这一切的利益；在这次战争所带来的光荣和利益中，你们不要剥夺我们所应有的一份。我们说这些事情的目的不是想来要求你们的爱顾，而是想证明你们不能仇视我们。我们想向你们说明，如果你们作出错误的决议来的话，你们将来和它进行战争的是怎样的一个城邦。②

可见，希罗多德与修昔底德所想的是一致的，就是历史可化解民族矛盾，寻求共同的利益，达到谅解、和谐共处的目的。

四、根据闻见而叙事，而比较

古典史学作为原创性的东西，在历史认识论与方法论上深深打上了

---

① ［古希腊］希罗多德：《历史——希腊波斯战争史》，王以铸译，商务印书馆1959年版，第616页。
② ［古希腊］修昔底德：《伯罗奔尼撒战争史》，谢德风译，商务印书馆1960年版，第58—59页。

主体性的印痕。

首先，古典史学历史认识论的基点是主体性的感悟，通俗地说，是历史学家的所闻所见。希罗多德的《历史》中，有很多处都是作者直抒自己的闻见的。

我从戴尔波伊人那里所听到的事情就是这些，后面的事情是米利都人添上去的。

关于居鲁士的死的传说的确是有很多的，但我只叙述了上面的一种，因为我认为这个说法是最可信的。

关于埃及，我首肯这样说的人们的话，而且我自己也完全信服他们所说的话。因为我看到，尼罗河是在离相邻地区相当远的地方流到海里去的，在山上可以看到贝壳，地面上到处蒙着一层盐；我从祭司们那里听到的又一件事实，对我来说，是关于这个国家的一个有力的证据。

以上所述都是我个人亲自观察、判断和探索的结果。下面我再根据我所听到的记述一下埃及的历年事件，这上面加上一些我自己看到的东西。

以上我记述的都是埃及人自己所讲的话。下面我还要说埃及人和外国人异口同声所讲的有关在这个国家发生的事情的话，还要加上我亲眼看到的一些东西。[1]

希罗多德的所闻所见，是其撰写《历史》的基本素材；而且，他是有所选择、鉴别和思考的。在埃及古战场考察中，希罗多德发现了一个有趣的现象：波斯人的头骨很脆弱，随便用小石子就可以打穿；埃及人的头骨却很硬，甚至用石头也很难敲穿。分析其因，是因为埃及人从小

---

[1]　[古希腊]希罗多德：《历史——希腊波斯战争史》，王以铸译，商务印书馆1959年版，第11、125、133、176、206页。

便剃头，沐浴太阳光的照射，"头盖骨变得既厚且硬"；波斯人则从小头戴毡帽，受太阳照射较少。"这一点在我看来，是很可以相信的。"①

修昔底德所撰写的《伯罗奔尼撒战争史》，也是自己的所闻所见。"关于战争事件的叙述，我确定一个原则，不要偶然听到一个故事就写下来，甚至也不单以自己的一般印象作为根据，我所撰述的事件，不是我亲自看见的，就是我从那些亲自看见这些事情的人那里听到后，经过我仔细考核过了的。"比如雅典城墙，是修昔底德亲自考察过的。"雅典人在很短的时间内就建筑了他们的城墙。就是现在我们还能够看得出，这个建筑是仓促筑成的。"②

其次，古典史学的研究方式是叙事。希罗多德的历史研究旨趣是记述城邦的盛衰变迁："不管人间的城邦是大是小，我是要同样地加以叙述的。因为先前强大的城邦，现在它们有许多都已变得默默无闻了；而在我的时代雄强的城邦，在往昔又是弱小的。这二者我所以都要加以论述，是因为我相信，人间的幸福是绝不会长久停留在一个地方的。"据此，希罗多德的叙事的体例采用了纪事本末。举凡任何历史事件或历史人物，都予以了详其首尾的记述。"因此，我这部历史的后面的任务，就是必须考察一下摧毁了克洛伊索斯的帝国的这个居鲁士是个何等样的人物，而波斯人又是怎样称霸于亚细亚的。在这里我所依据的是这样一些波斯人的叙述，这些人并不想渲染居鲁士的功业，而是要老老实实地叙述事实。"③

① 〔古希腊〕希罗多德：《历史——希腊波斯战争史》，王以铸译，商务印书馆 1959 年版，第 230 页。

② 〔古希腊〕修昔底德：《伯罗奔尼撒战争史》，谢德风译，商务印书馆 1960 年版，第 20、74 页。

③ 〔古希腊〕希罗多德：《历史——希腊波斯战争史》，王以铸译，商务印书馆 1959 年版，第 4、59 页。

　　与《历史》相比，修昔底德的叙事虽然也是以战争为题材的，但是在体例上却采用了编年体。"战争开始以后，就一直继续下去，没有停滞。一切事件都是按照每年夏冬两季实际发展的顺序记载下来的。"此外，修昔底德没有采用希罗多德的主体性参与的叙述方式，而是以客观记述大段演说为主。"在这部历史著作中，我利用了一些现成的演说词，有些是在战争开始之前发表的；有些是在战争时期发表的。我亲自听到的演说词中的确实词句，我很难记得了，从各种来源告诉我的人也觉得有同样的困难，所以我的方法是这样的：一方面尽量保持实际上所讲的话的大意；同时使演说者说出我认为每个场合所要求他们说出的话语来。"① 可见，以演说词的形式来叙事，可以说是修昔底德的一个特征。

　　最后，古典史学的方法论采用了比较法。也许是因为构成战争的是敌对的双方，所以古典史学的研究自然地采用了比较法。在这里，仅举文化史上的案例，意图说明比较法的消除偏见、扩大视野的功用。希罗多德比较了古埃及与古希腊的纪年方法。埃及人根据太阳来计算时间，把一年分成 12 个月，每月 30 天，再加上 5 天，这样，季节的循环与历法相吻合；古希腊则是每隔一年要插进去一个闰月，才能使季节与历法相吻合。"这样看来，他们纪年的办法要比希腊人的办法高明。"又说，埃及祭日时的集会、游行和法事的仪式是世界文化史上首创的，希腊是向埃及人学来的，"我认为这是有根据的"。②

　　综上所述，古典史学首创西方历史学的先河，其对历史主义的贡

　　①　［古希腊］修昔底德：《伯罗奔尼撒战争史》，谢德风译，商务印书馆 1960 年版，第 120、19—20 页。
　　②　［古希腊］希罗多德：《历史——希腊波斯战争史》，王以铸译，商务印书馆 1959 年版，第 129、159 页。

献，自然是居功甚伟。其基本观点在于：历史是人类的活动，其动力在于人的欲望，其发展有着自己的规律；人们要创造历史，必须遵从规律，借鉴历史知识。历史学的研究对象是人类的辉煌功绩，其任务则是记存历史的辉煌，探究其成因，其属性则是科学。历史认识的基点是闻见，其方式是叙事，其方法则是比较。总之，古典史学在历史主义上的贡献，就是开创了人文史观，奠定了文化史学，提出了据闻见而叙事的科学方法论；而且由于神谕的引用，也助长了中世纪宗教神学史学的萌生和发展。为古典史学作出杰出贡献的史家主要是希罗多德、修昔底德。

第二节　恶抑与善引：基督神学的史学思想

可能同属于文化思潮，与古典史学相比，基督神学史学无论是在传承时间，或是在其对学术与社会的影响等方面，在西方史学史上，都有着相得益彰、相互媲美之势。因此，全面深入地挖掘其历史主义内涵，是非常必要的。

一、基督神学史学及其研究

基督神学史学的发展，应该说是经历了三个阶段。

第一，是《圣经》的原始经典阶段。《圣经》由《旧约》《新约》所组成。《旧约》用古希伯来文写成，主要是记载了公元前 12—2 世纪的犹太人及其邻近民族的社会生活状况；共有 39 卷，分为律法、先知与圣录三个部分。《旧约》以犹太人的首领为线索，记载了亚伯拉罕、以撒、雅各、摩西、约书亚、士师、扫罗、大卫、所罗门、囚居于巴比伦等各个时期的社会生活。《新约》成书于 1 世纪的下半叶，定稿于 3—4 世纪末，共有 27 卷，由三部分组成，福音书（记述耶稣生平与言行）、使徒行传（早期教会事宜）、书信与启示录。《圣经》共有 66 卷，每卷都是可以单独成册的专门书，内容囊括了历史、诗歌、哲学、私人信件、演讲稿等。《圣经》的作者虽然众多，但是在叙事、传记、修辞等方面，都有着系统、完整特别是真实的记述，对研究犹太人、西亚史有着极高的史学价值。

第二，是前中世纪的阶段。这一阶段是指《圣经》之后、中世纪之前的阶段。其间主要的史家有耶路撒冷的学者朱理亚·阿非利加那（Julius Africanus，约 180—250），著《编年史》（Chronographia），现仅存 5 卷。阿非利加那认为，从亚当到耶稣之间相距 5500 年，本书上限即从亚当诞生开始，下限为厄拉加巴拉斯皇帝在位的第四年，即 221年，记载了发生在这一时期的近东、希腊、罗马等各地的人、事、史与神话，其方法则是以纪年为顺序，以线性时间展延为原则，超越了古典史学的没有时间概念，只以事实展开为纪事本末的方法。第二位史家是攸西比乌斯（Eusebius，约 263—339），出生于巴勒斯坦凯撒里亚，他充分利用了当地保存完好的图书馆，以及当时君士坦丁信教的宽松政治环境，撰写了大量的史书，《编年史》《教会史》《巴勒斯坦殉教者传》《古代殉教者传集》《君士坦丁传》等，保存了大量的史料。其中，《编年史》又名为《大事年表》，是承继阿非利加那的《编年史》的纪年记事方法，所不同的是，其上限定于亚伯拉罕出生之年，即基督诞生前 2015 年，止于 324 年；其方法仍然以线性纪年为原则，但是又有所发展。第 1 卷比较了古代不同史家的纪年方法，确定各个民族的正确年表；第 2 卷介绍了现存各种年代体系，又将罗马帝国与教会中的重要事件记录在旁边。第三位史家是高卢人塞维鲁（Severus，约 365—425），撰写有《编年史》《图尔主教圣马丁传》。第四位史家是出生于北非的圣奥古斯丁（St.Augustine，354—430），其著作达93部之多，其中最主要的是《上帝之城》《忏悔录》。《上帝之城》提出了"一套反动的为基督教会服务的历史哲学"，"一部历史就是'上帝'的信徒和恶魔'撒旦'的信徒之间的斗争史，'上帝'的信徒是要建立人间天堂，而'撒旦'的信徒是要把人间变为地狱。一切世俗的国家都是罪孽深重的，只有基督教会才能带来和平与幸福，让世俗的罗马帝国毁灭吧，在它的废墟上将建立起一个'永恒的世界性的上帝之国'"。[1] 在奥古斯丁的授意下，其徒弟奥洛西厄斯（Orosius，约380—420）撰写了7卷本的《反异教史》，对异教徒诽谤基督的各种说法予以了驳斥。

第三，是中世纪的阶段（5—13世纪）。在法国，法兰克人高卢与图尔主教格雷戈里（Cregoly，539—594），撰写了10卷本的《历史》即《法兰克人史》，7卷本的《奇迹集》《教父列传》等。《法兰克人史》起于创世纪，止于591年，以编年方式，记载了法兰克的社会生活、阶级制度、民俗风情、伦理道德，以及教育状况，其史料价值极高。汤普森称赞该书："中世纪史学迈入大踏步前进的时期，树立了楷模，规定了形式，唱出了尔后六百年（600—1200）间基本上占统治地位的主调。"[2] 在英国，史学的奠基者是比德（Bede，约672—735），他博学多才，著作很多，其中最著名的是《英吉利教会史》，记述了传教士奥古斯丁（与圣奥古斯丁同名）于597年受教皇之托到不列颠传教期间的教会史，以及其时英国的社会生活、部族政治、经济文化等方面的情况，其方法是以基督降生年为基点，采用"吾主纪年"（Anno Domini，简写

---

① 郭圣铭：《西方史学史概要》，上海人民出版社1983年版，第62页。

② ［美］J. W. 汤普森：《历史著作史》上卷，谢德风译，商务印书馆1988年版，第215—216页。

为 A.D.)。在德国，弗雷辛的主教鄂图（Otto，约 1114—1158），出身皇族，博学有志，认为，历史是上帝的信徒与恶魔撒旦的信徒之间的斗争史。鄂图撰写有 8 卷本的《编年史》，记载创世以来的历史；《皇帝腓德烈一世的事业》，描述其侄子"红胡子"腓德烈一世的用兵事迹。鄂图被称为"中世纪历史家的高峰""第一次有世界历史联系概念的历史家""中世纪唯一有哲学思想的一位历史家"等等。①

对于基督神学史学，国内外的学者都是肯定其史学贡献的。

柯林武德认为，基督神学史学的贡献在于：其一，指出了历史的本质在于上帝，是上帝决定着一切，由此就减轻了历史学研究的负担，当人们对于历史上一些人和事件不能说明白时，即可归因于上帝；其二，历史上任何现象、任何事件，都是依照上帝意志而变化着的，都不是偶然的，由此就确定了历史学的研究是以变化不居为特性的；其三，上帝面前人人平等，没有什么选民、特权种族或阶级、集团，整个社会都统一于上帝，由此就形成了世界史，或整体史。②

国内的学者对基督神学史学的认识，存在着两个方面的意见。一方面是批判的态度。郭圣铭先生指出："基督教僧侣把历史学作为神学的奴仆，用它来宣传宗教迷信。""基督教史学本身是荒谬的。"③ 朱本源先生指出："总之，在中世纪（主要是在中世纪前期），历史学是神学的婢女，神学的思维就是历史的思维。"④ 另一方面，则是认可并肯定其贡献。郭圣铭指出："基督教史学家用基督教纪年，大大地简化了纪年方法，并且为各国历史纪年的统一，提供了一个方案。这也是史学史上的

① 张广智：《西方史学史》，复旦大学出版社 2000 年版，第 81 页。
② ［英］柯林武德：《历史的观念》，何兆武、张文杰译，商务印书馆 1997 年版，第 87—89 页。
③ 郭圣铭：《西方史学史概要》，上海人民出版社 1983 年版，第 63 页。
④ 朱本源：《历史学理论与方法》（修订本），人民出版社 2012 年版，第 247 页。

一件大事。"①高拴来说，基督教本质上是对世俗历史的扼杀，但是对西方史学观念有着某种积极的贡献："历史第一次被理解为合目的的进步过程"，"普遍统一的整体史观和大一统的世界史意识"，"矛盾冲突的历史动力合力论"，"国家起源暴力说"，"划分时代的观念和新的分期法"，"统一的历史纪年法"，"历史哲学的滥觞"。②张建辉对基督教史学的贡献又加了两条："面对现实的积极应对精神"，"开创了新的历史撰述类型《圣徒传》"。③

二、恶抑善引：历史发展的大势

毋庸赘言，基督神学的历史观，当然就是上帝史观。那么，上帝史观究竟是怎么回事？

在上帝史观看来，世界上所有的一切都是上帝所创造的。光、昼夜、海洋陆地、太阳、生物、人、等等，由这六种事物所构成的世界，是其用了六天时间有序创造出来的。即使天使与魔鬼，都是上帝所创造的。"天使显然是上帝的创造物。"④"魔鬼一开始就是上帝的玩物。因为没有一样性质不是上帝所造的，甚至在最小的、最低的、最末的野兽那里也一样，一切尺度、一切形式、一切秩序都来自上帝，没有上帝，就不可能有任何计划，或者不可能有任何存在。"⑤既然魔鬼是上帝所创造的玩物，那么，世界上所有的一切，都是依照上帝的意旨，有计划地、有秩序地创设出来的。世界是上帝的预设、创造。

---

① 郭圣铭：《西方史学史概要》，上海人民出版社 1983 年版，第 63 页。
② 高拴来：《试论基督教对欧洲中世纪史学的积极作用》，《唐都学刊》1996 年第 1 期。
③ 张建辉：《基督教史学的贡献》，《世界文化》2007 年第 3 期。
④ [古罗马]奥古斯丁：《上帝之城》，王晓朝译，人民出版社 2006 年版，第 454 页。
⑤ [古罗马]奥古斯丁：《上帝之城》，王晓朝译，人民出版社 2006 年版，第 464 页。

　　既然如此，那么，历史也是上帝所创造的。历史是以汲取事物中的发展变化因素为其视角的，或者说是以发展变化的眼光看待事物的。所以，时间是构成历史的最核心元素，而时间是上帝所创造的，所以说，历史也是上帝所创造的。"一个阶段结束，另一个阶段开始，时间就是构成这些阶段之间的或长或短的间隙。""上帝是时间的创造者和建立者。""如果变化和运动是在创世时被造的，那么时间和这个世界是同时被造的，它似乎是由创世前六日或七日的秩序而生。"①

　　由此，在基督神学中，历史将被赋予什么样的内涵？换句话说，历史的本质是什么呢？奥古斯丁说，历史的本质是属地之城与属天之城相互纠缠、交织、渗透、斗争的过程，也是在上帝的指引下众俗离开属地之城、走上属天之城的过程。

　　　　我们说过，这两座城——亦即属地之城和属天之城——在当今世界上是混合在一起的，在某种意义上，二者纠缠在一起。

　　　　属地之城的公民喜爱他们自己的神灵甚于喜爱这座圣城的创建者，因为他们不知道他是万物之神。然而，他们的神灵不是虚假的，而是不虔诚的、骄傲的，它们失去了人人都可分享的上帝不变的光，因此变成一种极为贫乏的力量，它们竭力追求自己的私利，向它们被误导的服从者寻求神圣的荣耀。倒不如说，上帝是虔诚的、神圣的神灵的上帝，它们乐意服从惟一的上帝，而不愿服从众多神祇，即它们自己，它们乐意崇拜上帝，而不乐意自己被当做上帝崇拜。

　　　　上帝把它创造出来，上帝借着"道"把它创造出来，目的是使它成为好的。②

---

① ［古罗马］奥古斯丁：《上帝之城》，王晓朝译，人民出版社2006年版，第451页。
② ［古罗马］奥古斯丁：《上帝之城》，王晓朝译，人民出版社2006年版，第475页。

在基督神学看来，世界、历史虽然由上帝所创造，但其动力却是人的"意志与欲望"。

社会是由凡人和天使组成的，或者说，有两座城，一座是由善良的天使和凡人一起组成的，另一座则是由邪恶的天使和凡人组成的。

好天使与坏天使性格上的对立并非源于他们本性与起源上的差异，这一点不容怀疑——因为创造他们的都是善良的、创造一切的上帝——而是源于他们的意志和欲望方面的差异。因为有些天使持续不断地趋向于万物之共善，亦即上帝本身，上帝的永恒、真理和爱，而有些天使对他们自己的力量感到兴奋，认为他们自己就可以是自己的善，从而脱离对他们和一切事物来说共有的善，拥抱他们自己个别的善。他们宁愿骄傲地自我膨胀，而不愿追求庄严高尚的永恒，宁要空虚的敏锐，而不要最确定的真理，宁愿热心地实现自己的目的，而不要爱的联合的力量。他们变得傲慢、虚伪、妒忌。因此，好天使幸福的原因是他们矢忠于上帝，同理，坏天使可悲的原因也可以在前者的对立面中找到，这就是他们不忠于上帝。①

可见，在奥古斯丁看来，历史的动力是人的意志与欲望。崇奉上帝的天使，其意志与欲望是善良的，不仅能成就其现实的幸福，而且导引至未来的天堂；背离上帝的天使是邪恶的，不仅在现世受罪，而且将来也会被打进地狱受罚。因此，基督神学的职责在于，遏制恶的天使，张扬善的天使，以此导引向善，教导民众从属地之城走向属天之城；简单来说，就是恶抑善引。奥古斯丁说：

邪灵也"是上帝的造物，但它们由于离弃上帝而犯了罪，因此

---

① ［古罗马］奥古斯丁：《上帝之城》，王晓朝译，人民出版社2006年版，第492—493页。

它们要按照罪行的不同受到天地间不同程度的惩罚，而不同的身体就是它们的囚室。因此，并非要创造善的事物，而是要约束恶的事物，才是这个世界被创造的原因"。

经上还说："上帝看着一切所造的都甚好。"这就清楚地表明，除了应当由一位好的上帝来创造好的事物之外，创世没有其他的原因。如果世上没有任何犯罪，那么这个世界就会装饰和充满着全善的性质。还有，即便现在存在着罪恶，但并非一切事物都会因此而充满罪恶，因为至少大量的天上的存在者是善的，保持着符合它们本性的恰当秩序。尽管罪恶的意志拒绝保持符合其本性的秩序，但它并不能因此而逃避上帝的律法，公正的上帝良好地安排了一切事物的秩序。①

在比德这里，意志与欲望作为历史的动力，不是体现在善良天使或邪恶天使身上，而是体现在每一个人身上，每个人都受着自身欲望如"撒谎""贪欲""争辩""冷酷"等"四个火体"的诱惑，"这些烈火尽管表面上看起来又大又可怕，但它们却是用来检验每一个人的功过得失的，因为任何人的欲望都会在这些火中燃烧。正如一个人的身体被不法的欲望所燃烧一样，它离开自身时也必受应得的痛苦"。但是，如果人们能够"不纵欲，常祈祷"，即可免受痛苦，进入天堂。这用传教士奥古斯丁的话说就是："人既是俘虏，又有自由。自由来自他所热爱的公义，不自由来自违反意志的享乐。"②

综上所述，在基督神学看来，历史是神的意志，是基督创设世界的

---

①　[古罗马] 奥古斯丁：《上帝之城》，王晓朝译，人民出版社 2006 年版，第 473、474 页。

②　[英] 比德：《英吉利教会史》，陈维振、周清民译，商务印书馆 1991 年版，第 189—190、192、82 页。

有机组成部分，是世俗在上帝指引下遏制邪恶欲望、弘扬良善信仰从属地之城到属天之城的历练、修行过程。教皇格雷戈里曾说：历史的本质是人们"在天主的帮助下开始承担起来的良善事业"。① 柯林武德也说："上帝创造了人，只不过是为了假手人的生命来实现他自己的目的而已。"② 总之，基督神学认为，历史是基于上帝所创造、设计的人类的活动，其动力是意识，其方向是致力于上帝之城。

三、见证奇迹：历史学的功用

基督神学既然认为，历史是基于上帝设计的人类信仰活动，那么，历史学的研究对象就是人们的上帝信仰。奥古斯丁说自己撰写《上帝之城》的任务就是，"详尽地讨论这两座城的起源、发展和命运的结局"③。又说："我把人类分成两个序列。一个序列由那些按人生活的人组成；另一个序列由那些按上帝生活的人组成。象征性地说，我把这两个序列称作两座城，亦即人类的两个社会，一个预定要由上帝来永远统治，另一个要与魔鬼一道经历永久的惩罚。"④ 这就是说，历史学研究上帝信仰与世俗生活之间的相互交织、渗透，从而揭示人们认可、接受并崇信上帝的过程。格雷戈里说其自己的历史研究是"国王同敌对的人民、殉教者同异教徒、教会同异端之间的战争"。⑤ 比德说历史学的研究，就像牧师一样，探究"为全能的天主的事业而劳苦的人最终会在永恒的王国里

---

① ［英］比德：《英吉利教会史》，陈维振、周清民译，商务印书馆1991年版，第62页。
② ［英］柯林武德：《历史的观念》，何兆武、张文杰译，商务印书馆1997年版，第88页。
③ ［古罗马］奥古斯丁：《上帝之城》，王晓朝译，人民出版社2006年版，第444页。
④ ［古罗马］奥古斯丁：《上帝之城》，王晓朝译，人民出版社2006年版，第632—633页。
⑤ ［法］格雷戈里：《法兰克人史》，寿纪瑜、戚国鑫译，商务印书馆1981年版，第5页。

得到不可言喻的奖赏"。①

历史学以上帝信仰及其传播为研究对象，那么，其任务一是记述其经历、过程。奥古斯丁说："所以我似乎应当开始叙述它们的历史，从最初两个人开始生育他们的后代一直到人类停止生育为止。"② 比德说，"适合于写进我们的《教会史》中"的，就是传教士被教皇派到不信教的英吉利，"他自己却教诲他们，为他们祷告，帮助促使他们的传教事业卓有成效"。③ 二是传播圣经的要义，使人们信奉。"这是为了告诫读者不要低估圣经的权威，而要超越历史的层面，寻求历史性的叙述所要表达的意义。"④ 记录传教与传播教义，用基督神学的话说就是"见证奇迹"。格雷戈里说："我将进一步把圣徒们的奇迹般的事业和人们的灾难按照时间顺序兼收并蓄地加以叙述。我认为，假使我把受福的人们的快乐生活夹在不幸的人们的悲惨遭遇中间来叙述，读者将不至认为这是毫无道理的，因为这并不是出于作者的粗心大意，而是遵循了事件发生的过程。"⑤ 据此，如果披阅《法兰克人史》《英吉利教会史》等基督神学方面的史书，满篇都是见证奇迹的记述。

历史学是研究上帝信仰及其传播、见证奇迹并予以记录的学问。那么，其学科属性当属于文化，属于人类的文化事业。但是，因其为说服人们的认可、接受乃至于崇信、痴迷，列举了大量的信奉上帝之后的奇迹，所以，历史学又属于实用性的学问，甚至说具有科学性的学问。细读《上帝之城》，即可发现，奥古斯丁对于神灵、上帝的论证，是非常

① ［英］比德：《英吉利教会史》，陈维振、周清民译，商务印书馆1991年版，第84页。
② ［古罗马］奥古斯丁：《上帝之城》，王晓朝译，人民出版社2006年版，第633页。
③ ［英］比德：《英吉利教会史》，陈维振、周清民译，商务印书馆1991年版，第102页。
④ ［古罗马］奥古斯丁：《上帝之城》，王晓朝译，人民出版社2006年版，第874页。
⑤ ［法］格雷戈里：《法兰克人史》，寿纪瑜、戚国鑫译，商务印书馆1981年版，第45页。

精细、严密和全面的，与科学思维相较，可以说是毫不逊色的。

那么，属于文化性质的历史学，其功用如何呢？

首先，是教育功能，彰善瘅恶。格雷戈里说："尽管言辞粗鄙，我也要把往事的记忆留传后世，绝不使那些邪恶的人和正直的人之间的斗争湮没无闻。"① 比德说："不管怎样，如果一部历史著作记载了善人善行，那么细心的人听到这些故事后就会深受感动而去仿效他们；如果一部历史著作记载了恶人恶行，那么它同样可以使忠诚善良的读者或听众避免那些对灵魂有害的东西而更加自觉地追求他知道是合天主意的善事。""如果有读者发现我写的这本书中所记载的材料与事实有出入，我谦卑地请求他不要怪罪于我们，因为我们是怀着真挚的感情，为了教诲后代，努力把从普通传闻中汇集起来的资料写进这本书的。这是历史的真正规律。"② 科路蒂城的修道院因不听从一位属天主人的劝诫，潜心修道，最终发生了火灾，修道院被烧毁了。比德说："我认为把这些事写进我们的《历史》是有益处的。我们可以以此警告读者，主可以作出什么样的事情，他在劝导这些人类子民时会变得多么可怕，免得在我们满足于肉体的诱惑而对天主的审判无所顾忌时，他突然对我们施加惩罚，或在他的义愤中打击我们，使我们遭受现世的损失，或给我们更多的磨难：把我们带走，投进永恒的地狱。"③

其次，是教化功能，即以宗教传播的形式传递文明生活。基督神学史学诞生于古代晚期，是西方社会从远古的蒙昧走向中世纪的文明过渡时期。其时的古希腊古罗马没有基督教，但是在政治、经济、生活、史

① 戚国鑫：《中译本序言》，[法] 格雷戈里：《法兰克人史》，寿纪瑜、戚国鑫译，商务印书馆1981年版，第1页。

② [英] 比德：《英吉利教会史》，陈维振、周清民译，商务印书馆1991年版，第18、20页。

③ [英] 比德：《英吉利教会史》，陈维振、周清民译，商务印书馆1991年版，第291页。

学、文学、雕塑、艺术等方面，都取得了极高的成就，不过历史沧桑，最终无不烟消云散；可是基督教却一天天滋生繁衍，越来越壮大了。考究其因，就是传播了文明，剔除了古代社会中的糟粕。当奥古斯丁在英国传教时，遇到了很多的问题，对此，罗马教皇格雷戈里给予了解释。这些问题有：

1. 财产的所有制与供品的分配问题。教会采取公有制的形式："没有人把他们拥有的任何东西称为己有，一切财产都属公有。"教会所收到的供品，是这样分配的："必须分成四份，一份给主教及其家庭用以招待宾客，一份给教士，一份给穷人，最后一份留着修缮教堂用。"

2. 信徒的权利与义务。信徒的权利在于遵守教规，诚实地生活，勤勉地唱赞美歌，"在天主的帮助下，让他们的心口和身体免受一切不正当东西的侵害"。信徒的义务在于供奉物品，"一切剩余的东西都应该用于神圣和虔诚的事业"。

3. 基督信仰与地方习俗之间的关系问题。各地不同的习俗有着适合本地人生活的特点，这是"某一个地方的美好事物"，也是天主所喜爱的。因此，各个教会可以自行选择一些"神圣的、虔诚的和正确的东西"，来满足当地人的要求。

4. 生活常识问题。如婚姻对象不能是亲兄妹，"信徒三代或四代之内不能通婚"，否则，"是不会培育后代的"。根据《旧约》的规定，女人若生男孩子要33天，若生女孩子要66天，才能进入教堂；但是若生命垂危，则无论何时都可以进入教堂。妻子在孩子断奶之前，男子不能与之有房事行为。如此等等，虽然是以教规的形式要求信徒的，但毕竟传播了文明生活的必要的生活常识。

此外，还涉及各地教会的主教任命、教会与教会之间的关系处理，等等。①

在《法兰克人史》中，格雷戈里则吸取历史经验，放弃"窝里斗"，团结一致：

> 前辈诸王由于分崩离析，结果遭到了敌人的杀戮，这种前车之鉴本是应该使你们恐惧的……要把你们胜利的肇始者克洛维的一切事迹铭记在心。他杀死了敌人的诸王，粉碎了危险的域外诸国，征服了高卢的各个种族，他传给了你们对这些种族的完整无缺的统治权，而当他完成了这个事业之后，他却没有你们现在藏在宝库里的那种金银。你们做了什么事业？你们怀着什么欲望？你们的东西哪样不丰富？因为在你们的家里可供享乐的东西太多了，你们的仓廪里谷物、酒、油堆积得太满了，你们的宝库里金银聚成了堆。但是你们缺少一样东西：因为你们不保持和平，你们得不到上帝的恩宠……根据使徒的说法，这种内战发生在每个人的心里，以便让圣灵和情欲相斗，让邪恶在道德面前屈膝，而你们自己呢，即便你们曾经陷于枷锁之中，为万恶之本效过劳，现在却可以像一个获得释放的人那样去侍奉你们的主宰者，而他就是基督。②

最后，是整体意识和世界史意识的确立。柯林武德讲得很清楚："所有的人和所有的民族都包罗在上帝目的的规划之中，因此历史过程在任何地方和一切时间都属于同样的性质，它的每一部分都是同一个整体的一部分。基督徒不能满足于罗马史或犹太史或任何其他局部的和特殊主义的历史：他要求一部世界史，一部其主题将是上帝对人生目的的

---

① ［英］比德：《英吉利教会史》，陈维振、周清民译，商务印书馆1991年版，第67—77页。

② ［法］格雷戈里：《法兰克人史》，寿纪瑜、戚国鑫译，商务印书馆1981年版，第202—203页。

普遍展开的通史。"①

四、"奥古斯丁难题"：历史思维的特征

基督神学史学在历史认识论与方法论上，也有着独到的论述。

基督神学史学认为，历史是可以认识的。奥古斯丁说，既然世界是上帝所创造的，那么，人类的智慧，也是上帝的创造。"它是理智事物的巨大的、无限的宝库，其中拥有一切可见、可变事物的不可见、不可变的形式，而前者是由后者造成的。因为上帝没有创造任何不可知的事物，甚至人的技艺也可以这样说。但若上帝知道他所创造的一切，那么他所创造的事物是他已经知道的，由此可以得出一个令人震惊但却真实的结论：如果这个世界不存在，我们就不能知道它，但若上帝不知道这个世界，那么它就不能存在。"②这就是说，作为上帝所创造的历史，还有人类自身所拥有的技艺，都是可以被认识的。

进而，奥古斯丁分析了历史认识的结构。首先，作为历史认识主体性的内涵。其由三个因素构成，一是主体性的自觉。"我错故我在。因为，不存在的人是不会犯错的。而我会犯错，所以我可以借此肯定我存在。""我确认我存在，确认我知道自己存在。"二是主体性的求知欲。"追求知识的本能在其他任何生灵那里都看不到，只有在人身上可以发现。"三是主体性的理性指引。世界上其他动物也有眼光，甚至拥有比人类还敏锐的眼睛，但是，"我们的心灵有了这种光的照耀，方能正确判断一

---

① ［英］柯林武德：《历史的观念》，何兆武、张文杰译，商务印书馆 1997 年版，第 89 页。

② ［古罗马］奥古斯丁：《上帝之城》，王晓朝译，人民出版社 2006 年版，第 458—459 页。

切事物。我们得到的这种光越多，我们判断事物的能力就越强"。奥古斯丁所说的"光"，自然是指上帝的，是对其的爱与被爱。总之，自觉、求知与爱，是构成历史认识主体性的基本元素，由此，才可以认识历史、认知历史。"我们相信自己拥有三样东西，存在、知识、爱，不是因为拥有其他证据，而是因为我们自己明白它们的存在，因为我们自己最真实的内在感官察觉到了它们。"①

其次，历史认识的客体。历史是由上帝所创造的，认识上帝就是认识历史，同样地，认识历史也就是认识上帝。所以，作为历史认识客体的历史，是有其被认识的特征的。别说有理性的历史，即使无理性的动物、植物，也都有着人类可以感知的特性。"尽管它们，以及一切有形体的事物，都拥有隐藏于它们本性之中的原因，但它们展现它们的形式，把形状给了我们这个世界的可感知结构，供我们的感官去感觉，由此看来，尽管它们自己不能认知，但它们不管怎么说希望被认知。"②

最后，历史认识的中介。联系历史认识主体与客体的桥梁，就是历史认识的中介。奥古斯丁在谈到上帝信仰时，论析了历史认识的桥梁。"为了使心灵能够更加自信地走向真理，真理本身、上帝、上帝之子取了人性而又没有失去他的神性，建立了这种信仰，使人可以找到一条道路，通过一位神——人走向人的上帝。这就是上帝与凡人之间的中保，耶稣基督这个人。作为人，他是中保和道路。""这位中保，首先通过先知，然后是他本人，然后通过使徒，不仅把他认为应当充分对我们叙说的都对我们讲了，而且还确立了被称作正典的经文。它们具有最显要的

---

① [古罗马] 奥古斯丁：《上帝之城》，王晓朝译，人民出版社 2006 年版，第 479、481、480、482—483 页。

② [古罗马] 奥古斯丁：《上帝之城》，王晓朝译，人民出版社 2006 年版，第 481 页。

权威性，我们在一切不容忽视的问题上无保留地相信它们，而凭我们自己是不可能知道这些事情的。"① 据此，历史认识的中介有两个因素：一是人的因素，即导师的教诲，口耳相传；二是文献资料，文以载史，文以载道，只有凭借文献，才能认识历史。

奥古斯丁还论析了历史认识的形式。在奥古斯丁看来，认识有两种形式："按照事物被造的形式来认识事物与按事物存在本身来认识事物"。"神圣的天使按上帝之道以一种方式认识所有这些事物，他们看到了不可言说的东西、持久的原因和理由，这些事物就是按照这种理由被造的；而另一种方式则是按他们自己的方式来认识。以前一种方式，他们对事物的认识更加清楚，而以后一种方式，他们的认识比较晦涩，仅涉及作品而没有涉及作品的设计。"② 显然，依照奥古斯丁的意见，前一种属于历史认识，后一种属于现实或现象认识。历史认识是深刻的，是把握了事物的本质的、规律性的；而现象认识是表层的，是认知了事物的外在的、形象性的。在实践中，历史认识源自于现象认识，现象认识有待于历史认识。两者互相映衬，相得益彰。

在历史认识论析中，奥古斯丁提出了个问题：究竟什么是历史认识的正确结论？我们可以叫作"奥古斯丁难题"。"因此，按照魔鬼的性质而不是按照它的恶行，我们才能正确地理解'上帝于创世之初造它做他的天使的玩物'这句话。因为恶无疑仅仅是在先前不具有的性质的意义上才是一种缺点或缺陷。而邪恶也仅仅是在与自然相反，能够毁灭自然的意义上才是一种缺陷，因此，离弃上帝不是一种恶，除非这种生灵的恰当本性就是依附上帝。所以，即使是一种邪恶的意愿也强烈地证明了

---

① ［古罗马］奥古斯丁：《上帝之城》，王晓朝译，人民出版社 2006 年版，第 445、446 页。

② ［古罗马］奥古斯丁：《上帝之城》，王晓朝译，人民出版社 2006 年版，第 484 页。

自然之善。但正如上帝是自然之善的最高创造者，他也是邪恶意愿的最正义的统治者。因此，正如恶人错误地使用善性一样，上帝甚至能正确地使用邪恶的意愿。同理，上帝造出了魔鬼，魔鬼在被造出来时是善的，但魔鬼出于自愿而成为邪恶的，使它自己变得低贱而变成上帝天使的玩物。也就是说，上帝利用魔鬼的诱惑把善带给那些魔鬼想要伤害的圣人。由于创造了魔鬼的上帝肯定不会对魔鬼将来的邪恶一无所知，并且预见到从魔鬼的恶中能够带来什么善，因此诗篇说：'那里有你创造的鳄鱼游泳在其中。'因此我们可以明白，甚至当上帝用他的善性创造了善的魔鬼时，他无论如何已经预见到魔鬼将会变成邪恶的，已经做好了使用它的准备。"①

在奥古斯丁看来，既然魔鬼都是依照上帝的意愿创造的，那么，在历史发展中，善恶是难以一时区别的。上帝利用魔鬼将其善性传递给圣人，所以，魔鬼虽然作恶，但实际上，是为上帝服务的。魔鬼的作恶，是上帝整个规划的组成部分。由此而论，历史上是没有可以指责的人物和事情的，是没有是非分野的。所以，"一切本性都是善的"，"任何人都不要去寻找罪恶意志的动力因"。②

在基督神学史学看来，历史学的研究范式就是叙事，而基督史学的贡献在于运用了耶稣纪年的方式。古典史学奠定了叙事史学的基础，但因纪年方式的蒙昧与各个民族纪年方式的不同，所以，其叙事大多是采用纪事本末、模糊时间的方式进行的。自从基督教产生、传播以来，以耶稣诞生为标志的纪年方式逐渐被人们所接受，一些史学家甚至直接用

---

① [古罗马] 奥古斯丁:《上帝之城》，王晓朝译，人民出版社2006年版，第465—466页。

② [古罗马] 奥古斯丁:《上帝之城》，王晓朝译，人民出版社2006年版，第498、502页。

于史学论著的编纂。高拴来指出："基督教认为人类历史是呈现阶段性的统一的过程，这就使历史学有必要有统一的纪年法。以前世界各国有其自己的纪年法，情况极为复杂，极不统一……8 世纪的史家比德以耶稣诞生之年作为基准，这以前标为 BC（基督之前），之后标为 AD（吾主纪年）。这种纪年法后来被广泛采用，不仅大大简化了纪年方法，也为各国历史纪年的统一提供了方案。"①

与古典史学相比，基督神学史学承继了历史比较的方法。以奥古斯丁为例，他说："两个不同的天使团体，可用光和暗来恰当地象征。"②

上帝天使：

上帝喜悦、众使者的爱戴、神圣的爱、众天之上、光明与安宁、仁慈公义、上帝使者。

邪恶天使：

骄傲自负、众使者的拜伏、不洁的爱、低无之下、欲望与颠簸、诱惑伤害、上帝约束。

历史比较法也是比德惯常使用的方法，试举一例。不列颠的主教杰马努斯与当地的异教徒进行了论战，民众"既当观众又当裁判。论战双方的情形看起来是如此不同：一方是神的信仰，一方是凡人的臆造；一方虔诚，一方倨傲；一方崇拜基督，一方听命于贝拉基。神圣的主教让他们的对手先发言。这些人唠叨了许久，用一大堆废话充塞人们的耳朵。然后，可敬的主教以他们特有的雄辩，口若悬河地做起使徒和传福音者的演说来……他们揭穿了这些持异端邪说者的虚晃，驳斥了他们的怀疑，逼得这些人张口结舌，不得不在每一个异议上承认自己

---

① 高拴来：《试论基督教对欧洲中世纪史学的积极作用》，《唐都学刊》1996 年第 1 期。
② ［古罗马］奥古斯丁：《上帝之城》，王晓朝译，人民出版社 2006 年版，第 488—489 页。

的错误"。①

综上所述，可以看出，基督神学史学在历史主义上的贡献在于，历史是基于上帝创造的人类的活动，其动力是意识，其方向是致力于上帝之城；历史学的研究对象是基督崇拜及其传播，其任务是揭示其奥秘，其性质属于文化；历史认识的基点是中介，其方式是纪年，其方法是比较。为基督神学史学作出贡献的史家是奥古斯丁、格雷戈里、比德等。

---

① [英]比德：《英吉利教会史》，陈维振、周清民译，商务印书馆1991年版，第53页。

第二章

启蒙史学思潮

历史主义的启蒙思潮是指 14—18 世纪文艺复兴时期与启蒙运动时期的欧洲史学，其主要的史学流派，一是理性史学，包括文艺复兴至启蒙运动时期的西方史学，其主旨是反对封建神权，张扬人的个性，主张历史是人类的理性所创造的；二是非理性史学，是针对理性史学的反思，强调历史的创造在于人的灵感、智慧；三是民族传统史学，它是在理性史学、非理性史学的指引下，反对拿破仑的征服而强调历史是民族文化长期积累的产物。三者的关系是，理性史学与非理性史学构建了历史主义的基本理论，而民族传统史学则是其应用与实践。

理性史学。其基本观点在于，历史是人类自身的向善活动，其特征就是不断地进步，而其动力就是理性；历史学的研究对象是人类的活动，其任务是揭示人类进步的原因，其性质属于科学；历史认识的基石是事实，其方式为线性时间，其方法是因果分析。意大利的维科、马基雅维利，法国的启蒙思想家伏尔泰、孟德斯鸠、孔多塞、卢梭、博丹，德国的康德与黑格尔，等等，都作出了巨大的贡献。理性史学的孕育、生长与成熟，标志着西方资产阶级历史主义的正式确立，也标志着西方历史学从中世纪宗教神学向现代化迈出了第一步。

非理性史学。因为是对理性史学的反思与重构，它存在于18世纪至20世纪，包括"西方历史哲学""浪漫主义史学"与"文化形态学派"。非理性史学认为，历史是人类的创造性活动，其特征就是创新，其动力是"诗性"；历史学的研究对象是人类的创造，其任务是揭示人类的创新灵感，其性质属于艺术；历史认识的基础是心智，其方式为识别，其方法是比较分析。非理性史学的著名学者相对较多，如意大利的维科与马基雅维利，法国的伏尔泰、孟德斯鸠与卢梭，德国的赫尔德、文德尔班、李凯尔特与斯宾格勒，英国的马尔萨斯、麦考莱、汤因比，等等。非理性史学丰富并发展了理性史学，促进了欧洲历史学在现代化进程中向前进步。

民族传统史学。存在于19世纪的欧洲与20世纪初的美国，主要是指浪漫主义史学后期的德国法的历史学派与英国国家学说的历史学派，和美国以特纳为代表的边疆历史学派。民族传统史学认为，历史是民族传统精华的凝聚，其本质是国家与法律，其动力则是秩序；历史学研究的对象是民族传统，其任务是揭示民族精神，其性质属于社会史学与文化史学；历史认识的基点是民族传统，其范畴是国家、法律与边疆，其方法为追本溯源。民族传统史学是历史主义在学术实践中的运用，也是历史学社会政治建设与民族精神重塑的必由之路。

吉本的史学思想。深受启蒙思想浸染的吉本认为，历史的本质就是人类的活动，其动因则是杰出人物的贪欲，其发展的客观因素为自然、文化、经济、民众、军事与政治等，主观因素是个人的智慧与谋略，其目标是实现个人的幸福与社会的进步。历史学研究罗马帝国的政治与军事，其任务是记存罗马帝国的历史事实并揭示其衰亡的原因，其功用在于培育自由思想、借鉴历史经验、强化历史教育。历史认识的客体是文献、实物，其主体是历史学家的知识、想象与热情，其范畴为文明与野蛮、俗世与教会、哲学与宗教，其方法为历史比较法、历史心理研究法。"基于编年史的双层双线历史编纂学"作为启蒙思潮的产物，既打上了理性史学、非理性史学与民族传统史学的烙印，又是史学现代化的标志一。

第一节　批判与构建：理性的史学思想

历史主义被认为是首先产生于文艺复兴和启蒙运动中，是对中世纪宗教神学史学的扬弃。鉴于将历史发展的动力看作是人类的理性之主张，同时也为了行文的方便，我们将这种历史主义及其所构建的史学理论称作理性史学。反过来说，理性史学是在对中世纪宗教神学史学的批判中，构建了自己的历史主义及其历史学理论的。

一、理性史学的研究及其走向

所谓理性史学就是将历史的本质看作是理性，看作是人们可以随性、随意地创造的。理性史学存在于 14—18 世纪，即包括了文艺复兴时期与启蒙运动时期的欧洲史学。

在学术界，人们习惯将文艺复兴时期与启蒙运动时期的史学相区别，前者称为人文主义史学，后者称为理性主义史学。汤普森所编著的《历史著作史》，"第五编　文艺复兴、宗教改革和反改革"中，用了九个章节分别论述了意大利、德国、法国、尼德兰、葡萄牙与英国的史学；"第六编　近代史学的兴起"中，分"博学时代（约 1600—1750）、理性时代、德国的启蒙时代与浪漫主义的出现"四个章节介绍西方史学。① 国内著名的西方史学史专家张广智先生所主编的《西方史学史》，将近代欧洲史学划分为三个阶段，从 14 世纪文艺复兴到 17 世纪的博学时代，主要的历史事件就是文艺复兴与宗教改革，为第一阶段；从 17 世纪英国革命到 1789 年法国革命，主要的历史事件是启蒙运动，为第二阶段；从 18 世纪末到 20 世纪初，主要的历史事件就是以英国为首的现代化浪潮席卷全球，历史学成为显学，19 世纪被誉为"历史学的世纪"，为第三阶段。② 朱本源先生所编著的《历史学理论与方法(修订本)》谈到西方史学史时，则从历史思维模式的角度指出，文艺复兴时期是人道主义，启蒙运动时期是理性主义，从而将两者区别开来。③ 其他一些学者的论著，如郭圣铭先生的《西方史学史概要》④，于沛先生所主编的《西方史学史》⑤ 等，也是将文艺复兴史学看作是人文主义的，启蒙运动史学看作是理性主义的。

在我们看来，文艺复兴时期所倡导的人文主义，或者被翻译为人本主义、人道主义，其本质与启蒙运动时期所倡导的理性主义是一致的，都是以反对宗教神学、倡扬人文理性为大纛的。虽然从历史发展来看，两者在时间上前后相续，甚至有前因后果的关联，但是从其历史本质来看，除了空间的滋蔓、扩展，其反中世纪宗教神学与追求人文自由、个性解放的初衷，是一致的。正如朱本源先生所指出的："就理论范型看，启蒙运动是文艺复兴时期的人道主义和理性主义的发展，是对宗

---

① [美] J. W. 汤普森：《历史著作史》下卷，孙秉莹、谢德风译，商务印书馆 1992 年版。

② 张广智：《西方史学史》，复旦大学出版社 2000 年版。

③ 朱本源：《历史学理论与方法 (修订本)》，人民出版社 2012 年版。

④ 郭圣铭：《西方史学史概要》，上海人民出版社 1983 年版。

⑤ 于沛主编：《西方史学史》，高等教育出版社 2011 年版。

教改革时期的独断主义（dogmaticism）的否定。"又说："人道主义和理性主义的最大敌人是独断主义，是教会和国家对自由思想的'不宽容'（intolertion）和迫害。"① 据此，将文艺复兴时期的史学与启蒙运动时期的史学相提并论，概括为"理性史学"，再反观文艺复兴时期与启蒙运动时期的西方史学，可谓是高屋建瓴，更能抽绎其历史本质。所以说，理性史学包括了文艺复兴时期与启蒙运动时期的欧洲史学。

理性史学的成就可谓是斐然。在各种西方史学史的讲义、论著中，都采用大量的篇幅，聚焦于意大利、法国、英国和德国等国家，对文艺复兴时期和启蒙运动时期的史学家及其史学论著予以了介绍和评析。在此就不一一列举了。

国内对于理性史学的研究，主要集中在对其成就的论析与评估方面。

首先，有关文艺复兴时期史学的成就。孙秉莹先生认为，其成就一是树立起"重人轻神"的信念，二是史学摆脱了作为"神学奴仆"的地位；宗教改革对欧洲史学的贡献在于将史学看作是思想斗争的锐利武器，进行历史批判，同时解决了史料问题，充分占有史料研究史学。② 晏绍祥先生认为，文艺复兴时期欧洲史学的贡献在于"古典著作的搜集、出版与传播"、"古物学与考古学的萌芽"、"历史著作的大量出现"与"新视角与新方法的采用"。③ 乔汝慧先生认为，文艺复兴时期意大利的史学有五个特征："冲破了基督教神学的束缚，抛弃了基督教史学中宗教性的天命史观"，"历史和政治结合"，"疑古精神和考证学得到提倡和发

---

① 朱本源：《历史学理论与方法（修订本）》，人民出版社 2012 年版，第 304 页。
② 孙秉莹：《文艺复兴和宗教改革时期西欧史学的发展》，《史学史研究》1989 年第 2 期。
③ 晏绍祥：《文艺复兴时期欧洲的古典史学》，《高师函授学刊》1994 年第 1 期。

展"，"注重研究当代史和以往的历史"，"历史传记体盛行"。①

其次，关于启蒙运动时期的史学成就。郭圣铭先生指出，启蒙史学的贡献在于四个方面："史学领域的扩大"，"理性主义的态度"，"认识到历史是一个不断向前发展的过程"，"资产阶级思想家使历史为资产阶级的政治服务"。② 沈大德、吴廷嘉认为，启蒙史学的主要特征在于"综合性观念"，即将人类社会生活的一切方面，诸如政治、科学、哲学、文艺、农业、商业、工艺、生产技术、人口增长、风俗习惯和饮食起居等，都列入历史研究的范围；"因果性观念"，即历史是一个过程，有着可以认知的发生原因；"规律性观念"，即历史现象千变万化，归根结底都是社会发展必然性的表现；"进步性观念"，即各个民族的历史毫无例外地在进步，经历了神权、英雄与人权的阶段；"功利性观念"，即历史学的研究是思想斗争的有效武器，是反封建、宣传改革的工具。③ 赖元晋认为，启蒙史学的贡献在于"继承和发展了 17 世纪的先进历史学理论和怀疑批判精神"；"重视历史研究，把历史当作反封建、反迷信斗争的重要武器"；将理性看作是人类历史发展的基本规律，其表现就是"历史进步论"；"拓宽史学视野、建立新的世界历史体系和文化史观"。④ 魏峰先生指出，启蒙时期欧洲史学的特征在于："用理性的尺度衡量传统的史学观念，开史学研究一代新风""提出了让历史全面反映社会生活的要求，扩大了历史学的研究领域，开始重视经济因素和文化因素在历史发展中的作用""提出了历史有规律发展的思想""创立了历史进步的理论""重视对因果关系的研究，坚持从人类社会的自身去寻求历史发

---

① 乔汝慧：《文艺复兴时期意大利人文主义史学的五个特征》，《蒙自师范高等专科学校学报》（社会科学版）1994 年第 1 期。

② 郭圣铭：《西方史学史概要》，上海人民出版社 1983 年版，第 118—119 页。

③ 沈大德、吴廷嘉：《启蒙时期西方史学理论的特点》，《人文杂志》1988 年第 4 期。

④ 赖元晋：《18 世纪启蒙史学的地位和贡献》，《历史研究》1991 年第 4 期。

展的原因"。①

最后，关于文艺复兴时期与启蒙运动时期史学家的个体研究。随着对外文化交流的强化，相关西方史学的材料大量涌入，有条件进行更细致、深入的研究。所以，这些年来，有关个体史学家的研究成果逐渐多起来了。刘新利的《启蒙史学家席勒》论述了席勒的史学思想。② 张立芹、易凤林的《弗兰西斯·培根史学研究》，详细论述了培根的历史观、历史学思想及其论著。③ 朱兵的《近代史学思想的革新——奎恰迪尼的史学思想探析》对文艺复兴时期意大利著名的史学家和政治思想家奎恰迪尼的史学思想予以了论析。④ 杨芳的《伏尔泰理性主义史学》专门论析了伏尔泰的史学贡献。⑤ 王露阳的《论莱布尼茨史学》，作为学位论文专门论析了莱布尼茨的史学贡献。⑥

综上所述，在文艺复兴史学与启蒙史学的研究中，一方面，几乎所有的论述者都是将其区别看待，而没有将其作为封建宗教神学史学对立面的理性史学来综合研究；另一方面，有的研究者虽然也论析了文艺复兴史学与启蒙史学的理论贡献，但是从史学方法论尤其是历史主义的角度予以论析的比较少。就笔者所见，国内朱浩然先生谈到法国文艺复兴时期的史学"是西方历史主义思想兴起的重要一步"，"15、16 世纪的人文主义思想中表现出来的历史意识，仅仅是西方历史主义思想的开

---

① 魏峰：《试论启蒙时期欧洲史学的特点》，《滨州师专学报》1992 年第 1 期。

② 刘新利：《启蒙史学家席勒》，《世界历史》1995 年第 5 期。

③ 张立芹、易凤林：《弗兰西斯·培根史学研究》，杨共乐主编：《史学理论与史学史学刊》，社会科学文献出版社 2014 年版。

④ 朱兵：《近代史学思想的革新——奎恰迪尼的史学思想探析》，《历史教学问题》2011 年第 2 期。

⑤ 杨芳：《伏尔泰理性主义史学》，《湘潭大学社会科学学报》2002 年第 4 期。

⑥ 王露阳：《论莱布尼茨史学》，淮北师范大学硕士学位论文，2014 年。

端"。① 苏联的学者巴尔格撰写有《弗朗西斯·培根的历史主义》，论述了培根的历史观，指出那些天生具有"自由意志"的各个人物是历史的主体。② 由此，文艺复兴时期与启蒙运动时期的史学即理性史学的历史主义究竟如何，则需要我们深入详细地论析。在我们看来，存在于文艺复兴时期与启蒙运动时期的理性史学，其重要的历史地位与贡献就在于批判了欧洲中世纪的宗教神学史学，构建了以理性为史观的新史学。从史学方法论上来讲，就是构建了历史主义方法论。

二、神意史观的剔除与理性史观的构建

众所周知，中世纪的宗教史观认为，世界上的万事万物都是上帝耶稣所创造，也是依照耶稣的意旨在运行；即使是人类自身也是上帝耶稣所缔造，人生在世就是遵守耶稣的意愿弃恶扬善，争取进入天堂的活动。按照奥古斯丁《上帝之城》的意见，面对历史，存在着两个城市，一是上帝耶稣本人所创造的天国之城，它光明、善良；二是上帝的儿子该隐所创造的人间之城，它黑暗、邪恶。而人类则是因为受到邪恶的引诱离开了上帝之城，从而沉湎在人间之城。教会承担着极其重要的职责，这就是教导人类弃恶从善，由人间之城进入上帝之城，或者说祈福上帝之城普降人间。由此而言，所谓历史，其表层是教会逐渐掌控世俗的过程，其本质则是上帝耶稣所创造引导人类弃恶从善的过程。③

理性史学在批判封建神权的同时，对其历史观也进行了反思和

---

① 朱浩然：《法国文艺复兴时期史学形成的原因分析》，《邵阳学院学报》（社会科学版）2007年第2期。
② ［苏］M.A.巴尔格：《弗朗西斯·培根的历史主义》，康春林译，《史学理论研究》1992年第3期。
③ 张广智：《西方史学史》，复旦大学出版社2000年版，第73页。

扬弃。

　　一方面，启蒙思想家摒弃了神意史观，认为历史是人类自身的活动。意大利著名的思想家维科认为，人间之城即"人的世界"，也可以说是"民政世界"（the civil world）或"民政社会的世界"（the world of civil society），① 是人类自己所创造的，"人像上帝本身一样，是一个真正的创造者"。换句话说，历史是人类自己所创造的，"历史的计划乃是一幕纯属人类的计划"，不是所谓上帝或者其他任谁所设计的。② 今天看来，维科的意见"卑之无甚高论"，"但在当时是要与上帝平分秋色：上帝创造自然；人创造人的世界"，③ 这种直指宗教神学的观点，被柯林武德称为"完全近代的观念"④。法国著名的启蒙思想家孟德斯鸠也认为历史是人类自己的活动。"人是不断地违背上帝所制定的规律的，并且更改自己所制定的规律。"⑤ "支配着全世界的并不是命运。这一点从罗马人身上可以看出来：当罗马人根据一种办法来治理的时候，他们一连串的事情都是成功的，可是当罗马人根据另一种办法来行动的时候，他们就遭到了一连串的失败。"⑥ 由此，在孟德斯鸠看来，历史是人类自身的活动，其成功与否，完全取决于人类自身的选择。正如有学者所指出的，"他可能认为人的不同选择只能延缓或促进一般规律的进程"。⑦ 而将人类的历史与自然的历史相区别，从而从基督神学中剥离出来，可能

---

　　① ［意］维科：《新科学》，朱光潜译，商务印书馆 1989 年版，第 154 页。

　　② ［英］柯林武德：《历史的观念》，何兆武、张文杰译，商务印书馆 1997 年版，第 110 页。

　　③ ［法］孟德斯鸠：《罗马盛衰原因论》，婉玲译，商务印书馆 1962 年版，第 3、102 页。

　　④ ［英］柯林武德：《历史的观念》，何兆武、张文杰译，商务印书馆 1997 年版，第 110 页。

　　⑤ ［法］孟德斯鸠：《论法的精神》上册，张雁深译，商务印书馆 1961 年版，第 3 页。

　　⑥ ［法］孟德斯鸠：《罗马盛衰原因论》，婉玲译，商务印书馆 1962 年版，第 102 页。

　　⑦ 韩震：《西方历史哲学导论》，山东人民出版社 1992 年版，第 69 页。

康德讲得更为明白："自然的历史从善开始，因为它是上帝的作品；自由的历史从恶开始，因为它是人的作品。"①尽管康德的话还打着基督神学"原罪"的印痕，但是毕竟是将人类的历史还给了人类自己。

另一方面，启蒙思想家承继了神学史观的历史向善进步之旨趣。如前所述，神学史观认为，历史是人类争取从人间之城到上帝之城的过程。换句话说，历史是向善的、进步的、有目的的。启蒙思想家在批判封建神学的同时，吸取了这一思想。维科认为，人类社会历史是从"自然秩序"逐渐走向"市民秩序"（civil order），并且日臻完善。也就是说，历史是从个人的小善，渐而趋于"一种永恒无限的善"。②康德也认为，人类社会历史是从恶开始走向善，"从坏逐渐地发展到好"的过程。进而，康德指出，人类历史的向善、进步是自然的，合其本性的。"一个被创造物的全部自然禀赋都注定了终究是要充分地并且合目的地发展出来的。对一切动物进行外部的以及内部的或解剖方面的观察，都证实了这一命题。"③所有动物所生长的肢体、器官都是为其生存而存在的，同样地，人类历史的存在和发展自然也是为其从恶到善的发展而存在的。换句话说，人类历史的本质是人类逐渐向善的、进步的过程，是人类自身的合目的的运动。

那么，人类历史为什么是向善、进步的？其向善、进步的动力又是什么？

神学史观认为，历史的向善、进步，当然都是神意使然；而启蒙思想家则认为，历史发展有着自己的规律，人类凭借着心智和理

---

① ［德］康德：《人类历史揣测的开端》，李秋零主编：《康德著作全集》第 8 卷，中国人民大学出版社 2010 年版，第 118 页。

② ［意］维科：《新科学》，朱光潜译，商务印书馆 1989 年版，第 611 页。

③ ［德］康德：《历史理性批判文集》，何兆武译，商务印书馆 1996 年版，第 78、3 页。

性，认识并掌握其特征，顺从并遵守其规则，从而促进历史的向善、进步。

一方面，人类历史有着自身的规则，向善、进步则是其自身规则的展现。孟德斯鸠指出："法是由事物的性质产生出来的必然关系。""一切存在物都有它们的法。上帝有他的法；物质世界有它的法；高于人类的'智灵们'有他们的法；兽类有它们的法；人类有他们的法。"又：历史"是有一个根本理性存在着的。法就是这个根本理性和各种存在物之间的关系，同时也是存在物彼此之间的关系"。① 在这里，法就是理性，"主要是指事物的必然性、规律性"。②

另一方面，人类凭借着自身的"心智""理性"，遵守了历史的规则。维科认为，"人类心智"促使人们克服"自己的各种毫无约束的情欲的最下贱的奴隶"和"追求淫逸生活的乐趣"，③ 人才真正成为人，历史才真正成为人类自身的历史。卢梭说："在禽兽的动作中，自然支配一切，而人则以自由主动者的资格参与其本身的动作。禽兽根据本能决定取舍，而人则通过自由行为决定取舍。"④ 人与动物的区别在于人是自由的，人能够"自由"地取舍。这表明人是有理智的，是理性的。可见，卢梭以"自由"的词汇丰富着启蒙运动的理性概念。孟德斯鸠不仅谈到人类历史的发展有着自己的规则，而且还认为历史规则与人类谋生方式有着密切的关系。人类的发展由狩猎到牧畜，到农业，到商业和航海业（孟德斯鸠所处的时代，今天则应该紧随其后的是工业化、信息化），是生产方式不断进步的过程，其中的法律，亦即历史规则随之而越来越繁

---

① ［法］孟德斯鸠：《论法的精神》上册，张雁深译，商务印书馆1961年版，第1页。

② 韩震：《西方历史哲学导论》，山东人民出版社1992年版，第67页。

③ ［意］维科：《新科学》，朱光潜译，商务印书馆1989年版，第607页。

④ ［法］卢梭：《论人类不平等的起源和基础》，李常山译，商务印书馆1962年版，第82页。

多。① 也就是说，随着历史的发展，人们对历史规则的认知和遵守更加主动和细致。伏尔泰指出："理性必须首先在首要人物头脑里确立，然后逐步下达，最后主宰百姓。百姓对理性并不了解，但是由于看到他们的长上已经变得温和节制，于是群起仿效。"② 理性作为历史发展的动力，其展现是以社会统治者的号召与倡议，甚至是率先垂范，诱使广大百姓的效仿，从而最终推进历史进步的。

由此，历史又是怎样地向善、进步的？或者说，历史向善、进步的具体情景是怎样的呢？

神学史观怀着乐观的态度，认为历史的向善、进步是分步骤、按阶段渐进的。按照《上帝之城》的描述，人类历史是从该隐开始到上帝之城降临的过程，自始至终，"展现出一幅恶逐渐转变成善的图画"，"一种历史的发展与进步观便呈现在人们的眼前"。《上帝之城》还具体描述了这一过程的阶段性："福音准备时期"、"福音传播时期"和"福音胜利时期"。《论三位一体》中，将这三个时期表述为前律法阶段、律法阶段和上帝的天国阶段。此外，奥古斯丁又按照人的生理特征，将历史分为婴儿期、少年期、青春期、壮年期、半老期和老年期六个阶段，老年期意味着的是人间之城的消亡和上帝之城的降临。在这里，不管对历史分期如何表述，也不论其学术源流，"奥古斯丁的分期更为明确地表现出人类历史的进步历程"。③ 启蒙思想家完全承继了神学史观的这一思想。

一方面，启蒙思想家对人类历史充满着憧憬与自信。在启蒙思想家看来，因为理性的指引，人类历史的发展才从原始的自然状态进入社会

---

① [法]孟德斯鸠：《论法的精神》上册，张雁深译，商务印书馆1961年版，第284页。
② [法]伏尔泰：《路易十四时代》，商务印书馆1996年版，第545页。
③ 张广智：《西方史学史》，复旦大学出版社2000年版，第74页。

状态，由此历史得以巨大的进步。维科说人类从"自然秩序"进入"民政秩序"以后，"理性的本性，才是人类的本性"。卢梭认为，人类进入社会状态之后，人类的意志服从理性，人类的行为才能赋予前所未有的道德性。康德认为，人类历史是从非理性走向理性，并且是愈来愈合乎理性和愈来愈自由。"大自然要使人类完完全全由其自己本身创造出来超乎其动物生存的机械安排之上的一切东西，而且除了其自己本身不假手于本能并仅凭自己的理性所获得的幸福或美满之外，就不再分享任何其他的幸福或美满。这就是说，大自然绝不做徒劳无功的事，并且绝不会浪费自己的手段以达到自己的目的，既然它把理性和以理性为基础的意志自由赋予了人类，这就已经是对它所布置的目标的最明显不过的宣示了。"[1] 大自然赋予了人类理性，理性就成为人类进步的契机和动力，所以，"人类的历史是理性启蒙的历史"。[2] 又："人类的历史大体上可以看作是大自然的一项隐蔽计划的实现，为的是要奠定一种对内的、并且为此目的同时也就是对外的完美的国家宪法，作为大自然得以在人类的身上充分发展其全部禀赋的唯一状态。"[3] 这就是说，不管人们意识到与否，人类历史的进步或者说完善发展，是人类自身所承载的天赋理性所决定的。

另一方面，启蒙思想家描绘了人类历史进步的状况，换句话说，就是给予人类历史以分期。如前所述，已经将人类历史分为自然与社会两个时期。一些学者又将其予以了细化。维科指出，人类历史发展经历了三个阶段：神祇时代、英雄时代和人的时代。康德的弟子赫尔德也将人类历史看作是依次递进的三个阶段："诗歌时代""散文时代"

---

① ［德］康德：《历史理性批判文集》，何兆武译，商务印书馆1996年版，第4—5页。
② ［德］康德：《历史理性批判文集》，何兆武译，商务印书馆1996年版，第366页。
③ ［德］康德：《历史理性批判文集》，何兆武译，商务印书馆1996年版，第15页。

与"哲学时代"。也许是受卢梭等启蒙思想家的影响，法国的孔多塞更是具体描绘了人类历史进步的十个阶段，而且每个阶段都有自己的创新点。

1.狩猎与渔业（家庭、语言）；

2.畜牧业（家畜、原始工艺、奴隶制、不平等）；

3.农业（比较发达的工艺、字母）；

4.古典的希腊（哲学、早期科学）；

5.希腊化时代的希腊和古代罗马（进一步的各种知识）；

6."黑暗时代"、中世纪到十字军（无创新）；

7.后期中世纪到 1450 年（科学的复兴和印刷术的发明）；

8.从印刷术的发明到科学的全面胜利；

9.从笛卡尔到法兰西共和国的形成；

10.人类精神未来的进步。

孔多塞将历史的进步看作是人类精神（心灵）的进步，亦即人类理性的发展；他坚持认为，理性发展的阶段是历史时代前进的先决条件；因为理智的发展是无限的，所以人类始终是进步的。[1]

三、研究人类历史的科学性及其功用

中世纪宗教神学史观虽然孕育了历史主义，但是在历史学的学科建设方面却没有理论上的贡献。张广智先生指出："就早期教会史学的性质与目的而言，我们应该避免用近现代的史学观念去解释。那时没

---

[1]　［法］孔多塞：《人类精神进步史表纲要》，何兆武、何冰译，北京大学出版社 2013 年版。

有专业的历史学家，也没有作为独立学科的历史学。"①但是在理性史学这里，历史学的学科建设却进行得有声有色。考究其因，正是近代科学的产生与发展，滋润着历史学茁壮成长。而近代科学诞生并发展于文艺复兴与启蒙运动时期，以学术论，经历了博学与形而上学两个时代；以学科论，则相继产生了数学、天文学和心理学。基于此，历史学则印记着这些学术的特征。

　　理性史学既然认为，历史是人类自身的活动，历史是逐渐向善、进步的，那么，历史学的研究对象就是人类自身的活动，而其任务则是揭示人类历史向善与进步的规则。意大利列奥拿多·布鲁尼（Leonardo Buluni，1369—1444）将政治事件看作是历史研究的内容，而其任务就是揭示导致政治事件的人性本质与特征。② 法国让·博丹（Jean Bodin，1530—1596）也认为，历史学的研究对象就是人类自己，"它描述的是处于社会之中的人的种种活动"，"长久地关注于研究人类的种种行为及其支配它们的法则（rules）上"；而其研究任务就是教育人们如何生活，惩恶扬善，做"人类生活的裁决者"。③ 与博丹的理论阐释不同，伏尔泰（Francois Marie Arouet Voltaire，1694—1778）则是以史学研究的实践揭示了历史学研究的对象及其任务。伏尔泰撰写的史学专著有《查理十二世》《路易十四时代》《论世界各国的风俗和精神》《彼得大帝统治时代的俄国史》等等。在伏尔泰看来，历史学的研究对象不仅仅是政治领袖和时代风貌，更重要的是整个人类的生活与风俗，而其研究的任务一是揭示各个时代的成绩进步，二是揭示各个民族的风情特征，三是最

---

① 张广智：《西方史学史》，复旦大学出版社 2000 年版，第 74 页。

② 张广智：《西方史学史》，复旦大学出版社 2000 年版，第 99 页。

③ ［法］Jean Bodin，*Method for the Easy Comprehension of History*，translated by Beatrice Reynolds in New York，1945，pp15，17。转引自徐善伟：《试论波丹的史学思想》，《史学理论研究》。

重要的即揭示人类理性在历史发展中的动力功能。在伏尔泰的笔下，历史学所研究的人类社会，其时间远远早于《圣经》的记载，而其地域也远远超过犹太人和基督徒所体知的一隅之地。英国休谟（David Hume，1711—1776）在其所著的《英国史》中，不仅记载了英国的政治、军事事件，还记载了文学艺术、伦理道德以及人民生活等。在他看来，历史学研究的对象就是人类的活动，研究人类的心灵与行为之间的关系，其任务就是挖掘人性的普遍性。从反对神学史学的角度，休谟甚至蔑视中世纪，将其看作是人类历史上的"千年空白"，认为真正的人类文明史是从 15 世纪的文艺复兴开始的。①

15—19 世纪的五百年间，西方学术的发展有着两个重要的特征。一是细化和专门化，对事物的认识注重的是分门别类，即形而上学。二是注重客观事实尤其是对其普遍性原则的把握，特别是工业革命的成功展开，这种事实普遍性认识的方式被称为科学思维，而其研究也就成为科学。其实，正是因为认识的细化和专门化，事实的真理性认识才得以实现。由此，科学与科学思维不仅逐渐为人们所接受，并很快成为人类社会的主流价值观，成为衡量一切的准则。生逢其时的历史学也逐渐披上了科学的圣衣。这样，关于历史学性质的认识，也逐渐深化，最后终于形成了历史学是科学的共识。博丹认为，历史学按照其研究对象及其任务的不同可以分为三个方面：一是人类史，主要研究人类自身的活动，揭示其进步发展的规律；二是自然史，主要是研究自然界各种物象的发展，揭示其存在和发展的规律；三是神圣史，主要是研究上帝活动，揭示其创世的规律。将神学作为一类列入历史学，一方面显示出博丹学术视野的博大；但是另一方面，也表明博丹尚未完全摆脱神学史学

---

① 张广智：《西方史学史》，复旦大学出版社 2000 年版，第 149—153、157—158 页。

对新生的历史学的束缚。狄德罗吸收了培根的观点，按照人心理活动的特征，将人类知识分为三类：一是历史学的，其特征是记忆的；二是哲学的，其特征是理性的；三是诗歌的，其特征是想象的。进而，又将其时所掌握的各种学科知识都编排在这三种知识总类之内。这样，狄德罗以百科全书的形式将人类以往的各种知识以学科形式作为科学整体呈现出来，不仅奠定了近代百科全书的基础，更重要的是，他摆脱了中世纪以来宗教神学史学的束缚，完全以人类活动、人类知识的视域看待历史了。站在学科性质的角度，其意义更在于，它是将历史学作为科学来描述了。1771 年，《英国百科全书》第 1 版问世，迄今已经出了第 15 版；20 世纪 70 年代，全世界 50 多个国家编辑出版了百科全书。西方国家的竞相出版，不仅仅说明了人们普遍接受了"作为历史辅助学科之一的各种百科全书"，[①] 更是表明历史学作为科学的门类，或者说历史学就是科学的观念，已经在学术界逐渐达成了共识。

那么，作为科学的历史学有什么功用呢？理性史学予以了全面深刻的论述。马基雅维利在《佛罗伦萨史：从最早期到豪华者洛伦佐逝世》中说："假如说学习古代可以激发开明的头脑进行仿效；那么，了解近代这些事却可以使我们懂得应当避免和反对什么。"[②] 法国菲利普·科曼（Philippe Cmmynes，约 1445—1511）在《回忆录》中说："对君主们来说，在年轻时代阅读过历史著作会有很大益处，因为在历史中可以看到一些古人之间大量的勾心斗角、欺诈和伪立誓言等，有的还把相信他们的保证的那些人逮捕杀害。我并不是说所有的人都是这样干的。"[③] 德国特里

---

① 张广智：《西方史学史》，复旦大学出版社 2000 年版，第 155 页。

② ［意］马基雅维利：《佛罗伦萨史：从最早期到豪华者洛伦佐逝世》，李活译，商务印书馆 1982 年版，第 233 页。

③ ［美］J. W. 汤普森：《历史著作史》上卷，谢德风译，商务印书馆 1988 年版，第 737 页。

提米阿斯（Trithemius，1462—1517）说："历史说明过去，教人智慧；指出古人的业绩，谆谆教导我们应当做什么，应当允许别人做什么。历史会增强信念，鼓舞希望，并点燃爱的火焰。它使气度狭小的人们智慧，鼓励意志薄弱的人们行善。"历史学的特征在于用事实说话："撒谎的嘴杀害灵魂，把真伪掺杂一起的作家使历史混乱。"① 当然，所有谈论历史学功用的话语，都没有英国培根的脍炙人口："哲学使人深邃，数学使人严密，历史使人明智。"由此可见，在文艺复兴者和启蒙思想家看来，历史学的功用就在于可以借鉴历史的经验，使人们学有所依，做有所本；培养品德，涵养气度。

四、历史事实的认知与线性思维的确立

中世纪宗教神学史学虽然没有对历史学的本体予以论述，但是在历史认识、史学方法方面却给予了独到的论述和实践。而理性史学则予以了全面的吸收，从而为近代历史学的观念和学科建设奠定了认识论与方法论的基础。

首先，在历史认识的条件下，理性史学承继了中世纪宗教神学史学的将历史事实看作是历史认识的基石的观点。

中世纪宗教神学史学为了彰显耶稣基督的存在，同时也为了说明信仰耶稣所带来的善良和进步，需要大量信徒的事迹来举证。法国主教格雷戈里（Gregoly，539—594）撰写了《法兰克人史》，他说："尽管言辞粗鄙，我也要把往事的记忆留传后世，绝不使那些邪恶的人和正直的人之间的斗争湮没无闻。"这就是说，基督教徒与异教徒的斗争，践行并

○ ［美］J. W. 汤普森：《历史著作史》上卷，谢德风译，商务印书馆1988年版，第752页。

传播基督教义的活动，是后人相信基督福音的可靠证据。^① 英国史学家比德（Bede，约 672—735）撰写了《英吉利教会史》，他说："我的目的是，在我不辞劳苦地把有关这些地区或一些更为高贵的地区的我认为值得记录的材料，同时也是这些地区的居民所喜闻乐见的材料写进这本书之后，我可以得到他们的虔诚祈祷作为回报。"将人们提倡生活中信教效益的实际描述下来，就可以使得更多的人来信教了。^② 德国主教鄂图（Otto，约 1114—1158）编著了 8 卷本的《编年史》，目的也是展现教徒因笃信耶稣所带来的善良："或许能够把人间城市巴比伦公民的苦难展现出来，或许也能够把耶路撒冷公民翘首盼望的基督的王国的光荣做一介绍，甚至就在人间他们也即将预先品尝其美味。"^③ 由此可见，格雷戈里、比德与鄂图，都是想通过教徒的事迹来彰显耶稣基督的存在及其荣光。通过事实体验上帝，从史学上来说，就是将事实看作是历史认识的基石。换句话说，历史认识之所以能够可能，就是凭借着历史事实。

理性史学完全接纳了中世纪宗教神学史学的观念，也将历史事实看作是历史认识的基石。意大利比昂多（Flavio Biondo，1392—1463）在罗马史的研究中，不仅查阅大量的文献资料，还亲自实地考察罗马的地形、地貌和历史遗迹，甚至采用了考古资料，并对传说予以纠正，所以，他被称作较早运用文字资料和考古资料的史学家，是"以考订史事为基础，利用考古学、校勘学方法"重视实证学的创始者。意大利另一位史学家洛伦佐·瓦拉（Lorenzo Valla，1407—1457）甚至利用所掌握的历史资料，论证了教会的重要文献《君士坦丁赠礼》是伪造的。瓦拉的证伪激励了新生的历史学更加重视历史事实，文献校勘学由此而诞

---

① ［法］格雷戈里：《法兰克人史》，寿纪瑜、戚国鑫译，商务印书馆 1981 年版，第 1 页。
② ［英］比德：《英吉利教会史》，陈维振、周清民译，商务印书馆 1991 年版，第 21 页。
③ 张广智：《西方史学史》，复旦大学出版社 2000 年版，第 81 页。

生，"成为近代历史学当中一门不可缺少的工具学科"。同比昂多一样，英国威廉·坎登（William Camden，1551—1623）注重实地考察和考古资料。尤其是社会物质生活方面，为历史研究提供了丰富的资料。克拉林敦（Clarendon，1609—1674）则特别强调史学研究的真实性。在其所著的《英国叛乱与内战史》中说："我可以发誓，我绝不会写出不真实的事情，也绝不会偏袒某些人或某一方。"总之，正是因为将历史事实看作是历史认识的基石，才引起史学家对历史资料的重视，由此，"资料收集、整理、考证的巨大价值"，不仅仅是16—18世纪欧洲博学时代学术的重要特征，而且是现代史学发展中"历史学职业化进程中的一个里程碑"。这样，到18世纪，历史学才从文学中分离出来，"形成一门被人们普遍接受的较为独立的学科"。①

其次，在历史认识的方式上，理性史学也承继了中世纪宗教神学史学线性记事和基督纪年的历史认知方式。

中世纪宗教神学史学将线性记事即年代学看作是历史认识的基本方式。被称为"教会史学之父"的攸西比乌斯（Eusebius，约262—339），在其《编年史》（又称为《大事年表》）中，主要记载从公元前的2015年（亚伯拉罕出生）到324年的历史，依照线性时间，左边为神圣的历史，专门记述希伯来人；右边为世俗的历史，记载了埃及、巴比伦、叙利亚、波斯、希腊和罗马。由此，不仅奠定了线性叙事的史学认识方式，而且基督纪年也成为世界各国史学纪年的统一形式。

理性史学完全承袭了神学史学的线性记事和基督纪年的历史认识方式。一方面，采用编年体或者大事记的形式认识历史。法国帕尔马（Palma，1525—1610）撰写了《九年编年史》（记叙1589—1598年的历

---

① 张广智：《西方史学史》，复旦大学出版社2000年版，第106—108、122—123、128页。

史）和《七年编年史》（止于 1601 年的历史），以叙事的方式，记载史实，并附录有相关的文件，甚至对各种政治力量进行了解读。另一方面，是逐渐摆脱编年史的束缚，采用叙事形式认识历史。英国伯纳德·安德烈（Bemard Andre，？—1521）撰写有《亨利七世的生平和事业》《亨利七世年代纪》，以亨利七世为研究对象，歌颂伟人的历史贡献。托马斯·莫尔（Thomas More，1478—1535）撰写了《理查三世史》，以理查三世的活动为线索，将历史进程勾画成为有机整体，成为"英国第一部真正的人文主义历史著作"。英籍意大利人波利多尔·维吉尔（Polydore Vergil，1470—1555）撰写了《英国史》，主要是研究亨利七世统治时期的英国。这部史著的问世，标志着在历史认识的方式上，现代史学已经逐渐走出了编年史的局限，开始了以历史事实进程为线索的认识方式。

最后，理性史学承继了中世纪宗教神学史学的因果分析方法。

中世纪宗教神学史学以弘扬耶稣基督的荣光为鹄的，将历史上所有的现象都归因于上帝的遴选、感召的善恶之行，上帝的遴选和个人的感召为因，能否行善、进入天堂为果。由此，奠定了史学研究的方法就是因果分析。

理性史学接受了宗教史学的方法论，在史学研究中也采用了因果分析法。只是他们撇开了上帝是制约历史发展因素的观点，致力于寻求能够被人类理解和掌控的因素，从而促进人类历史向着进步和善发展。由此，关于制约人类历史发展因素的认识是在不断变化的。文艺复兴者马基雅维利认为，制约历史发展的因素主要是君主和时代，他蔑视百姓；培根则认为，制约历史发展的因素是包括哲学、数学和历史在内的知识。在启蒙思想家孔多塞、赫尔德这里，制约历史发展的因素是理性、科学；而孟德斯鸠和伏尔泰认为，制约历史发展的因素是制度、地理环境、风俗等。可见，在因果分析中，与宗教史学的上帝观念不同，理性史学完全是从历史是人类自身的活动的角度来进行的，体现着人文主义和启蒙思想的特性。

综上所述，理性史学经过了将近五个世纪的发展，在批判中世纪封建宗教神学史学与唤醒人类创造历史的自主性与自觉性中，终于构建了历史学的学科理论。其中，意大利的维科、马基雅维利，法国的启蒙思想家伏尔泰、孟德斯鸠、孔多塞、卢梭、博丹，德国的康德与黑格尔，等等，都作出了巨大的贡献。理性史学的孕育、生长与成熟，标志着西方资产阶级历史主义的正式确立，也标志着西方历史学从中世纪宗教神学向现代化迈出了第一步。

第二节 反思与重构：非理性的史学思想

历史主义在反对宗教史学的同时，针对人文主义和启蒙运动也进行了理性的分析，从而产生了关注人类活动中的创造的历史学。可以说，这种历史主义是理性史学的自我批判、自我发展和自我超越。鉴于其将历史发展的动力看作是人类的非理性因素之主张，同时也为了叙述之方便，我们将这种历史主义史学称为非理性史学。

一、非理性史学的研究及其走向

所谓非理性史学就是将历史的本质看作是人的灵感、想象与创造，是针对理性史学的反思与重构。非理性史学主要存在于启蒙运动及其之后的欧洲，相当于 18 世纪后期至 19 世纪前期，包括了西方史学史上的所谓"历史哲学"与"浪漫主义"两个学派。此外，20 世纪所产生的"文化形态学派"，因为强调历史有机体及其生物特性，所以我们也将之划归为非理性史学。

在历史学的学术史上，非理性史学一直是被重视的话题。

国外的研究，集中在西方史学史研究方面。汤普森的《历史著作史》第 40 章专门论述了浪漫主义史学，强调其重视历史连续性、重视中世纪的史学观点。[①] 古奇的《十九世纪历史学与历史学家》第 9 章论述了法国的浪漫主义史学，如梯叶里、米什莱等的史学贡献。[②] 克罗齐的《历史学的理论和实际》的第 2 编"史学史"第 6 节"浪漫主义史学"说其本质特征是"思乡性史学"，其特征就是注重发展，即"把历史设想成发展就是把它设想成理想价值的历史"，也就是将历史看作是人们的活动，人性的展现。[③] 柯林武德的《历史的观念》第 3 编"科学历史学的滥觞"第 1 节"浪漫主义"专题讲述了"浪漫主义之父"卢梭。[④]

在国内西方史学史研究中，也都充分注意到了浪漫主义史学的成绩。郭圣铭先生的《西方史学史概要》中，专设了"历史哲学的兴起"，一章论述了维科、康德、赫尔德与孔多塞的史学贡献，也专门介绍了卡莱尔的史学观点。于沛先生主编的《西方史学史》也以"近代西方历史哲学"为题，详细论述了维科与马克思，以及法国的爱尔维修、卢梭与孔多塞，德国的康德、赫尔德与黑格尔，等等的历史哲学观点。朱本源先生的《历史学理论与方法》，也专辟了"浪漫主义的历史思维范型"一章，论析其社会基础、思维内容及其诗性特征。张广智先生

---

① ［美］J. W. 汤普森：《历史著作史》下卷，孙秉莹、谢德风译，商务印书馆 1992 年版。

② ［英］乔治·皮博迪·古奇：《十九世纪历史学与历史学家》，耿淡如译，商务印书馆 1989 年版。

③ ［意］贝奈戴托·克罗齐：《历史学的理论和实际》，傅任敢译，商务印书馆 1986 年版，第 217 页。

④ ［英］柯林武德：《历史的观念》，何兆武、张文杰译，商务印书馆 1997 年版。

所主编的《西方史学史》则是分为两个章节:一是"历史哲学的发展",介绍了维科、孔多塞、康德与赫尔德的史学思想;二是"浪漫主义史学",论述其普遍特征、思想内涵与其历史学家、史学影响。孙秉莹先生的《欧洲近代史学史》、杨豫先生的《西方史学史》、郭小凌先生的《西方史学史》等,都专辟了"浪漫主义史学"的章节,详细论述其史学观点及其成就。

随着研究的深入,国内对浪漫主义史学的研究形成了两个趋势。一是对浪漫主义史学作整体的论析。如赖元晋论析了19世纪西方浪漫主义史学的性质与地位,指出浪漫主义史学诞生于神圣同盟年代,"具有反动贵族性质、旨在摧毁法国革命",其思想渊源在于维科、卢梭、伏尔泰,其旨趣在于民族精神、历史细节与中世纪的田园风光,其最大的贡献就是明确提出了历史主义的方法论。[1] 王利红博士则详细考察了欧洲浪漫主义史学发生的社会环境及其史学思想,重点论述了赫尔德、米什莱、卡莱尔的史学贡献。[2] 朱继军先生则专门论述了浪漫主义史学的历史观在于"历史有机体"。[3] 二是对浪漫主义史学家作专题的论析。如徐颖论述了赫尔德[4],赵立坤论述了卢梭[5],李娟论述了伏尔泰[6],吴志祥论述了麦考莱[7]。

---

[1] 赖元晋:《十九世纪西方浪漫主义史学的性质和地位》,《武汉大学学报》(社会科学版)1986年第2期。

[2] 王利红:《欧洲浪漫主义史学思想研究》,复旦大学博士学位论文,2007年。

[3] 朱继军:《从自然的观念到历史的观念——西方浪漫主义史学道德历史观念述评》,《洛阳理工学院学报》2012年第6期。

[4] 徐颖:《多维的浪漫主义思想——赫尔德历史哲学研究》,上海师范大学硕士学位论文,2014年。

[5] 赵立坤:《浪漫主义与卢梭的历史观》,《湘潭大学社会科学学报》2003年第5期。

[6] 李娟:《理性与非理性交织的历史——再论伏尔泰史学思想》,《理论界》2012年第9期。

[7] 吴志祥:《麦考莱史学思想研究》,东北师范大学博士学位论文,2015年。

关于文化形态学派的研究，柯林武德的《历史的观念》设有专章——"汤因比""斯宾格勒"，但只是注意到两者在科学思维上的贡献，没有观照其历史本质的非理性，所以，柯林武德将两人都列入"实证主义史学"的范畴。国内对于文化形态学派的研究一直是给予了很高的待遇。早在 20 世纪 30—40 年代，雷海宗、林同济已经将斯宾格勒的观点介绍到国内，并且创建了"战国策学派"。① 近些年来，文化形态学派日益受到重视。一是学者们论析其人文情怀。张广智先生指出：以汤因比为代表的"历史学家的人文情怀之要旨：关注人、尊重人和人的尊严、敬畏生命以及具有世界之爱的奉献精神"。② 尹航论析了汤因比的人本主义自然观，指出，其内涵包含了"自我为中心"、"人的应战能力决定着人与自然的关系"、"协调人与自然之间的关系需要人的精神自决"等，其特征是具有"宏观视角和整体性理论"、"人类与生物界是统一整体"、"用世界政府和高级宗教来拯救生态危机"。③ 二是学者们比较分析了斯宾格勒与汤因比的史学异同。程群认为，两者的相同点是对文化概念、价值的理解，都认为受"非理性主义的影响"，其不同在于对文明盛衰模式的认识、历史认识态度的悲观与乐观等。④ 欧阳庆云也认为，斯宾格勒与汤因比在历史研究的单位、体系与方法论上是一致的，而在文明的起源原因、前途以及文明关系上，汤因比要比斯宾格勒全面和系统。⑤ 三是学者们透视了文化形态学的整体发展。朱德军认为，启蒙运

① 郑先兴：《文化史研究的理论与实践》，中央编译出版社 2004 年版，第 275—315 页。

② 张广智：《浅论历史学家的人文情怀——以汤因比为例》，《社会科学战线》2011 年第 10 期。

③ 尹航：《汤因比的人本主义自然观》，东北师范大学硕士学位论文，2009 年。

④ 程群：《斯宾格勒与汤因比文化形态学说异同论》，《华东理工大学学报》（社会科学版）2002 年第 4 期。

⑤ 欧阳庆云：《斯宾格勒与汤因比的文化形态之比较》，《淮北煤炭师范学院学报》（哲学社会科学版）2003 年第 6 期。

动的先驱伏尔泰首开文化形态学派之先河，而斯宾格勒、汤因比、亨廷顿则是对启蒙史学的继承与发扬。①

综上所述，在西方史学史的研究中，学者们都注意到了历史哲学、浪漫主义史学与文化形态史学是对启蒙史学的反思与超越，即认为人类历史不仅具有时代性、个性，而且具有连续性、共性；同时，人类历史不仅具有普遍性、共性，而且还具有民族性、个性。显然，这种具有矛盾的评估，说明对历史哲学、浪漫主义史学与文化形态史学的认识是远远不够的。还有，历史哲学、浪漫主义史学与文化形态史学之间是一种什么关系？除了时间的先后相续之外，在本质与内涵上是否有相互统一的共性？此外，浪漫主义史学与民族史学本质真的是一致的吗？两者是否可以同日而语？等等，这些问题都需要深入的探究与论析。

在我们看来，历史哲学、浪漫主义史学与文化形态史学，三者都可以借助非理性史学的名义予以概括，都是对文艺复兴史学、启蒙史学等理性史学的回应、反思与深化。

二、历史发展中的不可控制因素

如果说理性史学是在批判中世纪宗教神学史学中产生的话，那么，非理性史学也是在批判中世纪宗教神学史学中同时还是在对理性史学的反思中产生的。就此而言，非理性史学与理性史学既有关联也有区别。就其关联而言，非理性史学也强调历史是人类自身的活动，人类历史的发展是向善的、进步的，甚至人类历史发展的动因就是人类自身的欲

---

① 朱德军：《从伏尔泰到亨廷顿——西方"文化形态史学"透析》，《唐都学刊》2007年第 6 期。

望、意志。就其区别而言，非理性史学认为，历史的实际发展不是像理性史学所说的，人们依照一定的设计即可实现自己的目的；历史的发展是由更多的人不可掌控的因素所制约的。

那么，在非理性史学视域中，哪些因素是人类所不可控制的呢？

一方面，从制约与影响历史发展的因素来说，有人类的私欲、时代与地理环境等。

1. 私欲。历史虽然是人类自身的活动，但是因为人类自身的私欲，也制约并影响着历史的向善与进步。马基雅维利《君主论》指出人的本性："他们是忘恩负义、容易变心的，是伪装者、冒牌货，是逃避危险，追逐利益的。"① 维科也说："作为统治者，全能的上帝，注意的是共同的善；而个体的人，作为私人，关心的是他自己特殊的事物。这样，私人的恶或许成为公共的善。"② 历史整体发展是向善的，但是人类的个体是自私的，这就导致了历史的发展不可能是完全进步的。

2. 时代。历史作为人类的活动，是因时而变的，而不是以人的意志为转移的。马基雅维利说："千万不要把过去的这些动乱归罪于人的天性恶劣，而应归之于时代，因为时代变了，就使人们有合乎道理的根据希望，只要有一个好政府，我们的城邦就可以享有较好的命运。"③ 可见，在马基雅维利的心目中，时代因素是与政治因素相关的。

3. 地理环境。关于地理环境对历史的制约作用，博丹、孟德斯鸠、黑格尔都给予了论述。如孟德斯鸠认为，在地理环境中，气候因素影响着道德风俗和性格感情。南方的炎热气候造成了人类的体格纤细、脆

---

① ［意］马基雅维利：《君主论》，潘汉典译，商务印书馆1985年版，第80页。

② 维科：《论意大利的古代智慧》，《维科选集》，*Leon Pompa* 英译本，第77—78页。转引自韩震：《西方历史哲学导论》，山东人民出版社1992年版，第39页。

③ ［意］马基雅维利：《佛罗伦萨史：从最早期到豪华者洛伦佐逝世》，李活译，商务印书馆1982年版，第131页。

弱，人们懒惰、怯弱，容易被奴役；而北方的寒冷气候造成了人类的身材魁伟、精力充沛，人们勇敢、耐劳，热爱自由，坚持独立。土壤因素制约着人类的性格和政治制度。"土地贫瘠使人勤奋、俭朴、耐劳、勇敢和适宜战争"，常常形成"数人统治政体"；而"土地膏腴使人因生活宽裕而柔弱、怠惰、贪生怕死"，常常形成"单人统治政体"。① 甚至地理环境的面积因素也影响着政治制度，如说小国适宜于共和政体，中等国家适宜于君主政体，大帝国则适宜于专制君主政体。可见，在孟德斯鸠看来，历史虽然是人类自身的活动，但是在历史实践中，人们不能够脱离环境，不能够随性而为。由此，简单地说，地理环境决定论是错误的，是不准确的。

另一方面，就历史发展的实际而言，历史的向善与进步并不是完全以人的意志为转移的。

1. 历史的进步是以牺牲自由为代价的。卢梭认为，历史是人类的自觉的活动，或者说，历史的本质就是自由。因为在自然面前，所有的动物包括人都是屈从的，"人虽然也受到同样的支配，却认为自己有服从或反抗的自由。而人特别是因为他能意识到这种自由，因而才显示出他的精神的灵性"；"而人则以自由主动者的资格参与其本身的动作"。② 人类的自由选择，使人们联合起来形成社会，发明了工具，创建了制度，从此之后，整个历史看似进步了，但是人却越来越不自由了。"这些偶然事件曾经使人的理性趋于完善，同时却使整个人类败坏下去。在使人成为社会的人的同时，却使人变成了邪恶的生物，并把人和世界从那么

---

① [法] 孟德斯鸠：《论法的精神》上册，张雁深译，商务印书馆 1961 年版，第 280—282 页。

② [法] 卢梭：《论人类不平等的起源和基础》，李常山译，商务印书馆 1962 年版，第 82—83 页。

遥远的一个时代，终于引到了今天这个地步。"①"人是生而自由的，但却无所不在枷锁之中。自以为是其他一切的主人的人，反而比其他一切更是奴隶。"人类的自由选择，亦即理性，创造了人类的进步，但同时却也牺牲了人的自由。在历史实际中，人民的被迫服从，或者是打破束缚的枷锁，都是正确的，"因为人民正是根据别人剥夺他们的自由时所根据的那种同样的权利，来恢复自己的自由的，所以人民就有理由重新获得自由"。②可见，卢梭的历史观是以自然状态的自由为起点，以批判现存的不合理社会制度为中心，以建立民主制度为目标。可以说，这是对启蒙运动的深化，同时也是对理性史学的发展。

2.历史的向善是难以实现的。马尔萨斯批评了启蒙思想家尤其是孔多塞的"历史将走向完善"的观点。马尔萨斯认为，在历史活动中，人类对于食物和两性关系一直是需要的。"食物为人类生存所必需"；"两性间的情欲是必然的，且几乎会维持现状"。③"生活资料却仅仅以算术比率增加"④，而人口数量则是以几何比例增加的，其结果就是人口的增值力与土地生产力不相等，"我认为，这便是阻碍社会自我完善的不可克服的巨大困难"⑤。从历史上看，解决人口迅速增加的办法就是战争、疾病、饥饿和自然灾害等。⑥由此，一部人类的历史很难说是向善的。

---

① [法]卢梭：《论人类不平等的起源和基础》，李常山译，商务印书馆1962年版，第109页。

② [法]卢梭：《社会契约论》，何兆武译，商务印书馆2003年版，第4页。

③ [英]马尔萨斯：《人口原理》，朱泱、胡企林、朱和中译，商务印书馆1992年版，第6页。

④ [英]马尔萨斯：《人口原理》，朱泱、胡企林、朱和中译，商务印书馆1992年版，第7页。

⑤ [英]马尔萨斯：《人口原理》，朱泱、胡企林、朱和中译，商务印书馆1992年版，第8页。

⑥ [英]马尔萨斯：《人口原理》，朱泱、胡企林、朱和中译，商务印书馆1992年版，第40页。

由上所述，在历史实践中，由于人的私欲、时代和地理环境等因素难以控制，而历史的进步和向善又难以实现，那么，如何解释现实社会的向善和进步呢？换句话说，历史究竟是怎样地发展进步的呢？

显然，指出历史发展难以控制的因素，甚至指出历史发展的本质，不是彻底否定历史发展的向善与进步，而是想准确地揭示历史向善与进步的本质。

维科认为，历史发展是人类无意识的、非理性的活动。

在那些原始时代，一切对人类生活为必要的事物都须创造出来，而创造是天才的特性。事实上……不仅是对生活为必要的事物，就连有用的，供安逸的，愉快的，甚至是奢侈的和过剩的事物，还在希腊哲学家出现之前都已创造出了……因此，最初的各民族人民都是些人类的儿童，首先创造出各种艺术的世界，然后，哲学家们在长时期以后才来临，所以，可以看作各民族的老人们，他们才创造了各种科学的世界，因此，使人类达到完备。①

这段话的意思是说：历史发展可以分为童年和壮年两个阶段；在童年阶段，历史是人类自身所创造的，历史的创造是无意识的，非理性的；在壮年阶段，历史发展要经过人们（即哲学家）的理性设计，按照既定的目标来进行创造，从而实现历史的向善与进步。由此，在维科看来，历史的创造活动，即向善与进步，不是依靠理性，而是依靠非理性的激情和冲动，简而言之就是灵感，即所谓的"诗性"来实现的。按照韩震先生的理解，"诗性"就是人类的实践与精神的有机统一："对维科来说，人类的历史就是人类的创造活动史，其中既有行动也有智慧"；"任何人的活动，特别是创造活动，不可能是没有精神灵光的纯肉体过

---

① ［意］维科：《新科学》，朱光潜译，商务印书馆 1989 年版，第 253 页。

程；精神与行动在实践中是根本无法分离的，纯精神性的理论反思是在历史实践之后出现的。"① 而按照费希的理解，"诗性"则是指人类的创造活动不是按照预先的设计而是通过非理性来实现的："是人们自己创造出这个民族世界，但是他们不但不曾设计过，而且甚至不曾看见过什么计划，他们却做到那个计划所要求的事。"②

斯宾格勒承继了维科的史学思想。斯宾格勒将维科所谓的人类童年时期的创造活动称为文化，而将壮年时期哲学家所规划的人类活动称为文明。并且指出，文化是人类活动中的艺术创造，而文明则是人类活动的理智模仿。文化是自然的、激情的、艺术的、有生机的；而文明是人为的、理智的、哲学的、僵死的。在人类生活中，文化创造于先，文明模仿于后。一切文化都必然走向文明。"文明是文化不可避免的归宿。"③

可见，与维科一样，斯宾格勒也强调历史的创造。他说："历史的人""乃是一种正以全力向着自我完成前进的文化人。在此以前，在此以后，在此以外，人是没有历史的"。这就是说，历史就是文化，文化就是历史。也就是说，人类的活动中所创造、创新的就是文化，也是历史。与维科一样，斯宾格勒认为，历史发展的动力是非理性。他说："伟大的文化起源于性灵的最深处基础上的原始实体。"④ 也就是说，历史的创造是人类不自觉的，无意识的。

但与维科不同的是，斯宾格勒没有将文明看作是历史的完善与进步，反而看作是历史的僵化、迟滞。他说："人不仅在诞生以前是没有历史的，而且当一种文明已经自行完成了它的最后形式，从而预示这种

---

① 韩震：《西方历史哲学导论》，山东人民出版社 1992 年版，第 40 页。

② M. H. 费希：《英译者的引论》，[意] 维科：《新科学》，朱光潜译，商务印书馆 1989 年版，第 52 页。

③ [德] 斯宾格勒：《西方的没落》，齐世荣译，商务印书馆 1995 年版，第 54 页。

④ [德] 斯宾格勒：《西方的没落》，齐世荣译，商务印书馆 1995 年版，第 306 页。

文化的活生生的发展的终结及其意义的存在的最后潜力的枯竭时，立即再度成为没有历史的。"① 人类的活动从创造、创新逐步发展到模仿、重复时，失去了活力，也就不成为历史了。

针对这种重视人类创造性活动的非理性史观，朱本源先生将之称作是"浪漫主义"："作为反对启蒙运动理性主义的浪漫主义，强调在情绪、直觉、自发性、本能、激情、意志中的创造力，试图显示出被启蒙学者忽视或低估了的人性的这些方面内容。"②

综上所述，在由维科与斯宾格勒所代表的非理性史观看来，历史是人类的创造性活动，其特征就是不断地创新，而其动力则是人类的非理性。

三、推崇历史的进步与文明

基于反对宗教史学的需要，非理性史学一方面采纳并丰富了理性史学的史学论，另一方面又给予了反思和深化。

关于历史学研究对象。理性史学出于反对中世纪宗教神学史学的需要，主张历史学的研究对象就是人类的活动。非理性史学接受了这一观点，但是更重视人类活动的创造和创新。在维科看来，历史就是人类的创造，历史学的研究对象就是研究这些创造，诸如语言、习俗、法律与政府等，也当属于历史学的研究范围。"维科把历史的过程看作是人类由以建立起语言、习俗、法律、政府等等体系的一个过程；也就是，他把历史看作是人类社会和他们的制度的发生和发展的历

---

① ［德］斯宾格勒：《西方的没落》，齐世荣译，商务印书馆1995年版，第145页。

② 朱本源：《历史学理论与方法》，人民出版社2012年版，第398页。

史。"① 斯宾格勒认为，人类的活动有三种，第一种是纯粹顺应自然的，如农民的日出而作日落而息；第二种是理智的，如城市市民的讲究吃喝穿戴；第三种是既顺应自然又有理智的，如艺术家的创作。第一种属于自然，体现不了人类的价值，第二种属于文明，完全是僵化的，只有第三种是文化，充分展现了人类创造历史的激情和能力，才是历史学研究的对象。可见，在非理性史学看来，属于人类的活动虽然很多，但构成历史学的研究对象的，只有人类的创造性活动。有鉴于此，那些制约人类创造性活动的因素如私欲、时代与地理环境等，当隶属于历史学的研究范围之内。②

关于历史学的研究任务。理性史学将历史学的研究任务界定为揭示人类向善与进步的规则，与之相似，非理性史学将之界定为揭示人类创造创新的缘由。众所周知，向善与进步，作为行为是人类最为基本的活动和诉求，作为价值标准则有着一定的普遍性和相对性。而创造与创新，作为行为则是人类巨大的突破和发明，作为价值标准具有一定的力度和深度。由此，在史学研究的实践中，理性史学充斥着人文主义和启蒙思想家的浓浓人文关怀；而非理性史学则因局限于人类创造和创新的偶然与非理性，常常会回归宗教史学的神意史观。如维科说："天神意旨作为以它自己的无限的善为目的，它所安排的一切就一定导向永远高于人类为自己祈求的那种善。"③这样，好似与文艺复兴和启蒙运动相悖。实际上，如果我们将之理解为对于历史创造缘由的夸张解释，可能是比较准确的。

---

① ［英］柯林武德：《历史的观念》，何兆武、张文杰译，商务印书馆1997年版，第110页。

② 郑先兴：《文化史研究的理论与实践》，中央编译出版社2004年版，第277—278页。

③ ［意］维科：《新科学》，朱光潜译，商务印书馆1989年版，第343页。

关于历史学的性质。基于对理性史学科学性的反思，非理性史学否认历史学与科学有一致的科学性。维科认为，历史学与科学所研究的对象本质上是不同的。科学所研究的自然的特性，是"通过若干固定阶段周而复始的一种单纯的循环"，因而有着普遍的共性原则，可以预见未来；而"历史绝不重演它自身，而是以一种有别于已成为过去事情的形式而出现于每个阶段"，"因为历史总是在创造着新事物，所以周期性的规律便不允许我们预示未来"。① 所以，历史的本质是诗性的，历史学的本质属于艺术学。新康德学派接受了维科的这一观点，进一步明确了历史学与科学的区别。文德尔班（W.Windelband，1848—1915）认为，"科学以总结普遍规律为其目的，而历史学则以描述个别事实为其目的"②。文德尔班的目的，在于给历史学家提出要求，"要他们以他们自己的方式去做他们自己的工作而不要受到干扰；这代表着历史学家们要脱离在自然科学束缚之下的文明总体的那种分裂主义运动"③。而所谓历史学家的工作方式，文德尔班认为就是"以某种方式（即伦理的——引者注）来直观它的价值；这种活动大体上有似于一个艺术家的活动"④。这无疑是说，历史学的性质是艺术。李凯尔特（H.Rickert，1863—1936）进一步确认了文德尔班的观点。他说，以对现实的观察为例，"从普遍性的观点来观察"就是自然科学，而"从个别性和特殊性

---

① ［英］柯林武德：《历史的观念》，何兆武、张文杰译，商务印书馆1997年版，第113页。

② ［英］柯林武德：《历史的观念》，何兆武、张文杰译，商务印书馆1997年版，第239—240页。

③ ［英］柯林武德：《历史的观念》，何兆武、张文杰译，商务印书馆1997年版，第240页。

④ ［英］柯林武德：《历史的观念》，何兆武、张文杰译，商务印书馆1997年版，第242页。

的观点来观察"就是历史学。①

关于历史学的功用。非理性史学拒绝了理性史学的知识生长论，强调对人的非理性因素诸如激情、想象和情感的培植。汤普森："浪漫主义就是对非历史的推理即理性主义的形式逻辑的反抗。是感情和想象对纯理智主义的反抗，个人主义对体制专横的反抗，是为富于同情的创造性的想象呼吁，反对只讲形式和内容的做法"，"浪漫主义的首要原则就是烧毁前辈崇拜的东西"②。柯林武德指出，文德尔班的历史学研究讲究个别性的价值论，其结果就是"历史学以全盘被驱逐出知识的领域而告结束"③。

四、历史研究中的心智问题

在历史认识论与方法论上，非理性史学对理性史学也给予了深化论析与重构。

首先，在历史认识的基础上，有鉴于历史是人类的自身活动，非理性史学强调历史认识主体的功能，认为正是人类的心智才是历史认识的基础。

维科说："过去哲学家们竟倾全力去研究自然世界，这个自然界既然是由上帝创造的，那就只有上帝才能认识；他们却忽视对民族世界的思考，这个世界既然是由人类创造的，那么人类就能认识它。""这个民

---

① ［德］李凯尔特：《文化科学和自然科学》，涂纪亮译，商务印书馆 1986 年版，第51 页。

② ［美］J. W. 汤普森：《历史著作史》下卷，孙秉莹、谢德风译，商务印书馆 1992 年版，第 179—180 页。

③ ［英］柯林武德：《历史的观念》，何兆武、张文杰译，商务印书馆 1997 年版，第242 页。

族世界确实是由人类创造出来的，所以它的面貌必然要在人类心智本身的种种变化中找出。如果谁创造历史也就由谁叙述历史，这种历史就是最确凿可凭的了。"①在这里，所谓"民族世界"，当是指人类社会，或人文现象。人类面临着两个世界，一个是自然的，一个是人文的。自然世界是上帝创造的，那么，就只有上帝才能认识自然；人文世界是由人类自己来创造的，所以，人类可以认识它。只要凭借着人类的心智，就能准确地把握历史的本质。换句话说，历史认识主体与历史创造主体的人类自身是一致的，即皆为"人类的心智"，所以，历史认识不仅是可能的，而且将是非常准确的。德国威廉·狄尔泰（Wilhem Dilthey，1833—1911）也指出："历史探讨者同样是创造者的事实，是使科学的历史学成为可能的第一个条件；在这里，我们就有了解决历史认识论问题的第一个有意义的因素。"又说，人类研究中的客观知识产生于历史之中，而历史又是人类自身的活动，"历史的概念依赖于生命的概念。历史生命是整个生命的一部分，而整个生命是在经验和理解中提供的"。②

从强调历史认识的主体性角度，非理性史学对作为历史认识基石的历史事实与历史资料给予了全新的阐释。维科认为，文物古迹包含着当时创造者的心灵状态和特征气息；语言是人类心智、情感的表达，蕴含着人们生活的经验，储存着历史的信息；神话"涉及最古时代身体、精神、经济或民政的各方面生活的需要"。③狄尔泰则强调了自传在历史认识中的价值。他说，自传是"所有历史理解的根基"，"自传只是人反思自己生命过程的文字表达"，"唯有它使历史洞察力成为可能。我们自己生命的力量和广度，以及我们以此反思它们的潜能是历史理解的基

---

① ［意］维科：《新科学》，朱光潜译，商务印书馆1989年版，第154、165页。
② H.P. Rickman编：《历史中的意义：W.狄尔泰关于历史和社会的思想》，第67、73页。
③ ［意］维科：《新科学》，朱光潜译，商务印书馆1989年版，第115页。

础。唯有它使我们赋予过去那毫无生气的阴影以生命"。①

　　从强调历史认识的主体性角度,非理性史学也意识到了因主体性的强硬所带来的问题。维科提醒历史学家,在史学实践中所出现的错误有,一是偏爱夸大自己所研究时期的"富庶、威权和伟大","那就是使过去的一段历史时期之成为值得研究"的;二是以自己所在国家的偏见渲染历史,只谈自己的成功不谈自己的失败;三是以自己所拥有的喜好理解历史,使得人们觉得"他所思考的那些人都像他自己一样是些学者和大学生以及一般都有着思辨的智力的人";四是将不同国度里所出现的相同历史现象视为根源关系,从而忽略了人类头脑中的原始创造力;五是将权威史学论著当作历史知识的唯一来源,其实只要掌握科学方法,就可以"重新构造出一幅过去时代的图画"。②

　　其次,在历史认识方式上,非理性史学注重探究历史的个性与特殊性,也就是说,将识别即观察历史的个性作为历史认识的基本方式。

　　理性史学所承继的中世纪宗教神学史学线性记事与基督纪年的传统,实际上是从历史共性、同一性的角度观察历史。而非理性史学注重历史个性、独特性的观察。赫尔德试图融解启蒙思想家的抽象理性的同一性原理的硬壳,他说:"与历史相比较,所有抽象概括都是苍白无力的,任何一般的、普遍的规范都不能包容历史的丰富性。每一种人生状况都有其特有的价值,历史的每一个阶段都有其内在效用和必然性。这些阶段互不分离,它们仅仅在整体中并由于整体而存在。但每一阶段又都是同等的不可或缺的。真正的统一性正是在这种彻头彻尾的差异中

---

① H. P. Rickman 编:《历史中的意义:W. 狄尔泰关于历史和社会的思想》,第86—87页。

② [英] 柯林武德:《历史的观念》,何兆武、张文杰译,商务印书馆1997年版,第114—115页。

显现，它只有作为过程的统一性，而不是作为现存事物中的同一，才是可以想象的。因此，历史学家的首要任务，是使他的标准符合他的主题，而不是反过来使他的主题符合统一的、既定的模式。"① 文德尔班指出，历史与自然科学的区别不是以研究的物质特征为根据的，而是以"纯粹方法论""以严格的逻辑概念为依据的"。自然科学研究的是"一般规律"，"普遍的定然判断"，"自然规律形式下的共相"；历史学研究的是"特殊的历史事实"，"单称的实然命题"，"历史规定形态下的殊相"。② 李凯尔特也指出，自然科学是寻求普遍化的概念，而历史学则是寻求个别化、特殊化的概念。"历史学家首先研究的，只是那些在其个别特性中或者体现出文化价值本身或者与文化价值有联系的对象。"③

最后，在史学研究的方法上，非理性史学主张采用比较的方法。

理性史学承继了宗教史学的因果分析方法，试图说明历史发展的统一性和规律性。从研究实际看，因果分析法的核心是归纳和演绎。一方面通过列举大量的历史现象，统计归纳出决定历史发展的共同因素；另一方面是从某个抽象的观念出发，推知未知的历史现象，从而论证其正确。可见，无论是归纳或者演绎，都是适应了理性史学的寻求历史同一性、规律性的要求。

非理性史学探究历史个性、特殊性，主要采用的是历史比较的方法。因为只有通过比较，即将两个或两个以上的历史现象放在一起，比较对照，才能够寻求其异同，发现其本质的个性。当然，作为研究方

---

① ［德］E.卡西勒：《启蒙哲学》，顾伟铭、杨光仲、郑楚宣译，山东人民出版社1988年版，第224页。

② ［德］文德尔班：《历史与自然科学》，载洪谦主编：《西方现代资产阶级哲学论著选辑》，商务印书馆1964年版，第55—56页。

③ ［德］李凯尔特：《文化科学和自然科学》，涂纪亮译，商务印书馆1986年版，第73页。

法，比较分析是有着双重的效果的。因为，比较分析既可以寻求历史的特质，但同时也可以寻求历史的共性。以维科为例，既看到了人类历史所发展的三个不同阶段，即神权时代、英雄时代与人的时代，各个时代分别有着不同的习俗、自然法、政体、语言、文字、所有制和理性；又看到了各个民族共有的习俗，如都有某种宗教、举行隆重的结婚仪式和埋葬死者。[1] 由此可见，比较分析是对因果分析的一种补充和丰富。

综上所述，非理性史学虽然是对理性史学的反思与反省，但是，实际上与理性史学有着千丝万缕的联系。一些理性史学家，在对中世纪宗教神学史学的批判中，有着超越时代的卓越见解，其思想的属性又可以归类于非理性史学；而产生于 20 世纪的文化形态学派，强调历史发展中的生态与时势等不可控制因素，所以，其思想渊源于浪漫主义史学，其属性当归类于非理性史学。由此，非理性史学的著名学者相对较多，如意大利的维科与马基雅维利，法国的伏尔泰、孟德斯鸠与卢梭，德国的赫尔德、文德尔班、李凯尔特与斯宾格勒，英国的马尔萨斯、麦考莱、汤因比，等等。非理性史学丰富并发展了历史主义，促进了欧洲历史学在现代化进程中向前迈步。

第三节　排外与归宗：民族传统的史学思想

历史主义是在文艺复兴和启蒙运动中为反对宗教神学而产生的以肯定普遍人性为核心的社会思潮，伴随着人类对自然、社会与人类历史认识的深入和学术的发展，相应地产生了理性史学与非理性史学。而文艺

---

[1]　［意］维科：《新科学》，朱光潜译，商务印书馆 1989 年版，第 28、154 页。

复兴尤其是启蒙运动的进一步发展，不仅催生了美国独立战争、法国大革命，并且使其普遍地渗透到欧洲及其广大的殖民地。由此，一方面促进了殖民地人民对宗主国的反对与独立运动，另一方面也促使欧洲各国对法国大革命的反思与拒斥。进而，民族意识在美国、英国和德国逐渐孳生成长，从而为历史主义的发展提供了应用型的平台。由此，作为社会意识形态，历史主义催生了民族意识；作为时代精神与核心价值观，历史主义讲究传统文化的积累与凝聚，将历史的进步与向善归宗于民族传统；作为学科理论，历史主义促进了社会史学与民族文化史学的建构，将揭示民族传统的优秀元素界定为历史学的任务。所以，我们将这种民族意识觉醒与壮大所孕育的历史学，称为民族传统史学。

一、民族传统史学的研究及其走向

民族传统史学产生于欧洲与美国。

在欧洲，针对法国大革命思想广泛传播、民主思想深入人心的情形，欧洲国家特别是德国与英国的资产阶级出于民族自尊与保护的初衷，而奋起倡扬新的历史学；其宗旨就是认为，历史的进步与向善、历史的创造与发明，不是源自于外部其他民族文化的输入、学习与汲取，而是归宗于民族自身的基因，即民族精神的长期积累与发展。由此，民族传统史学的特征就是排斥拒绝外来的文化，重视与强调本民族的优秀文化传统。民族传统史学存在于 19 世纪的欧洲，在学术史上主要是指浪漫主义史学后期的德国法的历史学派与英国国家学说的历史学派。

在美国，针对美国生源论的日耳曼说或苏格兰说，在 19 世纪末年 20 世纪初年诞生了以特纳为代表的美国生源论的边疆历史学派，认为美国民族是在西部边疆的开拓中生长出来的。

民族传统史学的研究，主要在以下四个方面展开。

一是在浪漫主义史学的研究中，涉及民族传统史学。张芝联先生在谈到西方历史主义的产生时指出，18 世纪末年法国大革命的思想传播到英国和欧洲其他地区，引起了广泛的民主运动。进步的资产阶级思想家称赞大革命是人类前进旅途上的里程碑，是理性、人权对蒙昧、特权的胜利；但反动的贵族——资产阶级则诽谤大革命，民族传统史学由此应运而生。在英国诞生了保守派政治思想即以艾德门·柏克为代表的国家学说的历史学派，强调国家是民族特性长期发展的自然产物；在德国则诞生了以胡果、艾希霍恩、萨维尼为代表的法的历史学派，强调法律是历史传统的产物，是高贵的女教师，只能赢得尊重，而不能肆意玷污。① 朱本源先生在谈到浪漫主义史学思维模型时，论析了德国民族传统史学家萨维尼（Savigny，1779—1861，法的历史学派代表）、洪堡（Wilhlm von Humboldt，1767—1835，政治活动家、比较语言学家）、雅各布·格林（Jacob Grimm，1785—1863，语言学家、童话作家）、施泰因（Freiherr Stein，1757—1831，《德国古代历史学学会的档案》编者）等学者的成就，总结而言，民族传统史学"热爱中世纪，歌颂德意志（日耳曼）民族伟大的过去，特别称赞德意志人是'决定命运的民族，诸民族之首的民族'"。又说："德国浪漫主义历史学家往往通过日耳曼人的神话、传说、民间的诗歌和童话等再现民族的生活与成就，特别是'民族精神'。"② 王利红论析了德国的浪漫主义史学，说："我们可以把民族主义看作是浪漫主义影响下的伴生物或产物，把民族主义史学看作浪漫

---

① 张芝联：《资产阶级历史主义的形成及其特征》，《世界历史》1979 年第 1 期。
② 朱本源：《历史学理论与方法》，人民出版社 2012 年版，第 423、418 页。

主义历史观最具特色的体现。"①

二是对德国法的历史学派的研究。法的历史学派也称为历史法学派，受到了学者们的广泛关注。其中的研究专著，国内已经正式出版问世的有4部：许章润的《萨维尼与历史法学派》②，主要对德国历史法学派的嬗变、思想与得失作了论析；许章润所主编的《萨维尼与历史法学派研究专号》③，辑录了研究历史法学派的历史背景、思想观点、历史影响以及萨维尼个人的生平事迹、思想精髓等论文；余履雪的《德国历史法学派：方法与传统》④，主要论述法律的制定、实践与教育等基本方法论；刘文会的《法律制度的民族性之维及其变革——历史法学派的法哲学反思和启示》⑤，其中的第二章详细考察了历史法学派的发生背景、基本理论和方法以及其历史命运。另外，还有一部是专门翻译历史法学派的创始人萨维尼的专著《历史法学派的基本思想1814—1840年》⑥。相关的研究论文，主要有徐爱国的《历史法学派简论》⑦、黎四奇的《对萨维尼"民族精神"的解读与评价》⑧、邢元振和卢维良的《论萨维尼的历史法学观》⑨、史大晓的《萨维尼的遗产》⑩、冯引如

①　王利红：《欧洲浪漫主义史学思想研究》，复旦大学博士学位论文，2007年。
②　许章润：《萨维尼与历史法学派》，广西师范大学出版社2004年版。
③　许章润主编：《萨维尼与历史法学派研究专号》，《清华法学》第3辑，清华大学出版社2003年版。
④　余履雪：《德国历史法学派：方法与传统》，清华大学出版社2011年版。
⑤　刘文会：《法律制度的民族性之维及其变革——历史法学派的法哲学反思和启示》，中共政法大学出版社2013年版。
⑥　[德]弗里德里希·卡尔·冯·萨维尼：《历史法学派的基本思想1814—1840年》，郑永流译，法律出版社2009年版。
⑦　徐爱国：《历史法学派简论》，《江苏社会科学》1992年第6期。
⑧　黎四奇：《对萨维尼"民族精神"的解读与评价》，《德国研究》2006年第2期。
⑨　邢元振、卢维良：《论萨维尼的历史法学观》，《天府新论》2007年第12期。
⑩　史大晓：《萨维尼的遗产》，《华东政法大学学报》2012年第1期。

的《萨维尼评传——思想和轨迹及其贡献》[1]与徐玉姣的《历史法学派
与历史主义思潮》[2]，等等，都对历史法学派尤其是萨维尼的历史法学思
想予以了论析。

　　三是对英国国家学说的历史学派的研究。宋香君的《柏克的国家观
思想研究》[3]，主要论析了柏克的权力观念、国家观念及其现代意义。裴
亚琴的《柏克的政治思想与英国辉格传统》[4]，论析了柏克的进步与自由
观念、君主立宪制等对辉格党的价值，尊崇民族传统与历史方法的保守
色彩。张伟的《柏克论英国宪法》[5]，则论述了柏克在英国宪法问题上的
历史主义思考。

　　四是对美国特纳边疆历史学派的研究。国内研究主要有两个重镇。
一是 20 世纪 80—90 年代，以杨生茂、丁则民等的研究为要。杨生茂编
辑出版了《美国历史学家特纳及其学派》[6]，收集了特纳的 7 篇论文及其
弟子回忆研究的 6 篇论文。丁则民的论文有《特纳的"地域理论"评介》[7]
《"边疆学说"与美国对外扩张政策》[8]。还有，厉以宁的《美国边疆学派
"安全活塞"理论批判》[9]，何顺果的《一个具有重大意义的主题——从
特纳的"边疆假说"谈起》[10]。二是 2010 年以来王邵励先生的研究。王
邵励先生曾经留学美国，对特纳予以了专门的探究，他在《史学理论

---

①　冯引如：《萨维尼评传——思想和轨迹及其贡献》，华东政法大学博士学位论文，2005 年。

②　徐玉姣：《历史法学派与历史主义思潮》，山东大学硕士学位论文，2012 年。

③　宋香君：《柏克的国家观思想研究》，山东大学硕士学位论文，2011 年。

④　裴亚琴：《柏克的政治思想与英国辉格传统》，《政治思想史》2014 年第 2 期。

⑤　张伟：《柏克论英国宪法》，《华东政法大学学报》2013 年第 2 期。

⑥　杨生茂：《美国历史学家特纳及其学派》，商务印书馆 1984 年版。

⑦　丁则民：《特纳的"地域理论"评介》，《吉林师范大学学报》1979 年第 3 期。

⑧　丁则民：《"边疆学说"与美国对外扩张政策》（上、下），《世界历史》1980 年第 3、4 期。

⑨　厉以宁：《美国边疆学派"安全活塞"理论批判》，《北京大学学报》1964 年第 3 期。

⑩　何顺果：《一个具有重大意义的主题——从特纳的"边疆假说"谈起》，《美国研究》
1993 年第 1 期。

研究》《史学史研究》等刊物发表系列特纳研究论文,最后结集为《美国边疆、地域与西部:弗雷德里克·杰克逊·特纳史学思想初论》①,对特纳的史学思想予以了全面的论述。21世纪以来,研究生的专业考究,也取得了不可忽视的成绩,如张悦清的《特纳的"边疆假说"与美国的对外扩张(十九世纪末二十世纪初)》②、徐占辉的《弗雷德里克·杰克逊·特纳史学探析》③、丁爱华的《论特纳"新史学"》④。综观所有的特纳边疆历史学派的研究,更多关注其"进化论"史观与实用主义的方法,如说"特纳的史学思想"源自于"欧洲的地理环境决定论"与"十九世纪后期兴起的社会进化论"⑤,"纵观特纳史学思想的演进历程,他毕生皆旨在通过历史解释来论证美国社会进化模式的特例性"⑥,说特纳的治史观念在于"推崇达尔文的'进化论'思想"与"提倡实用主义的价值观"⑦,而其民族传统史学特质却没有给予足够的重视。

由上所述,关于民族传统史学的研究,主要集中在德国法的历史学派、英国国家学说的历史学派、美国特纳的边疆历史学派。限于学科视域,政治学的研究者所关注的是英国国家学说的历史学派,法学研究者

---

① 王邵励:《美国边疆、地域与西部:弗雷德里克·杰克逊·特纳史学思想初论》,中国社会科学出版社2018年版。

② 张悦清:《特纳的"边疆假说"与美国的对外扩张(十九世纪末二十世纪初)》,对外经济贸易大学同等学力人员硕士学位论文,2007年。

③ 徐占辉:《弗雷德里克·杰克逊·特纳史学探析》,江西师范大学硕士学位论文,2010年。

④ 丁爱华:《论特纳"新史学"》,淮北师范大学硕士学位论文,2011年。

⑤ 沈坚:《边疆学派的创始人——特纳》,载郭圣铭、王晴佳主编:《西方著名历史学家评介》,华东师范大学出版社1988年版,第245页。

⑥ 王邵励:《特纳的社会进化论》,杨共乐主编:《史学理论与史学史学刊》,社会科学文献出版社2012年版,第331页。

⑦ 徐占辉:《弗雷德里克·杰克逊·特纳史学探析》,江西师范大学硕士学位论文,2010年。

所关注的是德国法的历史学派，只有特纳的边疆历史学派所关注的才是两者所强调和重视的历史文化传统及其功效。仅此而言，民族传统史学的研究，从政治学说或者法学思想的纵深或是宽广方面来说，是远远不够的。而在历史学的研究中，因为只是在关注浪漫主义史学或者历史主义方法论时才注意到的，所以，就其历史实际与理论的应用方面，也是需要加强的，需要借助政治学与法学研究的理论与方法，吸取其合理的成分；更需要借鉴特纳的边疆历史学派的研究。正如王晴佳先生所指出的："民族主义史学是近现代史学的主要潮流"，但是"对于非西方地区的史家而言，民族主义史学为他们抵御西方军事和文化侵略，从事民族国家的建设，起了重要的作用。尽管如此，民族主义本身是西方历史文化的产物，并不完全适用于解释中国和印度等地区的历史"。所以，需要从比较史学的角度，"分析民族主义史学的共性"，"以展望全球史学在未来的发展走向"。①

二、国家、法律与秩序是民族传统的精华

从 18 世纪末到 19 世纪初，法国大革命的浪潮席卷了欧洲。欧洲各国一面沐浴着资产阶级的春风雨露，一面却警醒并固守着自己的民族传统，竭力抵制着大革命的影响。这样，一种以强调民族传统为核心的新型历史观即民族传统史学，或者说文化史学，由此诞生了。民族传统史学作为历史主义发展的新阶段，一方面继承了理性史学重视历史是人类的活动，因而具有同一性的观点；另一方面也承继了非理性史学重视历史是人类的创造和贡献，因而具有个性、个别性的观点。所不同的是，

① 王晴佳：《论民族主义史学的兴起与缺失——从全球比较史学的角度考察》（上、下），《河北学刊》2004 年第 4、5 期。

民族传统史学将历史看作是民族传统精华的沿袭与凝聚，民族个性的形成与打造。

（一）民族传统史学的历史本质论

1. 英国国家学说的历史学派

一是艾德门·柏克（Edmund Burk，1729—1797）认为，国家"是一个连续的观念，既在时间方面延续，也在人数和空间方面延伸。这种抉择不以一时或一部分人为转移，也不是乌合之众的轻浮选择；它是经过若干世纪和若干代人的审慎选择。这是一种比选择要优越万倍的政体，它是由特定的环境条件、性格、气质以及人们的道德、民俗和社会习惯所决定的，所有这些只有经过长时间才显示出来"。这就是说，国家是一个历史概念，是人类长期活动的不断选择和创造的产物；或者可以说，国家就是民族传统的凝聚。换句话说，历史作为人类的活动，其本质就是创造了国家这种制度，并以这种制度而不断得以发展和进步为其方向。这样说来，与理性史学的历史是人类的自主活动的观点相一致了。

二是柏克认为，国家制度是历史发展的自然创造，而不是如理性史学所说的按照原有的目的做成的。"我们的政体是约定俗成的体制；这种政体的唯一权威在于它的存在源远流长。……你们的国王，你们的贵族，你们的法官，你们的陪审团，不论是大陪审团还是小陪审团，这一切都是约定俗成的。……约定俗成是一切权柄中最坚实的，不仅对财产如此，而且对保障该财产的权利，对政府，也是如此。……它是支持任何既定方案以反对未经考验的计划的根据，一个国家正是以此为根据而长期存在并得到繁荣。它甚至是一个国家作出抉择的更好根据，远比通过现实的选举作出突然和暂时的任何抉择为好。"①国家制度的创造是一个漫长的并且逐步完善的过程，其中相关的国王、法官和陪审团，都是逐渐形成的，是人们在历史活动中自然协议而成的。由此而言，柏克的历史观与非理性史学相契合了。

三是柏克虽然也讲社会契约论，但本质上是反对启蒙思想的。以卢梭为代表的非理性史学认为，国家的建立是不道德的，是因富人欺骗了穷人才得以建立的，因而是历史退化的表现；而柏克认为，国家的合约关系不仅是"道德的"，而且也是"科学的""艺术的"，更是人们创造历史的根据和条件，"国家就变成了不仅仅是活着的人之间的合伙关系，而且也是在活着的人、已经死了的人和将会出世的人们之间的合伙关系"。②可见，在柏克的心目中，国家是一个由漫长传统所积淀、凝聚而成的精华，是历史发展的基础、结晶与方向。在谈到卢梭时，柏克说："很久以前，我就读到《社会契约论》。它在我心里没有留下什么印记。我认为它是一部无足挂齿或一无是处的作品，我一点也没想到它会制造革命，赋予国家以法律。但它正是这样。"③可见，柏克不赞同卢梭，对于法国革命也不以为然。

2.德国法的历史学学说

萨维尼（Savigny，1779—1861）认为，作为人类活动的历史，其发展既是非理性的，又是理性的。一方面，法律本身就是在长期的民族生活中自然生成的，是非理性的。"法律只能是土生土长和几乎是盲目

---

① ［英］柏克：《下院代表制的改革》（*Reform of Representation in the House of Commons*），伦敦1861年，第146页。转引自[美]乔治·霍兰·萨拜因：《政治学说史》，盛葵阳、崔妙因译，商务印书馆1986年版，第682页。

② ［英］柏克：《法国革命论》，何兆武、许振洲、彭刚译，商务印书馆1998年版，第129页。

③ 《埃德蒙·柏克书信集》（*The Correspondence of Edmund Burke*）第6卷，剑桥大学出版社1967年版，第81页。转引自宋香君：《柏克的国家观思想研究》，山东大学博士论文，2011年，第27页。

地发展，而不能通过正式理性的立法手段来创建。"① 另一方面，由于长期的习惯积累和传统演练，法律意识逐渐明晰，形成为专有的社会意识，所以又是理性的。"法律其最好的来源是习惯，因为只有习惯才最容易达到法律规则的固定性与明确性，它才是体现民族意识的最好之法律。"② 所以，萨维尼说："法首先源于风俗习惯与民众的法律确信，其次是由于法学的著作而来的。"可见，历史的发展是由人们实际生活的经验积累与学者的智慧选择所推进的。换句话说，历史是理性与非理性的结晶，是民族传统的聚集与积淀。有鉴于此，萨维尼特别强调历史发展中的民族个性。他说："一个民族的法律制度，像艺术和音乐一样，都是该民族文化的自然体现，不能从外部进行强加。在任何地方，法律都是内部力量推动的，而不是由立法者的专断意志推动的。"③ 显然，萨维尼对于法律民族性的肯定，既是反对不顾具体的社会情况就贸然制定和颁布法律，也是反对不顾民族传统就接受或照搬法国大革命尤其是《拿破仑法典》。汤普森指出：萨维尼"这种从历史发展观点进行研究立法的方法并不是没有政治用意的，因为萨焚宜（即萨维尼——引者注）有意阻止《拿破仑法典》扩展至德国"。④ 由此可见，萨维尼对于法律民族性的肯定，与柏克对于国家的民族性肯定是一样的，都是基于抵制法国革命的影响。

3. 美国边疆的历史学派

与英国国家学说的历史学派、德国法的历史学派相比，美国边疆的

① 张宏生：《西方法律思想史》，北京大学出版社1983年版，第369页。

② 许章润：《萨维尼与历史法学派》，广西师范大学出版社2004年版，第33页。

③ Savigny, *Vom Beruf unserer Zeit fur Gesetzgebung und Rechtswissenschaft*, 1967, S.8-13. 转引自黎四奇：《对萨维尼"民族精神"的解读与评价》，《德国研究》2006年第2期。

④ [美] J.W.汤普森：《历史著作史》下卷，孙秉莹、谢德风译，商务印书馆1992年版，第218页。

历史学派不是针对法国大革命所产生的，而是殖民地人民反对宗主国的民族独立运动的产物。

弗雷德里克·杰克逊·特纳（Frederick Jackson Turner，1861—1932）认为，美国虽然是来自欧洲的移民国家，但是在 19 世纪的西部边疆开拓中，已经逐渐形成了自己的民族个性。"边疆的推进减少了我们对英国的依赖。""民族主义的兴起和美国政治制度的演变都是以边疆的推进为根据的。""我们看到边疆促进了美国人民的一种混合民族性的形成。"[1] 在特纳看来，美国混合民族性的形成，是基于西部边疆开拓中个人主义之上的。

第一，形成了社会生活中的个人主义和民主主义。"边疆是产生个人主义的场所。""从自有土地上生长出来的民主，在自私自利和个人主义方面是强烈的。"又说："与个人主义同样深刻地固着在拓荒者思想中的是民主的理想。他对贵族、垄断和特权有着强烈的仇恨；他信仰质朴、节俭和人民主权。他确实尊重成功的人，并努力用各种方法使自己发迹……他认为民主在一定形式上是我们的政治制度的结果，而没能看出它首先是自由土地和环绕他周围有无数机会的结果。偶尔有些政治家甚至在有关公共土地的首次辩论中，就提出了美国民主建立在充裕的空闲土地的基础上这一思想。"[2]

第二，形成了经济生活中务实逐利的实用主义与理想主义。"自由土地和创造他们社会命运的自觉性不仅仅使西部人转而追求物质利益，并致力于永不停息的生活方式，而在西部居民中倡导了平等思想，抵挡住来自东部的贵族影响。在那里，每个人都有一个农场。几乎

---

① 杨生茂编：《美国历史学家特纳及其学派》，商务印书馆 1984 年版，第 24、25、23 页。

② 杨生茂编：《美国历史学家特纳及其学派》，商务印书馆 1984 年版，第 31、32、74—75 页。

只由于占据了农场，经济平等很容易得到实现。"正是西部开拓中财富的满足，使得人们在对西部广袤土地上的"盐山、铁山、铅山、钢山、银山和金山"的渴望，形成了美国人的理想主义。"早期西部人仍然是一个理想主义者。他做着美梦，他憧憬着远景。他对人怀有信心，希望民主，笃信美国的命运，对于他把梦想变为现实的能力具有无限自信。"①

第三，形成了政治制度上奖贤尚能的国家主义。"拓荒者不但有征服和发展的理想，还有个人发展、摆脱社会和行政压制的理想。他来自一个建立在个人竞争基础上的文明，他随身把这一概念带到了荒野。在这里，资源财富和无穷机会使这个概念得到新的发展空间。只有那些最机敏、最强壮的人才能得到这种奖赏；最好的河边洼地、最好的森林地带、最好的盐泉、最富的矿床是为他们准备的；并且不仅是这些自然的馈赠，还有在一个正在形成过程中的社会所提供的机会。这里有工厂场地、城镇基地、运输线、银行中心、法律和政治活动的机遇——所有这些各种机会都由一个迅速发展的社会提供出来，每一件东西都对懂得如何抓住机会的人开了方便之门。"②

第四，形成了精神生活中富有创造性的理性主义。在特纳看来，西部民主催生了州立大学，其"主要特性就是它在最广泛的意义上的民主"，"它（指州政府）穿过社会的底层挖掘深井，从底层的大众的叠石中发掘有真才实学的黄金。它促使个人主义在一定程度上从属于州的福利"。依照拓荒者的理想，州立大学的使命，在于对科学研究，"特别是对目的在于征服自然的应用科学研究的较全面的认识"，由此废除了"传统的必修课程表"，建立应用性的职业教育，农学院、工学院和商业学

---

① 杨生茂编：《美国历史学家特纳及其学派》，商务印书馆1984年版，第62、64页。
② 杨生茂编：《美国历史学家特纳及其学派》，商务印书馆1984年版，第73页。

院，开办律师、行政、公务、报业以及化学、物理、机械、农业等人员的培训。专业知识的培训中，伴之以民主的理念。"所有这些都是为了服务于民主的理想。""大学的任务就是向每个人展现整个生活的神奇和壮丽——打开理性的人类享受和成就的全部领域"，如意识形态、自然、责任、权力与荣誉，从而培养社会所需要的诗人与画家、作家与教师、科学家与发明家、音乐家与预言家等，"在各个领域使生活更为高尚的那些天才人物"。为此，"它必须重新唤起拓荒者对创造性的个人主义的热爱，并为其提供一种有利于个性沿所有向上途径发展的精神环境。它必须阻止以过分强调荣华和政治观念的方式影响普通社会群众的倾向。简言之，它必须为着社会的幸福和精神丰富，竭尽全力去进行欣然和热切的努力。它必须在人民中间唤起新的经验和抱负"。[1]

　　美国混合民族性格是在西部边疆的拓展中形成的。那么，其特质也与边疆拓展相关。如"粗暴、强健，加上精明、好奇"；"头脑既切实际又能独出心裁，想的办法快"；"掌握物质一类的东西，手脚灵巧，不过艺术性差，但作出来的东西使人产生伟大有力的感觉"；"精力充沛，生气勃勃"；"个人主义突出，为善为恶全力以赴"；"热爱自由，华而不实"；"这一切都是边疆的特性"。所以，"一部美国史大部分可说是对于大西部的拓殖史。一个自由土地区域的存在及其不断地收缩，以及美国向西的拓殖，就可以说明美国的发展"。[2]

（二）民族传统史学的历史动力论

　　由上所述可以看出，无论是历史的国家学说（英国），或者是历史的法律学说（德国），甚至是边疆拓殖的历史学说，都认为历史的本质

---

[1]　杨生茂编：《美国历史学家特纳及其学派》，商务印书馆1984年版，第81、82、85页。

[2]　杨生茂编：《美国历史学家特纳及其学派》，商务印书馆1984年版，第3、36—37页。

是民族长期的习俗积累和传统精华的凝聚；而历史的基本形式，则在于国家，或在于法律，或在于边疆。反过来说，无论是国家，或者是法律，或者是边疆，作为制度的形式及其形成，表明历史发展的本质或者说是历史发展的动力，就在于秩序。因为国家以权力的强迫性来维持社会的秩序，法律则以协议的调和性维持社会成员之间的秩序，而边疆拓殖则促进制度的不断修订与完善。

柏克说："宣布国家和法律为神圣，其依据的最重要的主导原则之一，是为了防止国家大厦的临时占有人和终身租赁人，对从先人那里承受的或应该传续给后代的东西漫不经心，自作主张，似乎他们就是绝对的主人这样一种态度"，因为"这样做就是在冒险：他们留给后人的可能只是一堆废墟，而不是安居之所"。① 这就是说，国家制度要求人们在历史实践中，必须要遵奉、沿袭原有的秩序，否则将会毁灭历史。又说"英格兰人民非常清楚，继承观念能够产生出某种稳妥的保守原则和某种稳妥的承袭原则，而且丝毫不排斥革新原则。它让人们自由地获取新东西，也让人们守住业已取得的东西。"② 这里所谓的继承观念，就是柏克所谓的国家观念；也就是说，国家制度要求人们在历史实践中，既要沿袭原有的秩序，同时还要依据时代所提供的新环境，不断地改良并制定新的秩序，从而推进社会的进步。换句话说，历史的发展是借助国家制度的方式，沿袭传统，又不断地重建传统；历史的动力就是国家制度所维持的秩序。

萨维尼认为，法律"与各个民族的活力与作用不可分地结合在基本

---

① ［英］柏克：《自由与传统——柏克政治论文选》，蒋庆、王瑞昌、王天成译，商务印书馆 2001 年版，第 241 页。
② ［英］柏克：《自由与传统——柏克政治论文选》，蒋庆、王瑞昌、王天成译，商务印书馆 2001 年版，第 121 页。

特性中，并且以独特的品性展现在我们眼前，使它们成为一个整体的民族的共同信念，内心共同情感就必然排斥一切源于偶然的、恣意的想法"。① 这就是说，民族的发展借助法律的形式，凝聚着民心，排斥着各种异己力量，从而有序地向前推进。换句话说，历史的发展依靠着传统习俗的不断凝聚与升华，从而成为法律制度，推进历史向前；简而言之，历史的动力就是法律所维持的秩序。

特纳认为，美国社会秩序的构建是以民主法制为基础的，是为保障西部边疆拓殖中的资本、金融信贷与交通运输安全而确立的。"无论走到哪里，信用和货币的问题以及运输和分配的问题总的来说决定着他的成功与否时，他就要求立法的援助。他开始失去他那个人主义的本来面貌，政府也开始不再像是一个难以避免的弊端，而更像一个使他的民主理想得以延续的手段了。简而言之，民主主义拓荒者所维护的，开始从自由土地变为立法，从个人主义的理想变为通过法律规章施行社会控制的理想。"特纳认为，美国社会秩序的构建，既不是社会主义的彻底重建，也不是东部传统社会秩序的简单复制，而是从西部边疆拓殖中，从无到有，根据拓殖者个人主义理想的构建，体现并验证着进化论思想。"美国的情形就像社会史里面的一大页。我们一行一行地读着这个大陆的一页，从西部到东部，我们都能找到社会进化的记载。"又说："西部性格中显著的特质是充分的自信和对自我权利的坚持。它在它的成长过程中看出无疑是一种新的社会和国家的秩序。"②

---

① Savigny, *Vom Beruf unserer Zeit fur Gesetzgebung und Rechtswissenschaf,* 1967, S.8-13. 转引自黎四奇：《对萨维尼"民族精神"的解读与评价》，《德国研究》2006年第2期。
② 杨生茂编：《美国历史学家特纳及其学派》，商务印书馆1984年版，第77、13、61页。

三、民族传统的弘扬及其文化功用

历史的国家学说将国家看作是一个民族凝聚着过去的生活习俗、解释着现实的疑难和指明着未来路径的契约与聚合体，可以说，国家就是历史，历史就是国家；历史的法律学说将法律看作是一个民族长期无意识的习俗与道德的积淀和有意识的制度的约定，可以说，法律就是历史，历史就是法律；历史的边疆学说将美国历史看作是边疆拓殖的过程，是边疆拓殖形成了个人主义与民主主义、理想主义、国家主义与理性主义的民族个性，可以说，边疆就是历史，历史就是边疆。这样，在民族传统史学看来，历史学研究的对象，其表层元素是国家、法律与边疆，而其实质则是民族传统。

柏克说，国家作为民族传统的聚合体，"在某一特定时间上"，"绝不会是老年、中年或青年的变更状态。而是，在恒常不变的状态之中，历经不休止的衰退、亡覆、革新和前进这种多样化的进程向前。由于我们在国家治理上保留了合乎自然的方法，所以我们虽有所革新，但我们永远不会是全新的；虽然有所保守，但永远不会是全然陈旧的"。[①] 国家作为历史的基本形态，表象好像是永恒不变的，而其实质则是随着历史的进展，既维持着原有的秩序，又改良并产生着新的秩序。所以，历史学的研究就是要探究国家制度，考察其在传统中的细微变革。

萨维尼在宣告历史法学派的总纲时说："历史法学派始于这样一个假设：实在的法律源自一个民族的全部过去，源自一个民族及其历史的

---

① ［英］柏克：《自由与传统——柏克政治论文选》，蒋庆、王瑞昌、王天成译，商务印书馆 2001 年版，第 12 页。

本质最深处。"①法律既表明着民族的特性，又代表着民族的历史，研究法律就是研究民族的历史。

特纳说，美国西部拓殖发生了"两个根本的理想"，"一个理想是无拘无束地争取大陆自然资源的个人自由，即擅自占地者的理想"，"另一个理想是民主的理想，即'民有、民治和民享的政府'"。这两个理想就构成了"传统的美国思想"。这就是说，历史学研究对象其表层是西部边疆拓殖，而其实质则是美国个人主义与民主主义的传统。又说，因西部边疆拓殖涉及一系列问题，从而历史学研究的范围也就相应确定："我们一定要研究一下地理、工业成长、政治和政府之间的联系。此外，我们必须考虑不断变化的社会的构成，固有的信仰，人民大众一贯所持的态度，以及全国的不同区域的和领导者们的心理状态……我们不能忽视道德的倾向和理想。所有一切都是同一问题的关联部分。"②由此，地理、工业、政治、政府、信仰、领导者的心理、道德与理想，等等，都是历史学研究所要考虑的范围。

在民族传统史学看来，历史的进步和发展，取决于国家和社会的创造和发明，以及由此所形成的文化传统。由此，历史学将民族传统作为自己的对象，而其任务则是揭示民族传统之精华，予以发扬光大。

柏克所谓的"人的本性只能在世俗社会中才可能得到完善"③，其实就是说正是由于国家制度的出现历史才得以进步。"善的习俗必定有赖

---

① James Q. Whitman, *the Legacy of Roman law in the German Romantic Era: Historical Vision and Legal Change*, Princeton University Press, 1990, p. 112. 转引自徐玉姣:《历史法学派与历史主义思潮》，山东大学硕士学位论文，2012 年，第 32 页。

② 杨生茂编:《美国历史学家特纳及其学派》，商务印书馆 1984 年版，第 94、95—96 页。

③ Louis L. Bredvold、Ralph G. Ross:《〈自由与传统——柏克政治论文选〉英文版导言》，[英]柏克:《自由与传统——柏克政治论文选》，蒋庆、王瑞吕、王天成译，商务印书馆 2001 年版，第 11 页。

于对真理的认识，也就是说，有赖于对上帝已经注定的——每一事物都为每一别的事物而产生——那些不可更改的关系的认识。这些关系本身就是真理和善的基础，因而也是快乐的唯一尺度，同样也应该成为指导我们的论证的唯一尺度。"又说："正是通过对这种秩序的遵从，我们才发现了目前所知道的几条真理，并多少享有一点自由和适度的快乐。我们使某些事情更公平更有规则可循，超乎一个推理思考者原来的想象，我们还从中得到显而易见的好处。"①历史进步的基础是人们认识和掌握了历史的规则，即客观事物之间自然的关系。换句话说，历史学研究的任务就是揭示历史规律，并倡导遵循，从而促进人类的向善与快乐。

与柏克相比，萨维尼将基于民族传统上的法律看作是民族精神，指出，历史学的研究任务就是揭示民族精神。"在人类文明的最早时期，民法已经有了明确的性格。它与语言、风俗、制度相同，具有民族的特性。""由于时代的进展，法与民族的本质及性格有机的相连性已得到证明，并且在这一点上法与语言也是可以相提并论的。法随民族的成长而成长，随民族的壮大而壮大，并且因民族性的丧失而最后消亡。"②"法律如同各民族特有的语言、生活方式和素质一样，是缘于这个民族的共同信念，是基于一个民族内部的同族意识。在复杂的生活中，法律规范本身可能孕育在普遍信仰的目标之中。"③可见，在萨维尼的心中，法＝民族＝民族传统＝民族精神，也就是说，历史学的研究任务就是通过法律的变迁揭示民族传统，继而通过民族传统的变迁揭示民族精神。

---

① ［英］柏克：《埃德蒙·柏克读本》，陈志瑞、石斌译，中央编译出版社 2006 年版，第 6 页。

② Savigny, *Vom Beruf unserer Zeit fur Gesetzgebung und Rechtswissenschaf,* 1967, S.8-13. 转引自黎四奇：《对萨维尼"民族精神"的解读与评价》，《德国研究》2006 年第 2 期。

③ 法学教材编辑部编：《西方法律思想史资料选编》，北京大学出版社 1989 年版，第 526 页。

特纳说，历史研究的任务就是揭示边疆与美国发展关系的"重要意义"，从而弘扬美国边疆拓殖的传统民族精神。"我对于近代史进行简略的探索，是为了两个目的：第一，因为强调自从边疆消失以来，美国发展的重要意义，似乎是有必要的。第二，因为观察目前的状况，对我们研究过去历史或许是有帮助的。"特纳之所以这样说，是因为其晚年的时代，美国西部边疆的拓殖已经完成，欧洲的大战也已结束。特纳担心传统民族的个人主义、民主主义与开拓精神，将会随之而消失。特纳希望由西部拓殖所养成的民族传统能够继续发扬光大。特纳之所以有这样的认识，是基于对历史学基本任务的把握。在特纳看来，历史学研究的基本任务，一方面，是在于记存历史事件。"历史学家应该努力把各个不同的边疆记录下来，详细地互相加以比较，这样一来，不仅对美国的发展和特点可以得到一种更加适当的概念，而且还会对社会史作出非常宝贵的补充。"另一方面，是在于揭示历史发展的规律性。特纳不同意兰克史学所主张"历史只是努力确切地叙述事情的本来面目和谈论事实"的观点，因为历史"处在变化不定的潮流之中"，不仅"当时错综复杂的相互起作用的各种影响"，而且"同当代植根更深的各种运动有着各种联系"，历史学家的职责，就是判断历史运动中的各种联系"事实的真实情况"。①

历史学研究民族传统，揭示民族精神，按其学科属性而言，当属于社会史学或文化史学的性质。因为无论国家学说所研究的国家、传统、习俗，或者法律学说所研究的法律、传统、语言，或者边疆学说所研究的垦荒、生产生活、交通运输、道德法律，都属于社会史与文化史所研究的基本范畴。当然，国家也好，法律也好，民主也好，其实质当属于

---

① 杨生茂编：《美国历史学家特纳及其学派》，商务印书馆1984年版，第96、13、103页。

政治学所研究的范畴。但是因国家学说所研究的国家，法律学说所研究的法律，边疆学说所研究的民主，都是从制度，从民族传统，从西部开拓等视野进行，已经超越了之前政治史学的视域，而与社会史、文化史的注重民族特质、社会习俗与社会制度等事项相同，可以说，将其归属于社会史学、文化史学，或者说是民族社会史学、民族文化史学，是恰如其分的。

那么，历史学的研究有哪些功用呢？

柏克说："历史是一部打开了来教诲我们的大书，可以从人类过去的错误和苦痛中汲取未来智慧的材料。"① 在柏克看来，历史学的功用体现在两个方面：一方面是号召人们遵从传统。"永远也不要完全地、突然地脱离我们的古代传统。我们发现这些古老的体制，从总体上来说，是有利于道德和纪律的；而且我们认为它们可以加以修正，而同时不改变其基础。我们认为它们是可以接受和改善的，并且首先是可以保存科学和文学的各种遗产。"② 由此，传统不仅是社会秩序的基础，是可以改良的，而且也是历史发展的动力。另一方面是建议人们审慎改革。柏克强调国家的传统性，但是并没有拒绝改革。"我并不排斥改革，但即使改革，其目的也是为了对传统有所保存。"③ "当我们进行一切变革时，我们绝不全然守旧，也不全然图新——要有足够的旧东西以保存先人的遗产和政策，保存议会的法律和惯例，不至传统的链条因之断裂；同时，要从人民大众中吸取清新空气，要有足够的新东西来激发我们的活

① ［英］柏克：《法国革命论》，何兆武、许振洲、彭刚译，商务印书馆1998年版，第184页。

② ［英］柏克：《法国革命论》，何兆武、许振洲、彭刚译，商务印书馆1998年版，第133页。

③ ［英］柏克：《自由与传统——柏克政治论文选》，蒋庆、王瑞昌、王天成译，商务印书馆2001年版，第111页。

力，使我们的品性能真正地呈现出来。"①可见，柏克主张在保存传统基础上来改革。"政治上的审慎是一种小心提防、周全稳重，是一种道德，而不是一种性情上的胆怯畏缩。"②"审慎，在所有事物中都堪称美德，在政治领域中则是首要的美德。"③"政治的审慎是我们的祖先在采取果敢行动时起决定作用的主导原则……如果我们希望保留祖先的财富或继承祖先的遗产的话，就让我们效法他们的审慎吧。"④柏克认为，政治改革需要加倍的小心谨慎，而且这也是历史的经验。

历史的法律学派认为，历史学是认识民族传统、培养民族精神的基本方式。德国卡尔·F. 艾希霍恩（K. F. Eichhorm，1781—1854）说："没有关于从前发生过的一切以及使民族发展的各种方式的知识，没有关于民族过去情况的知识，任何时候都不能正确地了解民族的精神，不能了解人民对待经得起时间考验的一切东西的态度。"⑤萨维尼说："历史是一个崇高的女教师；只有通过她，才能够与民族的原始生活维持活生生的联系。如果这项联系丧失了，则民族的精神生活中最优秀的部分将被剥夺。"⑥

历史的边疆学说认为，历史学是认识现实、培育知识的基本方式。

---

① ［英］柏克：《自由与传统——柏克政治论文选》，蒋庆、王瑞吕、王天成译，商务印书馆 2001 年版，第 121 页。

② ［英］柏克：《自由与传统——柏克政治论文选》，蒋庆、王瑞吕、王天成译，商务印书馆 2001 年版，第 111 页。

③ ［英］柏克：《自由与传统——柏克政治论文选》，蒋庆、王瑞吕、王天成译，商务印书馆 2001 年版，第 304 页。

④ ［英］柏克：《自由与传统——柏克政治论文选》，蒋庆、王瑞吕、王天成译，商务印书馆 2001 年版，第 304 页。

⑤ 张广智、张广勇：《史学：文化中的文化——西方史学文化的历程》，上海社会科学院出版社 2013 年版，第 185 页。

⑥ ［英］乔治·皮博迪·古奇：《十九世纪历史学与历史学家》，耿淡如译，商务印书馆 1989 年版，第 139 页。

"今天我们看到的社会现象是昨天的经济、文化、思想等的升华，要理解美国这个国家，必须研究各州的过去。"[1] 又说："历史学是无论作为一门锻炼思想、还是作为扩大我们对现在的伟大之处的认识的学科，历史研究都有其实用性。"[2] 特纳曾在教学中特别指出："所有的社会学科都包含在历史学科里，并且与自然学科密不可分，所以历史教学的真谛就是启发学生在广泛涉猎社会科学与自然科学相关知识的前提下，研究历史的方方面面。"[3]

四、民族传统个性的认识与解释

在民族传统史学看来，民族传统作为历史的本质，既是历史学研究的对象，也是历史认识的基点。当然，民族与民族传统的概念，是由维科率先提出的，其后康德也予以了深入的论述与运用。而实际上，历史的国家学说、历史的法律学说与历史的边疆学说所谓的民族与民族传统，与维科和康德是有所不同的。维科、康德是基于历史是人类的活动，从而反对宗教史学而提出的，其含义是指人类本身的人文现象，其意旨为单个民族的共有想象，即历史的共性，所以有"民族共同性"（维科）与"世界公民"（康德）的概念。而柏克、萨维尼的民族与民族传统，是基于拿破仑的侵入和占领、从而抵制法国革命的影响而提出的，其原

---

[1]　Thomas P. Martin, "Turner's Autobiographical Letters", *Wisconsin Magazine of History*, Vol. 23, No.1, 1922, p. 97. 转引自丁爱华：《论特纳"新史学"》，淮北师范大学硕士学位论文，2011年，第36页。

[2]　特纳：《历史的意义》，《世界史研究动态》1986年第12期。

[3]　Wilbur R. Jacobs, "Frederick Jackson Turner: Master Teacher", *The Pacific Historical Review*, Vol.23, No.1, 1954, p. 52. 转引自丁爱华：《论特纳"新史学"》，淮北师范大学硕士学位论文，2011年，第36页。

本是指英国和德国。汤普森说："在总结19世纪学术生活的时间到来时，人们可能觉得它的主要特征是历史研究。前一个世纪的怀疑主义使批判方法成为可能，从而为历史研究铺平了道路；研究历史的兴趣是新近才出现的，是由法国大革命和拿破仑以各种方式在欧洲培养起来的民族生活的成长造成的。"①古奇也说："浪漫主义运动引起了对早期德意志文学与传说的兴趣，而对德意志历史的系统研究则是由于拿破仑战争火焰的严峻考验而带来的结果。"②特纳的民族与民族传统，则是基于边疆拓殖中所形成的混合民族性、从而抵制美国的日耳曼或苏格兰"生源论"的。三者的意旨皆为各个民族的独有现象，即历史的个性，所以注重民族习俗、民族宗教与民族精神等文化属性的研究。对此，以康德与赫尔德师生为例，韩震先生论析说，康德着眼于整个人类，重视全人类的价值，而赫尔德则只看到各个民族，重视单个民族的价值；康德主张历史发展的进步与向善，是"超自然的"，"外在于事物的"，即理性主义的，而赫尔德主张历史的发展与向善，是依靠人后天的"学习和受教育"，即遵循传统的，"受时间限制的"，"任何一种人性的完善都是民族性的"。③可见，将民族与民族传统作为历史认识的基点，既构成了文化史学的核心元素，也表明文化史学承继了之前的理性史学与非理性史学的内核，并给予深化与细化。很可能由此，赫尔德被赛亚·伯林誉为"民族主义、历史主义和民族精神之父"。④

---

①　[美] J. W. 汤普森：《历史著作史》下卷，孙秉莹、谢德风译，商务印书馆1992年版，第210页。

②　[英] 乔治·皮博迪·古奇：《十九世纪历史学与历史学家》，耿淡如译，商务印书馆1989年版，第159页。

③　韩震：《西方历史哲学导论》，山东大学出版社1992年版，第171页。

④　Berlin, *Vico and Herder*, Vintage books, 1976, p. 145. 转引自谢鸿飞：《萨维尼的历史主义与反历史主义》，许章润主编：《清华法学》第3辑《萨维尼与历史法学派研究专号》，清华大学出版社2003年版，第77页。

民族传统史学将国家、法律与边疆看作是历史认识的范畴。

将国家作为历史认识的范畴是历史的国家学说所主张的。在柏克看来，国家是民族传统的聚集，体现着"独特的环境、时机、脾气、性情，以及只有在长时间内才能显露出来的道德习惯、政治习惯和社会习惯"①，即整个人类的聪明和智慧，所以历史研究应该以国家为单位。虽然国家是由个人所构成，但是"个人的理性储存"太过微少，"如果他们能够利用各个民族和各个时代的总的库存和资产的话，他们就会做得更好"。②这里所谓的"各个民族和各个时代的总的库存和资产"就是指国家政权或者国家制度。也就是说，只有将国家作为单位，才能理解历史的真谛。"个人是愚蠢的，一群人不假思索而率然行事也是愚蠢的；但整个人类是聪明的，而且若有时间进行思考，人类的行动总是正确无误的。"③柏克认为，在历史进程中，个人的理性不可能促进其进步与向善，只有经过长时期经验积累的国家的理性，才能真正推进其发展。所以，历史研究应该以研究国家为己任。

将法律作为历史认识的范畴是历史的法律学说所主张的。德国古斯塔夫·胡果（Gustav Hugo，1764—1844）指出："研究历史不是要去阐明原则，而是为了要发现原则：自然法则必然让位给历史法则，有关法律的一切理解都应当以历史的观念为基础。"④历史研究需要凭借法律作为契机才能揭示其规律；反过来说，法律的研究需要采纳历史学的方式才能揭示其价值。艾希霍恩（1781—1854）指出："法并不像十八世纪

① ［英］柏克：《自由与传统——柏克政治论文选》，蒋庆、王瑞昌、王天成译，商务印书馆 2001 年版，第 41 页。

② ［英］柏克：《法国革命论》，何兆武、许振洲、彭刚译，商务印书馆 1998 年版，第 116 页。

③ ［加］C.B. 麦克弗森：《柏克》，江原译，中国社会科学出版社 1989 年版，第 73 页。

④ 何勤华主编：《西方法学流派撮要》，中国政法大学出版社 2003 年版，第 30—31 页。

启蒙学者所想象的那样是全人类的，而应该完全是独自的，因为法反映它所赖以存在和发展的单独的某个民族。"①可见，艾希霍恩是将法律看作是揭示民族精神的主要元素。

将边疆作为历史认识的范畴是历史的边疆学说所主张的。美国特纳指出："随着人们离开原住各州，向西部去开垦国家公地时，随着他们的组织即将成为合众国的领地时，他们就丢掉了许多沿海老州明显表现出来的州的特殊性。这个地区是以彻底的民族化和民主化作为特征的。"又说："十年十年地过去了，西部越来越向西扩展了，美国社会的再生一直继续下去，在它后边留下了痕迹，并对东部发生影响。我们的政治制度史即我们的民主制度史既不是仿效别人的，也不是简单借用的。它是各个器官在反映环境变化时发生演变和适应的历史，即一种新的政治物种的起源的历史。从这个意义上来说，西部在我们的生活当中一直是一个具有重大意义的建设性力量。"②由此，认识西部边疆的拓殖史，其实就是把握美国民族传统的发展史。

民族传统史学在研究方法上是历史主义的，亦即追本溯源的。

柏克说："创新的精神一般都是一种自私的气质和局限的眼光的结果。凡是从不向后回顾自己祖先的人，也不会向前瞻望子孙后代。"③在这里，柏克显然是在批评非理性史学因注重历史的创造创新只是强调历史的个性，从而忽略了历史发展的连续性与延续性，所以提倡历史学的研究要追本溯源。

如前所述，萨维尼将法律的发展划分为三个阶段：习惯法、学术法

---

①　[俄] 叶·阿·科斯敏斯基：《中世纪史学史》，郭守田等译，商务印书馆 2017 年版，第 477 页。

②　杨生茂编：《美国历史学家特纳及其学派》，商务印书馆 1984 年版，第 56、57 页。

③　[英] 柏克：《法国革命论》，何兆武、许振洲、彭刚译，商务印书馆 1998 年版，第 44 页。

和法典法。习惯法源自于民族传统生活，最能体现民族精神。由此，萨维尼要求法律的制定与研究，"必须首先回顾本民族的历史，从而发现最能再现本民族之习惯"，"因为发现的过程是一个对历史的寻求"，可以说这就是追本溯源。对此，有学者予以了矛盾的解释。一方面批评其有"两个不良后果"："方法上具有强烈的保守性，因为立法者不能发挥自己的能动性"；"法源确立的欠合理性"，"限制了本民族对外国法的学习与借鉴"。另一方面又称赞萨维尼的历史法学观点，"附有时代的政治使命要求，即其实质意义在于从民族精神过渡到国家精神，致力于统一而强大的德意志民族国家的建立"。① 由此可见，历史学的追本溯源研究法，有着非常重要的学术研究意义和实用价值。

特纳说："通常的道理：每个时代都要重新研究它的历史，而且是带着那个时代精神所决定的兴趣去研究的。每个时代都有必要用新情况所提供的观点，去重新考虑至少某一阶段的历史。这些情况所显示出来的各种力量的影响和意义，是不曾被上一代史学家充分了解的。"要了解现时代，必须考察其过去；当然，考察过去，是以现时代的眼光来进行的。这是过去时代的史学家所不曾具有的眼光和视野。"从现在各种发展的有利地位去观察，多么新的光亮洒落在过去的事件！"又说："历史学家就必须在一定范围内熟悉他自己所从事的工作，必须具备其他有关学科的训练，至少可以利用那些学科的成果，并在某种程度上掌握本专业的主要工具。同时其他学科的学生同样也必须使他们自己和他们的学生熟悉历史学家的工作和方法，并且在这种困难任务中进行合作。"② 这就是说，历史学研究方法的追本溯源，首先要求历史学家熟悉本专业的

① 黎四奇：《对萨维尼"民族精神"的解读与评价》，《德国研究》2006年第2期。
② 杨生茂编：《美国历史学家特纳及其学派》，商务印书馆1984年版，第96、97、104页。

知识，同时还要熟悉相关专业如经济学、政治学、社会学、地理学、文学艺术和宗教学等方面的知识；当然，其他学科的研究，也需要掌握追本溯源的历史主义方法。

综上所述，民族传统史学秉承着浪漫主义的意绪，凭借着德国法的历史学派、英国国家学说的历史学派与美国边疆的历史学派而得以发展起来。由此，民族传统史学有着双重的性质。一方面，因强调民族个性，与理性史学重视共性相较，形成了自己的特征，因而跻身于非理性史学行列；另一方面，因强调民族传统，重视文化的延续性与连续性，又与理性史学重视共性相一致，与非理性史学又有所不同。所以，民族传统史学在浪漫主义史学中有着特殊的地位与贡献。可以说，民族传统史学是历史主义在学术实践中的运用，也是历史学为社会政治建设与民族精神重塑所必由之路。

第四节 理性与非理性：吉本的史学思想

历史主义的启蒙思潮在英国也得到了深刻而全面的展现。其代表是被誉为英国的启蒙史学三杰，即大卫·休谟（David Hume，1711—1776），其专著为《人性论》《自然宗教对话录》与《英国史》；威廉·罗伯逊（William Robertson，1721—1793），其专著为《苏格兰史》《查理五世在位时期史》《美洲史》等；爱德华·吉本（Edward Gibbon，1737—1794），其专著为《罗马帝国衰亡史》。在这里，以吉本为例，详细考察英国的历史主义特质。

一、吉本的史学贡献及其研究

　　爱德华·吉本所生活的 18 世纪，正是世界发生巨大变化、英国最为辉煌的时代。其时，英国资产阶级经过长达几个世纪的海外掠夺，先后击败了西班牙、葡萄牙与荷兰，夺得了海上霸权，在世界范围内实行着殖民统治，不仅已经完成了资本的原始积累，正在向工业化快速推进；而且，又摧毁了封建特权，建立了自己的所谓民主自由新政权，资产阶级踌躇满志，以站在人类文明巅峰的高度，骄傲地审视着世界。而其殖民地美国独立战争的胜利与英法七年战争，使得身临其境的历史学家无不萌生一系列的历史问题，即：人类历史的本质是什么？各个民族、各个国家的历史命运又是如何？英国的世界霸主地位怎样才能长久不衰？可以说，这些问题既是理性史学的基本问题，也是英国民族国家的史学问题。吉本史学思想的孕育诞生，无疑就是这一系列史学问题的回答。

　　吉本出生于英国萨里郡普特尼镇，家境殷实，祖父是英国南洋公司的最大股东之一。10 岁丧母，其父任性严厉，姨妈凯瑟琳·波汀作为新教徒，给予了慈母般的呵护，培育了性格内向、善于沉思的吉本。"很早就不可压制地热爱读书。"[①]1746—1749 年，吉本先后在金斯敦小学、威斯敏斯特公学学习，先后阅读了《荷马史诗》《天方夜谭》《维吉尔全集》《世界历史》《希罗多德》《色诺芬》《塔西佗》等古典与历史著作。"在我十六岁之前，我遍读了可以读到的关于阿拉伯人和波斯人、鞑靼人和土耳其人的英文著作。"[②]1751—1753 年，吉本在牛津大学莫德林学院读

---

　　① ［英］爱德华·吉本：《吉本自传》，戴子钦译，生活·读书·新知三联书店 1989 年版，第 26 页。
　　② ［英］爱德华·吉本：《吉本自传》，戴子钦译，生活·读书·新知三联书店 1989 年版，第 35 页。

书，因其皈依罗马天主教，受到父亲的谴责。1753—1758 年，吉本在瑞士的洛桑城留学，寄寓在卡尔文教徒巴维利奥（Pavilliard）家做私淑弟子，阅读了洛克、孟德斯鸠、伏尔泰的论著。1754 年圣诞节，吉本在洛桑教堂接受了改宗圣礼，回皈新教。1758 年，吉本回国，到军队服役，参加了 1756—1763 年的英法七年战争。1770 年，吉本以中校军衔退役。1774 年与 1781 年，吉本两次被选为下院议员。1794 年，吉本以 57 岁的年龄，遗憾地仙逝。

1763 年，吉本再次游学欧洲，从而诞生了撰写《罗马帝国衰亡史》的念头。他回忆说："1764 年 10 月 15 日，在罗马，当我坐在朱庇特神堂遗址上默想的时候，天神庙里赤脚的修道士们正在歌唱晚祷曲，我心里开始萌发撰写这个城市衰落和败亡的念头。但我的原始计划只限于写罗马城的衰败，而不是写整个帝国。"[1]1776 年，第 1 卷出版。1781 年，第 2、3 卷出版。1787 年，第 6 卷杀青。至此，花费了 20 多年时间，终于基本完成其举世巨著。"我在花园中一座凉亭里，写完最后一页的最后几行。放下手中的笔，我在一条两边满植刺槐的林荫小路上来回走了几趟，从那小路上可以望见田野、湖水和群山。空气很温和，天色是澄澈的，一轮银月投影在水中，整个宇宙悄然无声。我不想掩盖当初因为恢复自由行动，以及因为也许著作成名而发生的欢愉情绪。"[2]

《罗马帝国衰亡史》记述了罗马帝国从公元初年的古罗马安东尼至欧洲文艺复兴的历史沧桑，时间跨越 1300 余年，空间则以地中海为中心，囊括欧、亚、非三大洲。全书凡 6 卷 71 章，主要分为两部分。第

---

① ［英］爱德华·吉本：《吉本自传》，戴子钦译，生活·读书·新知三联书店 1989 年版，第 135 页。

② ［英］爱德华·吉本：《吉本自传》，戴子钦译，生活·读书·新知三联书店 1989 年版，第 187 页。

一部分是前 4 卷，主要记述 98—641 年间约 500 余年的古罗马历史；第二部分是后两卷，记述 642—1453 年间 800 余年的历史。总之，全书是以后期罗马帝国和整个拜占庭帝国的历史事件为核心，涉及政治、经济、文化、宗教与民族的兴衰发展，可谓是体大思精的通史之作。

《罗马帝国衰亡史》自问世以来，得到了史学家的广泛重视。国外学者的研究，经历了三个阶段：

18 世纪的"赞扬与诘难"并存。休谟说吉本是当时"文化界的领袖"，罗伯逊说其是"最勤奋的历史学家"；诘难来自基督教，批评其相关基督教的记述，用词不雅，事实也不准确。

19 世纪的史学大师美誉。1855 年，尤金·劳伦斯（Eugene Lawrence）的《英国历史学家的经历》，将吉本与休谟、罗伯逊看作是著名的历史学家，是启蒙运动的承继者，理性史学的卓越代表。

20 世纪的"全面、多元研究"。1909 年，阿尔杰农·塞希尔（Algernon Cecil）出版了《牛津六位思想家》，说吉本成功地将"宏大的叙事与新的哲学观念结合起来"，超越了休谟单纯的哲学说教、罗伯逊的无趣叙事。1737 年，大卫·莫里斯·洛（David Morrice Low）出版《爱德华·吉本：1737—1794》，评述其一生事迹，赞扬其理性主义的精神，回应了各种对吉本的诘难。约翰·霍普金斯大学波考克的《吉本〈衰亡史〉与启蒙运动的世界观》指出，吉本的思想源泉在于启蒙运动后期法国大革命。谢尔曼·B.巴恩斯的《爱德华·吉本的"乌托邦"》认为，吉本的"乌托邦主义"的核心是建立在美德、智慧与理性上的共和制。华盛顿大学丹尼斯·M.奥利弗的《历史学家爱德华·吉本的特性》说，吉本不是诗人、科学家，而是历史学家，是以历史事实为基础来撰写历史的。①

---

① 徐良、陈孝丽：《爱德华·吉本史学研究述评》，《历史教学问题》2010 年第 6 期。

　　国内对吉本的研究，可能是受翻译传播的局限，相对来说比较滞后。1964 年，王绳祖、蒋孟引翻译的《吉本〈罗马帝国衰亡史〉选》，作为由吴于廑主编的《外国史学名著选》的一种，由商务印书馆出版发行。按照书目，选本只是翻译了原书的第 15 章，即关于基督教的部分。之后，张广智、吴于廑都有专门的论文发表。①1983 年上海人民出版社出版的郭圣铭先生的《西方史学史概要》、2000 年复旦大学出版社出版的张广智先生的《西方史学史》，都设有专章介绍吉本的《罗马帝国衰亡史》。1989 年，生活·读书·新知三联书店出版了由戴子钦翻译的《吉本自传》，使得国内学者对吉本的生平事迹有了全面了解的依据。2009 年，天津人民出版社出版发行了由叶民撰写的《〈罗马帝国衰亡史〉导读》，对吉本的生平、时代，以及书中的内容、影响等，予以了介绍。2008 年，吉林长春集团出版发行了由席代岳翻译的《罗马帝国衰亡史》，全书 6 卷 71 章。至此，国内才具有了全本的吉本历史论著。有的作者还借此获得了硕士学位。② 这样，为进一步探究吉本的史学思想或其历史主义，奠定了学术基础。

二、历史是"人类一直记得要达成更完美的状态"

　　深受启蒙思想浸染的吉本，其历史观深深打上了时代精神的烙印。

---

　　①　张广智：《爱德华·吉本》，《世界历史》1981 年第 2 期。吴于廑：《吉本的历史批判与理性主义思潮——重读〈罗马帝国衰亡史〉第十五、十六章书后》，《社会科学战线》1982年第 1 期。
　　②　吴明：《爱德华·吉本史学思想研究——以〈罗马帝国衰亡史〉为例》，东北师范大学硕士学位论文，2008 年；李镭：《爱德华·吉本的史学理论与社会思想探析——以〈罗马帝国衰亡史〉为中心》，华东师范大学硕士学位论文，2009 年；李麒麟：《爱德华·吉本史学思想浅论》，西南大学硕士学位论文，2012 年。

吉本说："也许是受了伏尔泰流行很广的新作《路易十四时代》的影响，我将这第一次试作的书定名为《西索斯特里斯时代》，但我的目的只在研究这位亚洲的征服者在世和掌权的大概年代。"①

在回忆古老的不列颠被罗马帝国所征服时，吉本说，在罗马一方是源自于皇帝的支持："这场长达四十年的战争，是由最愚蠢无知的皇帝开启战端，最荒淫无道的皇帝继续支持，到最怯懦胆小的皇帝手中宣告终止。"按，这里的三个皇帝分别是指克劳狄、尼禄与图密善。而在不列颠一方却是缺乏领袖："不列颠的各部族虽然英勇善战，却乏人领导，再加上生性自由不羁，欠缺团结合作的精神，因此他们拿起武器作战虽勇猛绝伦，但也经常反复多变，时而弃械向敌投降，时而各族间兵戎相见，最后的下场是各自为战，难逃被逐一征服的命运。"② 由此，罗马皇帝虽然性格各异，但是因为在征服不列颠上求得一致，所以不断用兵，最终还是征服了不列颠。其因就是不列颠方面缺乏领袖人物，虽英勇抵御，却失败了。

据此而言，历史的本质就是人类的活动，是人类中的杰出领袖带领群众所创造的。"皇帝拥有无限的人力和资财，人们很自然地认定，罗马绝大多数建筑物，以及其中最主要的部分，是由他们所建造。"③

当然，每位领袖的不同性格，就造就了历史的风貌多姿多彩。吉本说：

> 《罗马编年史》所叙述的国君，显示出人性的强烈善变和难以

---

① ［英］爱德华·吉本：《吉本自传》，戴子钦译，生活·读书·新知三联书店 1989 年版，第 49 页。

② ［英］爱德华·吉本：《罗马帝国衰亡史》第 1 卷，席代岳译，吉林出版集团股份有限公司 2014 年版，第 4 页。

③ ［英］爱德华·吉本：《罗马帝国衰亡史》第 1 卷，席代岳译，吉林出版集团股份有限公司 2014 年版，第 44 页。

捉摸……像是提比略的睚眦报复、卡利古拉的杀戮狂暴、克劳狄的
萎靡软弱、尼禄的放荡残酷、维特利乌斯的纵欲佚行和图密善的怯
懦无情，注定要祸延子孙，遗臭万年。①

创造历史的杰出人物，无论其性格怎样的差异，所形成的历史风貌
怎样地绚丽多彩，因其本质是人类的活动，所以，其动因则是人们尤其
是杰出人物的贪欲所推动的。

有一位哲学家感叹人类之间恒久的争执，承认比起满足征服的
虚荣，屡足掠夺的欲念才是产生一切冲突的主要原因。②

大多数扰乱社会内部安定的罪恶，基于人类有满足欲望的需
求；不公正的财产继承，大多数人所垂涎的物品，只为少数人所据
有。在人类的欲望当中，对于权力的热爱，是最强烈而又不容共
享，那是由于人类尊荣的极致来自天下万众的臣服。过去因内战动
乱，社会法律失去力量，取而代之者更难满足人道的要求，争夺的
激情、胜利的荣耀、成就的绝望、对过去伤害的记忆以及对未来危
险的恐惧，现在都造成了神智的激愤与怜悯之声的沉寂。每一页的
历史记录，都因这种争夺权力的动机，而沾满内战的鲜血。③

僭主菲尔穆斯（Firmus）的弟弟肆情任性，"吉尔多纵情于贪婪和
色欲不能自拔，要是他白天让有钱的富豪面无人色，到了夜晚就会使丈
夫和父母惊慌不已。许多年轻貌美的妻子和子女都被僭主拿来满足兽
欲，事后还被用来犒赏那群凶恶的蛮族和杀手"，即其"唯一值得信任

---

① ［英］爱德华·吉本：《罗马帝国衰亡史》第1卷，席代岳译，吉林出版集团股份有
限公司2014年版，第82页。

② ［英］爱德华·吉本：《罗马帝国衰亡史》第2卷，席代岳译，吉林出版集团股份有
限公司2014年版，第974页。

③ ［英］爱德华·吉本：《罗马帝国衰亡史》第1卷，席代岳译，吉林出版集团股份有
限公司2014年版，第88页。

的卫队"。①

又，狄奥多西皇帝的弄臣鲁菲努斯（Rufinus）之所以阿谀奉迎、专权弄私，其因在于其个性的贪腐：

> 在他那堕落的心灵中，贪婪的情绪主宰着一切，不惜用各种巧取豪夺的手法，尽情搜刮东部财富：鱼肉人民的税收，苞苴公行的贪渎，金额高涨的罚锾，丧尽天良的籍没。暴虐的统领并用更改和伪造遗嘱的方式，掠夺外乡人或仇敌子女合法的遗产，就像在君士坦丁堡皇宫无法无天的作为，把法庭的正义和权贵的包庇一并公开发卖。有野心的候选人要想在地方政府获得官职和薪俸，支付的代价是他的家产当中最值钱的部分，不幸的人民要把生命和财产放弃给出手大方的买主。

> 到底是什么原因会使他不惜违反人道和正义原则，去累积如此巨额的金银财宝？何况他不可能愚蠢到去尽情挥霍，也不可能不知道拥有巨额财富带来的危险。或许他怀有虚荣的念头，一心一意为独生女儿的利益打算，要把她嫁给皇家的门生子弟，成为尊贵的东部皇后。或许他用很有道理的说法来骗自己，贪婪是达成野心的工具，他渴望将财富置于坚固且独立的基础，不再依靠年轻皇帝善变无常的性格。②

贪欲促使人们创造历史。但是置身于历史洪流中的人们，却并不能随心所欲，颐指气使。吉本说，当阿拉里克（Alaric）率领哥特军队征服、攻占、劫掠罗马后，马上就制定了下一个攻占目标。"不论阿拉里

---

① ［英］爱德华·吉本：《罗马帝国衰亡史》第3卷，席代岳译，吉林出版集团股份有限公司2014年版，第1154页。

② ［英］爱德华·吉本：《罗马帝国衰亡史》第3卷，席代岳译，吉林出版集团股份有限公司2014年版，第1143页。

克的目标是名声、征战，还是财富，他用全副精力不屈不挠地追逐，不会受制于敌人的抗拒，更不会自满于既有成就。"他把罗马、西西里的征服看作是"重大远征行动的中途点而已，他内心怀着攫取阿非利加大陆的构想"。遗憾的是，当其率领远征军穿越雷吉乌姆（Messina）与墨西拿海峡（Rhegium）时，阿拉里克突然患病而逝，使得"所有的征战随之而去"。① 如果说，征战、劫掠与贪腐是人们丑恶活动的话，那么，就是积德行善的活动，也往往不得善终。吉本说，当阿拉里克率领的哥特军队攻占罗马时，身为基督徒的高贵而又虔诚的贵妇普罗巴（Proba），将其家产变卖的款项，施舍给无家可归的人们，以减轻其遭遇战乱的痛苦；然而当其带着女儿、孙女逃难到阿非利加海岸，却被无耻的赫拉克利亚安（Heraclea）伯爵以婚姻的名义，将其"卖给荒淫而又贪婪的叙利亚商人"。② 再如，"为贵族所敬畏也为人民所爱戴"的约翰二世卡洛约哈斯（John Calo-Johannes Ⅱ，1118—1143），"严以律己，宽以待人，保持贞节、俭省的习性和清淡的饮食"；他统治罗马 25 年，"创制施行仁政的法律""废止死刑"；在其治下，"清白无辜的人毋需任何畏惧，身怀一技之长的人前途充满希望，根本不需要设置检察官这种职位"。唯一的不足就是约翰喜欢征战。在一次野外狩猎中，与野猪搏斗，被箭囊里掉出的染毒箭矢所划伤，最终导致其命丧黄泉，从而"也断送了公众的幸福"。③

364 年，瓦伦提尼安（Valentinian Ⅰ）在军队的支持下做了皇帝，

---

① ［英］爱德华·吉本：《罗马帝国衰亡史》第 3 卷，席代岳译，吉林出版集团股份有限公司 2014 年版，第 1251 页。

② ［英］爱德华·吉本：《罗马帝国衰亡史》第 3 卷，席代岳译，吉林出版集团股份有限公司 2014 年版，第 1247 页。

③ ［英］爱德华·吉本：《罗马帝国衰亡史》第 5 卷，席代岳译，吉林出版集团股份有限公司 2014 年版，第 2146—2147 页。

但是军队为防止其专权，要求再选一位领袖与其共治，瓦伦提尼安为此做了保证的演讲，其中有这样一句："相形宽广的天地，人类是多么渺小，我深知自己的能力有限而生命无常，因而对各位的要求我绝不会有婉拒之心。"①按，吉本认为，历史是人类所创造的，是人们为满足自己欲望的活动；但是人类却不能随心所欲，而必须要遵守历史的规则。

那么，如何既遵守历史规则又能实现自己的欲望呢？吉本认为，这需要从主客观两方面努力。客观上，就是要充分考虑各种现象与条件；主观上，就是要展示自己的能力与才华。这用史学的话说，就是弄清楚历史发展的基本条件与历史发展主体性的关系问题。

在吉本看来，历史本质虽属于人类，但其发展的客观基本条件却是非常复杂的，包括自然、文化、经济、民众、军事与国家等因素。

自然因素是指包括地理、物产与气候等与人类活动密切相关而又独立于人类之外的因素，它决定着人们的取舍进取，决定着人们的性格。在谈到罗马被占领150多年的殖民地帕尔米拉（Palmyra）时，吉本指出这里的地理环境：帕尔米拉的叙利亚语与拉丁语"都是指温暖气候下阴凉而葱郁的枣椰林"。"这个绿洲的空气清新，有珍贵无比的流泉，灌溉的土地可生产水果和谷物。"地处波斯湾与地中海之间，"经常有骆驼队来往，把数量繁多的印度贵重商品运到欧洲各国"，"逐渐发展成为一个富裕的独立城市"。②又说："古代日耳曼的气候变得更温和，土地也更为肥沃。""日耳曼人将广大的森林弃而不用，除了狩猎以外，其余土地大部分用来放牧，只剩下很小的面积，进行毫不在意的粗放耕

---

① ［英］爱德华·吉本：《罗马帝国衰亡史》第2卷，席代岳译，吉林出版集团股份有限公司2014年版，第939页。

② ［英］爱德华·吉本：《罗马帝国衰亡史》第1卷，席代岳译，吉林出版集团股份有限公司2014年版，第305页。

作，然后再埋怨国土的欠缺和贫瘠，无法维持为数众多的居民。他们没有谋生的技艺，经常发生饥馑；只有把三分之一或四分之一的青年迁移出去，减轻民族所遭遇的灾难。"① 在吉本看来，日耳曼之所以外侵的原因是过去生产力低下，单位土地面积的粮食产量与其所承载的人口数量是有一定的比例的，早期日耳曼的外迁与外侵，是缓解人口压力的重要方式。吉本分析英国的民族性深深受到自然地理的影响。以喀里多尼亚山脉为界，其东海岸平坦肥沃，适宜粗做农耕，所以皮克特人（Picts）又被称作克鲁尼可（Cruinch），其意就是"食麦者"；皮克特人因农耕而区分了土地的所有权，过着定居生活，崇尚武力与抢劫。每当作战，皮克特人赤膊上阵，并用鲜艳的色彩涂在身上，以彰显其超自然的能力。喀里多尼亚的西部则是荒凉贫瘠的山地，耕地极少，只能依赖放牧为生；他们逐水草而居，所以苏格兰人的意思就是"漂泊者"、"流浪者"。吉本说："自然界的力量自古以来将苏格兰人和皮克特人区分得非常清楚。"② 吉本还看到了气候对历史的作用，专门列出一节，介绍"彗星、地震和瘟疫""曾经给查士丁尼时代带来惊慌和痛苦"。③

文化因素是指人类社会中自身所孳生的影响历史进程的元素，如习俗、教育与血缘等。吉本说，叙利亚的安条克（Antioch）习俗在于奢华享乐。"温暖气候使当地民众尽情享受安宁和富裕的生活，放荡不羁的希腊人和天生软弱的叙利亚人混在一起，追求时髦是仅有的生活原

① ［英］爱德华·吉本：《罗马帝国衰亡史》第 1 卷，席代岳译，吉林出版集团股份有限公司 2014 年版，第 220—221 页。

② ［英］爱德华·吉本：《罗马帝国衰亡史》第 2 卷，席代岳译，吉林出版集团股份有限公司 2014 年版，第 971 页。

③ ［英］爱德华·吉本：《罗马帝国衰亡史》第 4 卷，席代岳译，吉林出版集团股份有限公司 2014 年版，第 1842 页。

则，寻欢作乐是人生唯一目标。"这里的居民互相攀比服饰与家具的华丽，"讲求奢华挥霍"；普遍地"歧视女性的谦卑与长者的年龄"；将大量的钱财用于如剧院、赛车等公众娱乐。[①] 而日耳曼的习俗则是既懒惰又不甘平静无事，所以崇尚武力与冒险。"战争和危险是唯一的欢愉，适合他们凶残粗暴的脾气"，"毫无节制耽溺于豪赌和狂饮"，"他们为夜以继日耗在赌桌上而感到自豪，朋友和亲戚的鲜血经常流在满是醉鬼的会场"，"他们对赌债很讲信用，不顾一切的赌徒将个人财产和自由，全部押在最后一把骰子上，耐心服从命运的决定，让自己被体格虽然较弱小而幸运的赢家，用绳索捆绑加以惩罚，卖到远地为奴隶"。[②] 吉本说，罗马人已经意识到了教育的重要性。罗马人已经知道单靠匹夫之勇是不能取得胜利的，必须要进行军事培训。"在拉丁语中，'军队'此字就是借用'操练'的原意。""罗马人已完全领会到如何能增强体力、使四肢灵巧和让动作优美。他们不断教导士兵行军、跑步、跳跃、游泳、负重，及操作各种兵器，无论在攻击、防御、远战和近战中都能得心应手地运用，而且知道组成各种阵式。"[③] 塞维鲁·亚历山大（Severus Alexander，222—235）在继位之前，其顾问团已经意识到，"罗马世界的祸福安危，端视他个人素质而定"，于是加强其教育培训，如每天的礼拜英雄画像活动，以进行理想信念教育；"他用一部分时间研究所喜爱的诗歌、历史和哲学，维吉尔（Virgil）和贺拉斯（Horace）的诗、柏拉图的《理想国》和西塞罗的《论共和国》"，以丰富其文化知

---

① [英] 爱德华·吉本：《罗马帝国衰亡史》第 2 卷，席代岳译，吉林出版集团股份有限公司 2014 年版，第 886—887 页。

② [英] 爱德华·吉本：《罗马帝国衰亡史》第 1 卷，席代岳译，吉林出版集团股份有限公司 2014 年版，第 219 页。

③ [英] 爱德华·吉本：《罗马帝国衰亡史》第 1 卷，席代岳译，吉林出版集团股份有限公司 2014 年版，第 12 页。

识；从事体能活动和讲究饮食，以增强体质和培养简朴的生活习惯，等等。① 在文化因素中，吉本最讲究的是血缘承继，所以在叙述罗马王朝的更替时，常常会谈到皇亲贵胄的血缘关系。如说法兰西墨洛温王朝的诸侯，"才是克洛维血统和王座最后的合法继承人"，甚至孟德斯鸠家族从女系方面说也与克洛维（Clovis）有关系。② 难怪在《吉本自传》中，吉本不厌其烦地叙述自己家族的历史，原来是出于这样的文化观念。

经济因素是指人们赖以生存的物质材料，包括生产资料、生活资料以及象征着生产、生活的物质财富。根据唯物史观，经济因素是人类生存和发展的命脉，是历史发展的基础。如上所摘引吉本的话，促进人们创造历史动因的贪欲，其对象的核心就是财富，因为人们所有的欲望与欢愉，"只要具有财富便能获得"。吉本说：

> 金钱的价值在于用来表示人类的需要和财产，如同创造文字为了表达人类的思想，两种制度使得人性的力量和情感，能够发挥积极的作用，有助于达成所定的目标。金和银的使用大部分基于人为的因素，不像铁经过烈火的千锤百炼，经人类熟练的双手制造成形，对农业生产和各种技艺提供最大的贡献，效用之广已无法一一列举。总而言之，"金钱"是使人类勤奋工作最常用的"刺激物"，而"铁器"是使人类发挥工作效用最有力的工具。③

吉本分析罗马征服不列颠的原因在于珠宝，"盛产珍珠的诱人传闻，

---

① ［英］爱德华·吉本：《罗马帝国衰亡史》第 1 卷，席代岳译，吉林出版集团股份有限公司 2014 年版，第 151—152 页。

② ［英］爱德华·吉本：《罗马帝国衰亡史》第 5 卷，席代岳译，吉林出版集团股份有限公司 2014 年版，第 2207 页。

③ ［英］爱德华·吉本：《罗马帝国衰亡史》第 1 卷，席代岳译，吉林出版集团股份有限公司 2014 年版，第 218 页。

更引发他们的贪婪野心"。^①

410 年 8 月 24 日，阿拉里克所率领的日耳曼人和西徐亚人（Scythian）攻陷罗马，其目标就是劫掠财富：

> 贪婪却是永难满足而且普遍存在的欲望，使不同品位和习性的人都能享受欢愉的东西，只要具有财富便能轻易获得。在罗马的抢劫行为主要目标是黄金和珠宝，重量轻体积小而且价值高，等到便于携带的财富被先得手的强盗抢光以后，罗马宫殿富丽堂皇和贵重值钱的陈设也被搜刮一空。装满金银器具的大柜、塞满丝绸紫袍的衣箱，都随意堆放在大车上面，跟着哥特部队一起行军。蛮族不把最精美的艺术品当一回事，甚至恶意毁损，为了获得值钱的金属将很多雕像熔化，为了分配赃物用战斧将贵重的器具劈成碎片。获得财富使利欲熏心的蛮族更加贪得无厌，进一步用恐吓、殴打甚至酷刑逼供，迫使被掳人员说出藏匿财物的地点。穿着的豪华和贵重的饰物被视为富有的必然证据，外表穷酸归之于节俭的个性更有余财。有些非常顽固的求财奴通常在遭受最残酷的拷打后，才供出秘密藏放的心爱物品。许多冤屈的可怜虫实在无法拿出对方想象中应有的财宝，结果只有惨死在皮鞭之下。^②

中世纪西方十字军多次东征的目的就是渴求东方的财富，吉本有这样的描述：

> 我同样抱着一种信念，就是对他们重加很多人来说，宗教狂热并不是他们采取军事行动的唯一因素，甚至有些人还不认为是主要

---

① ［英］爱德华·吉本：《罗马帝国衰亡史》第 1 卷，席代岳译，吉林出版集团股份有限公司 2014 年版，第 4 页。

② ［英］爱德华·吉本：《罗马帝国衰亡史》第 3 卷，席代岳译，吉林出版集团股份有限公司 2014 年版，第 1245 页。

因素。

　　基督教世界处于落伍的粗野状况，无论是天候和耕种都无法与伊斯兰国家相比。朝圣者叙述的故事和缺乏通商条件所带回的礼物，都在夸大东方国家天然和人为的财富。一般的庶民无论大人还是小孩，接受的教导是要相信不可思议的事物，像是流着奶和蜜的土地、矿产和宝藏、黄金和钻石、大理石和碧玉建造的宫殿，以及乳香和没药的芬芳树丛。在这个人间乐园里面，每名战士凭着刀剑创造富裕和光荣的前途，天马行空的意愿能够自由驰骋。

　　风味浓郁的葡萄美酒、艳丽动人的希腊美女，产生的诱惑力使十字军的战士难以抗拒，比起他们的职业更能满足天性的要求。①

由此，吉本认为，十字军东征的动机在于财富的攫取。

人民群众是有别于英雄豪杰之外的、也是实现其基本欲望基础的历史发展主体。按照唯物史观的意见，人民群众才是历史发展的主体，历史是由人民群众所创造的。吉本在古罗马历史研究中，很自然地也看到了人民群众的社会历史价值。吉本说，亚历山大的一些亲民措施，使其部下的官员意识到了执政为民理念。"官吏从经验得知，赢得人民爱戴，是获得皇帝重用唯一也是最佳方法。"② 尤里安（Julian）在治理高卢时，就是秉持执政为民的理念。"深切关怀臣民的安宁与幸福是尤里安用人行政的指导原则。"他坚持司法公平，针对律师德尔菲迪乌斯（Delphidius）"如果只凭被告否认就能翻案，那还能定谁的罪"的质问，说："如

---

　　① ［英］爱德华·吉本：《罗马帝国衰亡史》第6卷，席代岳译，吉林出版集团股份有限公司2014年版，第2675—2676页。
　　② ［英］爱德华·吉本：《罗马帝国衰亡史》第1卷，席代岳译，吉林出版集团股份有限公司2014年版，第152—153页。

果只凭别人认定有罪就能判决,那还有谁能清白无辜?""在处理有关和平与战争这些重大问题时,君主的要求与人民的利益完全一致。"① 民众的支持是皇帝得以执政的支柱。"群众通常在一念之间作出决定,瞬息万变的情绪可以让暴乱的军团在皇帝的面前将武器放下,或刺进皇帝的胸膛。""可以知道面对混乱的情势,赢得军队服从的原因,就是皇帝大无畏的精神。"② 也就是说,能否赢得群众的支持,主要取决于皇帝的决策和智慧。"历史毫不在意他的身世、推举、为人甚或死亡,等到他的生命对赞助人产生不便或带来威胁,塞维鲁就难逃灭亡的下场。"③ 吉本认为,群众的历史作用是有一定弹性的。一方面,群众会一定程度接受皇帝的暴政。"一个奴隶国家的主子只要不把暴虐偏执的行为施展到极限,即使经常滥用绝对权力,也会随时准备接受仁慈的欢呼。"④ 另一方面,群众所支持的皇帝不一定是符合历史规律的。"人民的选择对统治者是最美好也是最纯洁的头衔,然而这就任何时代而言都是一种偏见。""人民被玛兹达克(Mazdak)的宗教狂热所迷惑和煽动,他的主张是共有妻室和人人平等,将侵占所得的良田与美女分享给追随的徒众。"⑤

军队是借助暴力维持秩序实现欲望的国家工具。在吉本看来,古罗

---

① 〔英〕爱德华·吉本:《罗马帝国衰亡史》第2卷,席代岳译,吉林出版集团股份有限公司2014年版,第705页。

② 〔英〕爱德华·吉本:《罗马帝国衰亡史》第1卷,席代岳译,吉林出版集团股份有限公司2014年版,第156页。

③ 〔英〕爱德华·吉本:《罗马帝国衰亡史》第3卷,席代岳译,吉林出版集团股份有限公司2014年版,第1424页。

④ 〔英〕爱德华·吉本:《罗马帝国衰亡史》第3卷,席代岳译,吉林出版集团股份有限公司2014年版,第1128页。

⑤ 〔英〕爱德华·吉本:《罗马帝国衰亡史》第4卷,席代岳译,吉林出版集团股份有限公司2014年版,第1714、1766页。

马帝国之所以能够历经千余年的盛衰，其中主要的元素就在于军队。军队在罗马帝国初期就因担负着保护"皇帝和帝国安全"的责任而享有极高的荣誉，士兵在服役期间有"定额的薪饷和经常的奖赏"，退役后还有"补偿"。当然，也有"严厉惩罚"。"罗马军队铁的纪律原则，就是优秀的战士必须畏惧自己的长官远甚于所面对的敌人"；按照要求，罗马军队还要进行"战斗技术和用兵法则"的培育。① 罗马军队有严格的体制和编组，在吉本的心中，这可能是其能够建立庞大帝国的主要原因。312 年，马克森提乌斯率领"十七万名步兵和一万八千名骑兵"，抵抗来自东罗马君士坦丁的 9.8 万步兵和骑兵。其时，罗马军队已经是名存实亡。"罗马的军队不敢面对战争的危险，配置在安全距离之外，他们过着毫无训练的太平生活，整体战斗力变得衰弱不堪。他们早已习惯在罗马剧院和浴场里混日子，根本不愿到战场去打仗。老兵都已忘记武器的使用方法，也不熟悉战争的各项工作；至于新征的兵员，更是一窍不通。"② 160 年后，罗马帝国的核心区域意大利，已经没有了自己的军队，而是由蛮族所组成的雇佣军。"意大利的统治完全操纵在雇佣兵的手里，种种翻云覆雨的变化全视他们的选择，如果君王不愿当听话的奴隶，就要成为立即的牺牲者。""胜利的军队建立独立自主和永远传承的王国。"③

　　国家是法律、军队等暴力机构的社会组织，是英雄豪杰展现自我、推进历史发展的重要元素。吉本认为，国家因素有两种形式，一种是

---

　　①　［英］爱德华·吉本：《罗马帝国衰亡史》第 1 卷，席代岳译，吉林出版集团股份有限公司 2014 年版，第 11—12 页。

　　②　［英］爱德华·吉本：《罗马帝国衰亡史》第 1 卷，席代岳译，吉林出版集团股份有限公司 2014 年版，第 410 页。

　　③　［英］爱德华·吉本：《罗马帝国衰亡史》第 3 卷，席代岳译，吉林出版集团股份有限公司 2014 年版，第 319 页。

议院制的共和制，"个人出众的功勋和所发挥的影响力，在共和国能引起众人的注目"；一种是君主专制的帝制，"下级服从上级的严格等级制度"，即"神圣的位阶制度（hierarchy）"。两种制度的特征是将社会成员划分为贵族与平民，而贵族拥有着"财富、荣誉、国家机关职位和各种宗教仪式"等创造历史的条件，"运用令人难堪的手段保护纯洁的血统"，并将军队置于奴仆的地位。这样，制约了"追求自由权利的民族在精神上"的发展。因此，历史的责任与使命在于，平民要依靠自己的才能，"积累大量财富，追求名声荣誉，获得战争胜利，结交有利联盟"，从而步入贵族行列。① 这样，国家因素成为各种杰出人士砥砺奋进或藏污纳垢的乐园。如宦官的卖官鬻爵，历史学家记述其心理情绪："宦官期望能用社会不良风气作借口掩饰自己的丑行，由于他已经出卖自己的人格，就想把其他所有人的操守全部断送。"② 为限制君王的专权，即"基于私心而授予权力"，树立"人民尊敬"的权威，251 年 10月 27 日，在德西乌斯（Decius）的倡议下，经元老院的一致同意，瓦列里安（Valerian）就职监察官，恢复监察官制度。吉本认为，监察官制度的落实，必须依靠民众，"尊重公众的意见，革除堕落的习俗"，否则，是起不到任何作用的。③

在吉本看来，人类历史的创造发展，其主观的条件，在于个人的智慧与谋略。

其一，经济上的施舍与诱惑。物质资料是人类社会生存的基本依

---

① ［英］爱德华·吉本：《罗马帝国衰亡史》第 2 卷，席代岳译，吉林出版集团股份有限公司 2014 年版，第 581—597 页。

② ［英］爱德华·吉本：《罗马帝国衰亡史》第 1 卷，席代岳译，吉林出版集团股份有限公司 2014 年版，第 1281 页。

③ ［英］爱德华·吉本：《罗马帝国衰亡史》第 1 卷，席代岳译，吉林出版集团股份有限公司 2014 年版，第 247、248 页。

据，也是历史发展的基本条件。由此，人们充分运用钱财来创造历史，除了国家中的财政收支之外，主要还有三个途径。第一，凝聚民心，稳定社会生活秩序。"罗马的贫民靠着政府经常不断分发酒、油、粮食、面包、铜钱或实物，几乎不用劳动谋生。"①"罗马行省的农业已逐渐凋敝，在君主专制的发展过程中，国家的宗旨趋向悖离'以农立国'的原则，使臣民失去支付现款的能力，皇帝只能靠着清除债务和减免贡金来赢取民心。"②第二，激励士气，从而开疆扩土。法兰克国王狄奥多里克（Theodoric）号召人们去征战："跟随我去攻打奥弗涅！我会领导你们前往富裕的行省，可以获得黄金、白银、奴隶、牲口和华贵的服饰，能够满足大家的愿望。我再次向各位提出承诺，保证会把这里的人民和他们的钱财当成大家的猎物，让你们心满意足带回自己的家园。"③第三，笼络官员，籍没异己官吏。324 年，罗马帝国迁都君士坦丁堡，皇帝为自己选择好住处后，专门邀请罗马与东部行省的许多官员来此定居，将新城修建的宫殿赠给亲信，"发给土地所有权和固定津贴，维持高贵而体面的生活。还把本都（Pontus）和亚细亚的领地，划给都城的永久住户作为世袭产业"④。

其二，信仰上的重塑与构建。人类之所以不同于动物的原因就在于人类有自己的精神信念，正是这种精神信念传递着历代的生活技能、激情与信仰，从而使得人类历史得以逐渐、缓慢地进步，由此，杰出人

---

① ［英］爱德华·吉本：《罗马帝国衰亡史》第 2 卷，席代岳译，吉林出版集团股份有限公司 2014 年版，第 584 页。

② ［英］爱德华·吉本：《罗马帝国衰亡史》第 2 卷，席代岳译，吉林出版集团股份有限公司 2014 年版，第 618 页。

③ ［英］爱德华·吉本：《罗马帝国衰亡史》第 3 卷，席代岳译，吉林出版集团股份有限公司 2014 年版，第 1532 页。

④ ［英］爱德华·吉本：《罗马帝国衰亡史》第 2 卷，席代岳译，吉林出版集团股份有限公司 2014 年版，第 583 页。

物之所以能够在芸芸众生中脱颖而出、创造历史，正在于有坚定的理想信念，并以此来凝聚民心，赢得民众的顶赞。4世纪初期，信奉基督的人在帝国总人口中所占的比例还是很少的。"君士坦丁最崇拜希腊和罗马神话中的太阳神阿波罗，还特别喜欢人们把他比作光明和诗歌之神。""阿波罗的神坛上总是堆满君士坦丁热心奉献的贡品。他尽量让不深信的平民相信，皇帝得到神明的特许，可以用肉眼直接看到保护神的威仪。"但是，君士坦丁在军事上的胜利，使得基督徒认为，"英雄的一切活动全都受到万王之王耶和华的感召和引导"；而各级官兵的英勇奋战，则被其敌人看作是其与基督教会的结盟。实际上，基督徒对于世俗社会漠不关心，而其内部却有着团结与凝聚精神，"可能是从良心的原则出发，必要时可以不惜牺牲身家性命"。君士坦丁的父亲正是看到了这一点，一再"教导儿子要重视并奖励有才能的基督徒，在分配公共职务的时候，可以从教徒中选择能够完全信赖的大臣和将领，他们对君士坦丁的效力可以说毫无保留，相对而言就可以加强政府的力量。受到有声望传教士的影响，宫廷和军队接受新教信仰的人数必然会迅速增加"，"大多数士兵都发誓用手中的武器，效忠耶稣基督和君士坦丁的事业"。这就是罗马皇帝改变原始信仰、崇信基督，从而颁布《米兰敕令》的历史背景。①

其三，情报的搜集与暴政。如果说，物质财富的诱惑与精神信仰的重塑，是政治领袖创造的明面方式，那么，情报的搜集与暴政的实施，则是其政治领袖创造历史的暗面方式。色雷斯人马克西明（Maximinus the Thrax）执政时期（235—237），"意大利和整个帝国到处都是密探和告发者，就算是最轻微的控诉，那些治理过行省、指挥过军队、获得过

---

① ［英］爱德华·吉本：《罗马帝国衰亡史》第2卷，席代岳译，吉林出版集团股份有限公司2014年版，第712、717—718页。

代行执政官和凯旋式殊荣，身为最高阶层的罗马贵族，都会被绑在马车上面，递解到皇帝面前。没收财产、放逐异地或者立即赐死，都算是仁慈宽大的处置"。[①] 特雷波尼努斯·加卢斯（Trebonianus Gallus）执政时期（251—253），"安条克的私人住宅和公共场所，到处充满着密探和告发者，就是凯撒自己也会穿上平民服装隐藏身份，带着可憎的性格去刺探消息。宫殿的每处地方都陈列着杀人的凶器和刑具"，"选择臣民作为泄愤的对象，用无中生有的叛逆来指控臣民，就是连自己的廷臣也不信任"。[②] 罗马皇帝的暴政，是吉本最不满意的。他批评说："蔑视法律和正义的原则，靠宣誓效忠的刀剑来支持"；"他们掌握残酷的权力，给人留下恐惧和厌恶的深刻印象"。并且分析说，本来人民对于"特权阶级的受苦受难不仅无动于衷，甚至还会幸灾乐祸"。[③] 但是，又针对民众，"等于是剥夺自己唯一的支持，就是来自人民的拥戴，同时也供应'亲者痛仇者快'的把柄，皇帝有堂皇的借口使他丧失帝位和性命"[④]。

人类怀着自己的愿望，凭着历史的主客观条件，创造性地活动。那么，其愿景是什么呢？或者说，人类历史的发展目标在哪里？于此，根据吉本的史实叙述，这就是实现个人的幸福与社会的进步，当是历史发展的目标。

实现个人的幸福，是历史活动的主体——个人的目标，每个历史

---

① ［英］爱德华·吉本：《罗马帝国衰亡史》第 1 卷，席代岳译，吉林出版集团股份有限公司 2014 年版，第 171—172 页。

② ［英］爱德华·吉本：《罗马帝国衰亡史》第 2 卷，席代岳译，吉林出版集团股份有限公司 2014 年版，第 670 页。

③ ［英］爱德华·吉本：《罗马帝国衰亡史》第 1 卷，席代岳译，吉林出版集团股份有限公司 2014 年版，第 172 页。

④ ［英］爱德华·吉本：《罗马帝国衰亡史》第 1 卷，席代岳译，吉林出版集团股份有限公司 2014 年版，第 84 页。

中的人都在为此而努力；这也是历史创造者——历代皇帝的执政理念。即使做不到，也应该为之奋斗。但是放眼历史长河，个人的幸福，总是短暂的，甚至是难以企及的。吉本说："人之能臻于伟大境界，务必心存积极进取的精神，运用天赋能力克服艰难险阻；即使是获得帝王的宝座，也不一定能够知足于目前的成就。"[1] 这就是说，作为人类活动的历史本质，其愿景就是利用各种条件以追求自己的幸福。但是，在实践中，既使是贵为皇帝，也不一定能达到自己的愿望，甚至恰恰相反。

如那些被皇帝蛊惑到殖民地的民众，其实也没有好的结果。"土生土长的意大利人远赴异地，可能是受到利益的引诱，也可能是为了欢乐的生活，他们都迫不及待要享受胜利的成果。"这些都是从事农业、商业和承包税收的人，在 40 年之后，却因一道命令被屠杀了 8 万人。[2] 即使是皇帝又能怎样呢？"历代罗马皇帝不论有无建树，命运都是同样悲惨，在世之时有的纵情逸乐或是高风亮节，有的严肃苛刻或是温和忠厚，有的怠惰渎职或是百战荣归，最后的下场都是不得善终。"[3]

在罗马帝国历史上，能够既保全民众又得以善终的皇帝，只有尤里安。尤里安治下的高卢，制止了蛮族的侵扰，实现了社会的安宁、和谐与繁荣。吉本叙述说：

> 因为尤里安发挥有利的影响力，现在重新恢复生机。获得美好生活的希望日增，逐渐产生勤劳的精神。农业、制造业和商业受到

---

① ［英］爱德华·吉本：《罗马帝国衰亡史》第 1 卷，席代岳译，吉林出版集团股份有限公司 2014 年版，第 105 页。

② ［英］爱德华·吉本：《罗马帝国衰亡史》第 1 卷，席代岳译，吉林出版集团股份有限公司 2014 年版，第 36—37 页。

③ ［英］爱德华·吉本：《罗马帝国衰亡史》第 1 卷，席代岳译，吉林出版集团股份有限公司 2014 年版，第 316 页。

法律保护而再度兴旺；工匠组织的同业公会，挤满有能力及受到尊敬的成员；年轻人不再反对结婚，成家的人也愿意生孩子；公众和私人的庆祝活动按照传统习俗办理；各行省的交通状况很安全，显示国家一片繁荣的景象。像尤里安拥有理想和抱负的人，一定会感受到他给民众带来的欢乐情绪，必然会对巴黎格外感到满意和亲切，因为这是他冬天的居所和特别偏爱的地方。①

尤里安的临终遗言，踌躇满志，可以说是印证吉本之前的说法：

> 我带着欢愉的心情走完人生道路。哲学使我得知灵魂超越肉体，能够脱离高贵的皮囊，并非痛苦而是快乐。宗教让我领会早死是信仰虔诚的报酬，迄今为止我靠着德行和坚忍支持，是神明赐我恩惠，现在接受致命一击，而后使我不再玷辱名誉的危险。由于我生前没有触犯罪刑，死时也毫无遗憾。我很高兴自己的私生活能清白无邪，也很有信心肯定最高神明对我的赐福，在我手中保持纯洁和干净。憎恶专制政体的腐化败坏和草菅人命，我认为政府的目的是使人民得到幸福；我的行动都能遵从审慎、公正和稳健的规范，把一切事物都委之于天命。我的建议是要以和平为目标，长久以来和平与全民的利益息息相关，当国家在紧急关头召唤我拿起武器，我就会献身危险的战争，同时有明确的预兆（我从占卜中已经得知此种结局），命定要在剑下亡身。现在我用崇敬的言行向不朽的神明献上感恩的心，没有让我在暴君的残酷、阴谋的暗算或慢性的病痛中丧失生命，他让我在荣誉的事业和灿烂的生涯中告别世界。说来可笑我还想拖延死亡的打击，还有很多想要说的话，但是我的精

---

① ［英］爱德华·吉本：《罗马帝国衰亡史》第 2 卷，席代岳译，吉林出版集团股份有限公司 2014 年版，第 707 页。

力不济，感到死亡即将临头。①

由此，吉本认为，尤里安成功的经验，主要在于理想、知识、信念、品德与技艺。概而言之，"人类一直记得要达成更完美的状态，争强好胜之心因而受到鼓舞。科学的火焰在暗中维持生动的活力，日趋成熟的西方世界获得温暖和光明"。②

读史察己，吉本认为自己的人生历史，也是成功的。他很自豪地说：

> 当我默想生死的共同命运时，我必须承认，在生活的抽彩比赛中，我已经抽得高额彩金了。地球上绝大部分地方布满了野蛮生活和奴隶制度。在文明世界，人数最多的阶级逃不了愚昧和穷困。我自己得以出生在一个自由、文明的国度，出生在一个体面、富有的家庭，这种双重福祉乃是千百万分之一的侥幸机会。新生儿的成长，大概说来，三人中仅有一人上得了五十岁。我现在已经过了五十了，不妨从精神、体格和财产三个方面适当地估计一下我的存在的现值。③

实现社会历史的进步，这是由人类所组成的群体的发展目标。置身历史长河，吉本发现，虽然个人的幸福难以善全，但是社会历史的进步却是历史发展的规律，是任何人都可以预见的。吉本说：

> 四千年的历史经验应该可以增加我们的希望，减少我们的恐惧。

① ［英］爱德华·吉本：《罗马帝国衰亡史》第2卷，席代岳译，吉林出版集团股份有限公司2014年版，第917—918页。
② ［英］爱德华·吉本：《罗马帝国衰亡史》第3卷，席代岳译，吉林出版集团股份有限公司2014年版，第1497页。
③ ［英］爱德华·吉本：《吉本自传》，戴子钦译，生活·读书·新知三联书店1989年版，第199页。

我们无法确知在迈向完美的过程中，究竟能够到达何等高度，然而可以正确断言，除非地球表面的自然环境有所改变，否则没有一个种族会恢复到原始的野蛮状态。社会的进步可从三个方面加以观察：其一，诗人和哲学家只靠本人的心灵发生作用，来说明他所处的时代和国家。这种超凡入圣的理解力和想象力，非常稀有而且是自发性产物。

其二，法律和政策、贸易和生产、技术和科学所带来的利益更是实际而长久。其三，最实用而且最起码的维生技术，不要高超的才能和民族的屈从，便能进行各种运作，也无须个人的特殊能力，或是众人的团结合作，这对人类而言是何等幸运。①

综上所述，在吉本的心目中，历史是人类的活动，是由英雄豪杰所引领创造的；但是，历史的创造性发展，是由客观方面的自然、文化、经济、民众、军队与国家等因素所构成的条件，以及主观方面的经济、信仰与情报等谋略应用的相互结合而实现的。历史发展的愿景是个人的幸福与社会的进步。因此，历史发展的本质是理性的，却又是非理性的；是渗透着非理性的理性，也可说是渗透着理性的非理性，是两者的有机融合。

三、"战争和政治是历史的主要课题"

吉本在罗马帝国史的叙述中，不仅渗透其如上所述的理性与非理性所融合的历史观，也展露了史学研究的对象与课题、目的与任务、性质与功用等的独到见解，从而构建其历史学的学科理论。

---

① ［英］爱德华·吉本：《罗马帝国衰亡史》第 3 卷，席代岳译，吉林出版集团股份有限公司 2014 年版，第 1563—1564 页。

吉本的罗马帝国史研究，顾名思义，其对象当然就是罗马帝国。但是罗马帝国时间延续 1500 余年，空间则延展至欧亚非三大洲。那么，究竟以什么课题作为切入点？吉本说："战争和政治是历史的主要课题，在繁忙和不断变化的舞台上面，人类因相应的状况不同而大异其趣。一个伟大的帝国有几百万驯服的臣民，默默从事他们的工作，不会发生出人意料的事件，所以作者和读者的注意力，完全放在宫廷、首都、军队和战场这些重要方面。"① 面对繁茂芜杂的罗马帝国史，没有必要事事体察、人人关注，只能抓大放小，抓住核心与本质，放弃边缘与现象。由此，罗马史的研究对象是其政治与军事，而其核心课题则是宫廷、首都、军事。吉本又说："罗马的伟大不在于扩张疆域"，"罗马强权靠着几代的经营，凭借智慧和经验才建立起稳固的基业。图拉真和安东尼时代，帝国所属各行省，经由法律获得统一，借着艺术增添光彩，已经完全降服再无异心。委派的地方官员虽偶尔作威作福，就一般而言，施政作为还是明智、简便且利民。行省人民可以信奉祖先的宗教，有关市民的荣誉和利益，大致提升到与征服者平等的地位。"② 由此，罗马帝国的军事、政治、法律、艺术、经济与宗教，等等，这些都是历史学的研究课题，也是历史学的研究范围。当然，每个领域还需要细化与量化，如经济方面，应当要注重"首都和行省的人口、税收和岁入的额度、皇家军队里服役的臣民和外国人的数量"等，这些都是历史学研究的范围，"有价值的问题"。③

---

① ［英］爱德华·吉本：《罗马帝国衰亡史》第 1 卷，席代岳译，吉林出版集团股份有限公司 2014 年版，第 234 页。

② ［英］爱德华·吉本：《罗马帝国衰亡史》第 1 卷，席代岳译，吉林出版集团股份有限公司 2014 年版，第 28—29 页。

③ ［英］爱德华·吉本：《罗马帝国衰亡史》第 5 卷，席代岳译，吉林出版集团股份有限公司 2014 年版，第 2480 页。

也许是出于英雄史观的考虑，吉本特别重视罗马皇帝的研究。"发生摧毁帝国基础的内部变化，需要相当合理而清晰的解释。每位皇帝个人的性格，以及他们的胜利、登基、愚昧和运道，与君主政体的衰亡息息相关，更使我们感到极大的兴趣。我们一直留意重大的历史主题。"① 在谈到戴克里先（Dioletian）和马克西米安（Maximian）两个皇帝时，他提到关于皇帝政治研究的基点，依次是"皇帝的性格"、"政治才能""军事天分""品德"与"言行"。② 在谈到《罗马帝国衰亡史》第5卷第1章的内容时，他说："我的介绍着重于帝位的变革、皇族的传承、希腊帝王的性格特质、面临生死关头的状况、政府的方针和影响、统治的趋势是加速还是延缓东部帝国的灭亡。"③

也许是在罗马帝国史上，宗教一直以来扮演着重要的角色，吉本将宗教的研究看作是仅次于罗马皇帝的研究。吉本认为："坦诚且合理探讨基督教的创立和发展，该是罗马帝国历史极重要的课题。"基督教取代罗马原始宗教，在朱匹特神庙的废墟上树立起十字架，又经过13—14世纪，在技艺、学术与武备方面占据欧洲，并传播到亚洲、非洲，乃至于美洲。"我们想要探讨，基督教的信仰对世上所有古老宗教，为何能够取得如此重大胜利？"④吉本认为，研究罗马帝国的政治制度，必须研究政治和教会的关系，"对于基督教的胜利及其内部的纷争，提供

①　[英]爱德华·吉本：《罗马帝国衰亡史》第1卷，席代岳译，吉林出版集团股份有限公司2014年版，第157页。
②　[英]爱德华·吉本：《罗马帝国衰亡史》第1卷，席代岳译，吉林出版集团股份有限公司2014年版，第381—382页。
③　[英]爱德华·吉本：《罗马帝国衰亡史》第5卷，席代岳译，吉林出版集团股份有限公司2014年版，第2088页。
④　[英]爱德华·吉本：《罗马帝国衰亡史》第1卷，席代岳译，吉林出版集团股份有限公司2014年版，第435—436页。

足够而确实的史籍数据和资料"。①"谈到教会与国家的关系，我认为前者不仅听命而且要从属于后者，这是一个合理而有利的原则，要是事实的确如此，那么在叙述本章这段历史的时候，同样要把它视为神圣不可侵犯之事。"②

也许是出于资产阶级政治的需要，在罗马帝国史的研究中，吉本还重视其政治制度的研究。他说："要是可能的话，我想在短短一章之中，追寻罗马法从罗慕路斯到查士丁尼的发展痕迹，推崇这位皇帝的辛劳和功绩，停下来思索这门学科的原则，对于社会的和平与幸福竟会如此重要，一个国家的历史以法律的部分最具教育的功能。虽然我花费心力想要写出一部没落帝国的通史，却很高兴能有机会呼吸共和时期纯净清新的空气。"③

上述的皇帝、法律与宗教作为历史研究的课题，充分展现在吉本的巨著中。其实，除此之外，还有许多重大的问题需要探讨。吉本指出，围绕着"罗马帝国的衰亡"为题，可以牵扯出一些话题。"许多重大事件因果相连，互为表里，影响世人至巨：像是初期凯撒维持自由共和国的名称和形象，采用极其高明的手段和策略；军事专制的混乱和篡夺；基督教的兴起和最后发展成为国教；君士坦丁堡的奠基；东西帝国的分治和决裂；日耳曼和西徐亚蛮族的入侵和定居；民法法典的订定；穆罕默德的性格及其宗教；教皇在尘世的统治权力；查理大帝神圣罗马帝国的复兴和没落；十字军东征和拉丁王国的确立；阿拉伯人和土耳其人的

---

① ［英］爱德华·吉本：《罗马帝国衰亡史》第2卷，席代岳译，吉林出版集团股份有限公司2014年版，第570页。

② ［英］爱德华·吉本：《罗马帝国衰亡史》第5卷，席代岳译，吉林出版集团股份有限公司2014年版，第2164页。

③ ［英］爱德华·吉本：《罗马帝国衰亡史》第4卷，席代岳译，吉林出版集团股份有限公司2014年版，第1850页。

征战；希腊帝国的覆灭；中世纪罗马的状况和革命，等等。身为历史学家要为选择的题目兴奋不已。"①

历史学研究罗马帝国的政治与军事，那么，其研究的目的与任务是什么呢？

在罗马帝国宏大的叙事工程中，吉本多次谈到自己编纂这部巨著的目的：

> 罗马和波斯的冲突从克拉苏之死延续到赫拉克利乌斯的统治，七百年的经验教训……
>
> 读者一再看到重复的敌对行动，发起不知原因，执行没有荣誉，结局无法预料，唯一的感觉是使人厌烦。拜占庭的君主下很大的功夫培养谈判的艺术，这是当年伟大的元老院和凯撒无法想象的事。历史记载他们派出常驻的使臣，不断送回冗长的报告，里面的言辞充满虚假和雄辩，可以看到蛮族的傲慢和无礼，纳贡的希腊属国奴颜婢膝的姿态。我对这些贫瘠而多余的史料感到叹息，只有将无趣的记录用简单明确的方式加以叙述。②

基督教传播史上，曾激励以色列人迁徙到红海，改变了君士坦丁信仰。吉本谈到这里，曾说：

> 宗教热情鼓舞着军队和皇帝，激励士气、增强战斗力，充满信心奔赴战场……如此重要的历史事件，何者才是真实的原因，是否纯粹出于想象，确实值得后人加以研究。我将尽力把所涉及的标志、梦境及神启符号逐一考量，将这段奇妙的历史故事，区别合乎事实

---

① ［英］爱德华·吉本：《罗马帝国衰亡史》第6卷，席代岳译，吉林出版集团股份有限公司2014年版，第3248页。

② ［英］爱德华·吉本：《罗马帝国衰亡史》第4卷，席代岳译，吉林出版集团股份有限公司2014年版，第1955—1956页。

的部分和有关神奇的部分（在一篇似是而非的论文中，所有部分已被巧妙揉成一团，文藻优美，言辞华丽，然而史实内容完全禁不起考证），使大家对君士坦丁见到上帝显灵的著名故事，能有正确认识。①

从君士坦丁时代到克洛维（Clovis）或狄奥多里克（Theodoric）时代，罗马人和蛮族的世俗利益，深深涉入阿里乌斯教义（Arianism）的神学争论之中，因而允许历史学家用尊敬的态度掀开圣所的神秘，从柏拉图的学院到帝国的衰亡，推论出理性和信仰、谬误和激情的发展过程。②

由此可见，吉本编纂《罗马帝国衰亡史》的目的，就是要在婆娑迷离的历史景象中，梳理其发展的脉络，厘清其发展的现象与本真，给世人一个清晰明了的历史知识。正如有学者所分析的，"只是要叙述罗马的故事，把众多历史事实转化成一个大叙述"③。吉本认为："历史工作不只在考订琐碎的史实或编纂枯燥的年鉴，历史学家的目标是要把复杂的史实建构成一个可以理解的'系统'。一个理想的历史学家，既不是考古学家（antiquarians）或博学之士（erudites），也不是编纂学家（compilers）或年鉴学者（annalists），而应是一个能够建构出'哲学的'历史叙述的'历史学家'。"④

据此，历史学研究的任务有两个：一方面，记存罗马帝国的历史事

---

① ［英］爱德华·吉本：《罗马帝国衰亡史》第 2 卷，席代岳译，吉林出版集团股份有限公司 2014 年版，第 719 页。

② ［英］爱德华·吉本：《罗马帝国衰亡史》第 2 卷，席代岳译，吉林出版集团股份有限公司 2014 年版，第 752 页。

③ Jordan, *Edward Gibbon and His Roman Empine*, p.214. 转引自杨肃献：《吉本与〈罗马帝国衰亡史〉》，［英］爱德华·吉本：《罗马帝国衰亡史》第 1 卷，席代岳译，吉林出版集团股份有限公司 2014 年版，第 14 页。

④ 杨肃献：《吉本与〈罗马帝国衰亡史〉》，［英］爱德华·吉本：《罗马帝国衰亡史》第 1 卷，席代岳译，吉林出版集团股份有限公司 2014 年版，第 16 页。

实。"尤里安的施政作为和功绩只能靠历史学家尽力保存，现存他留下卷帙浩瀚的著作，成为展示皇帝的贡献和才智的纪念碑。""一位明智而坦诚的历史学家，是他在生死存亡之际的公正目击者，忠实描述尤里安的种种行为。"①

另一方面，揭示罗马帝国的历史真相及其衰亡的原因。"现在要在这部历史当中，对夸大失实的说法，都还原本来的面目。"②比如对于君士坦丁，那些遭其压制的人们，"把他说成是历史上最可憎的暴君"，"既懦弱又邪恶"。因此，"只有站在公正的立场，把他那最热忱崇拜者所不能否认的缺点，和他那不共戴天的仇敌也不得不承认的优点，不怀任何成见地综合起来，才有希望对这位极为重要的历史人物，勾画出一个正确的形象，才能毫无愧色地为史实所接受"。③"历史学家据实描述狄奥多西的不朽事功，从来不曾掩饰他的过失佚行。这位罗马史书少见的王侯，暴虐的性格和慵懒的习惯，难免损及光辉的形象。"④"我展开辛勤的工作进行深入地探讨，发现罗马的毁灭出于四个主要因素，在一千多年的时间过程当中持续产生破坏的作用，分别是时间和自然界力量造成的损毁、蛮族和基督徒敌意的攻击行动、建材的取代与滥用、罗马人内部派系的纷争和倾轧。"⑤

---

① 〔英〕爱德华·吉本:《罗马帝国衰亡史》第 2 卷，席代岳译，吉林出版集团股份有限公司 2014 年版，第 830、842 页。

② 〔英〕爱德华·吉本:《罗马帝国衰亡史》第 2 卷，席代岳译，吉林出版集团股份有限公司 2014 年版，第 583 页。

③ 〔英〕爱德华·吉本:《罗马帝国衰亡史》第 2 卷，席代岳译，吉林出版集团股份有限公司 2014 年版，第 625—626 页。

④ 〔英〕爱德华·吉本:《罗马帝国衰亡史》第 3 卷，席代岳译，吉林出版集团股份有限公司 2014 年版，第 1180 页。

⑤ 〔英〕爱德华·吉本:《罗马帝国衰亡史》第 6 卷，席代岳译，吉林出版集团股份有限公司 2014 年版，第 3230 页。

将罗马的政治与军事看作是历史学的研究对象，而将叙述其真相揭示其原因看作是历史学的研究任务，这是传统史学的基本职能。吉本所处的18世纪，工业革命正在进行，现代科学技术正在发生，科学理念尚在启蒙思潮中的理性主义孕育。因此，将历史学的性质看作是理性的学问，可以说是时代精神的集中体现。

在谈到阿塔纳修斯的基督情怀时，吉本说："最重要的学问还是对人性的研究。他对不断变化的现象，始终能保持态度清醒和前后连贯的看法；对于转瞬即逝具有决定意义的情节，一般人来不及注意而他绝不会放过。"①

在谈到安娜·康妮娜（Anna Comnena）所编纂乃父亚力克修斯一世科穆尼努斯（Alexius Ⅰ Comnenus，1081—1118）的传记时，吉本说："简明的风格和笔调就可以赢得我们的相信，但是她不为此图，过于讲究修辞和写作的技巧，在每一页中都泄露出女性作者的自负和虚荣。亚力克修斯的德行就像一团模糊不清的星云，真正的性格在其中丧失殆尽，用不朽的笔调写出的颂辞和辩白，反而唤醒我们产生猜忌的念头，要对历史学家的实情和英雄人物的功业提出质疑。"②

在谈到撰写自传的原则时，吉本说："这篇个人生活的叙事文章，必须以真实作为它的唯一可以推许的特点，这就是严肃一点的历史书所应具有的首要品质：赤裸裸的、不怕出丑的真实。"③

由此可说，"人性""质疑"与"真实"三个关键词，自然就构成了

---

① ［英］爱德华·吉本：《罗马帝国衰亡史》第2卷，席代岳译，吉林出版集团股份有限公司2014年版，第776—777页。

② ［英］爱德华·吉本：《罗马帝国衰亡史》第5卷，席代岳译，吉林出版集团股份有限公司2014年版，第2143页。

③ ［英］爱德华·吉本：《吉本自传》，戴子钦译，生活·读书·新知三联书店1989年版，第1页。

理性史学的基本特征，体现了理性史学的本质及其方法论。概而言之，在吉本看来，历史学的理性精神，或者说理性史学，其旨趣就在于以人性为核心的苛求历史真相的怀疑批判精神及其方法论。

理性史学研究政治与军事，那么，其功用何在？吉本认为，有以下三个方面：

其一，培育自由思想，丰富精神生活。吉本说："一个人的自然生命通常会赋予同样的才智，要能给予更长的生存期限，就会对于人类野心的罪行和愚蠢，投以怜悯和轻视的笑容。何其空虚的野心等于在短暂的时间之内，攫取镜花水月和昙花一现的自我满足。因此历史的经验是要针对我们的智能视域，提升或是扩大它的范围和极限。写成这部作品花费不了多少日子，读完也用不了多少时辰，然而六百年的光阴转瞬而过，人的寿命或朝代的期限像是白驹过隙。坟墓的位置就在宝座的旁边，功成名就的罪犯几乎接着丧失他的奖赏，只要我们存在着不朽的理性，就会藐视六十个皇帝的幽灵，一群幻影从我们眼前一晃而过，就是在我们的记忆里面，只不过留下很微弱的印象。"① 人生有限，人们拼命地满足自己的私欲，但是如果放眼历史，就会发现个人私欲的满足及其言行，不仅是犯罪的、愚蠢的，又是短暂的、虚无的。因此，历史学将人们从生活的束缚中解放出来，培育其自由思想，丰富其精神生活。畅游在历史学的海洋里，吉本满足了自己的理想人格，"我的动机是自娱，能自娱就使我得到了报酬"②。

其二，借鉴历史经验，成就人生事业。"历史的使命在于忠实记录

---

① ［英］爱德华·吉本：《罗马帝国衰亡史》第 5 卷，席代岳译，吉林出版集团股份有限公司 2014 年版，第 2162 页。

② ［英］爱德华·吉本：《吉本自传》，戴子钦译，生活·读书·新知三联书店 1989 年版，第 1 页。

事件的本末以为后世之鉴。"①"诚挚的历史学家凭着他的名气，将有益世道人心的训谕传给后代子孙，不让迷信和偏颇发挥效用。"②狄奥多西大帝（Theodosius the Great，378—395）执政之余，喜欢读史书，"历史是他的最喜爱的项目。有人特别注意到一点，每当他读到秦纳（Cinna）、马略（Marrius）和苏拉（Sylla）的残酷暴行，总是情不自禁掩卷叹息，对人道和自由的大敌，表达难以抑制的愤慨之情。他对历史上重大事件给予公正的批评，据以作为自己行事的准则"③。波伊西乌斯（Boethius，480—525）说："为了保证在执行公务时能够正直无私，特别以共和国的往事为鉴不敢或忘。"④

其三，传授历史知识，强化历史教育。吉本认为，人们往往容易吸取自己的经验教训，常常忽略历史上的经验教训，所以总是重蹈历史的覆辙。他说："过去的失败累积经验，个人可能因年龄的增长而获得匡正的机会，然而就整体人类而言，经验对后代很少发生警惕的作用"，"同样的错误一再重犯，产生类似的结局"。⑤ 由此，历史学教育应该上升到国家治理的层面予以高度的重视。波斯国王科斯罗伊斯·努息万（Chosroes Noushirwan）重视教育，不仅建立医学专门学校，而且还使其逐渐发展成教授诗学、哲学和修辞的文理学院，他说："王国的

---

① ［英］爱德华·吉本：《罗马帝国衰亡史》第 1 卷，席代岳译，吉林出版集团股份有限公司 2014 年版，第 509 页。

② ［英］爱德华·吉本：《罗马帝国衰亡史》第 3 卷，席代岳译，吉林出版集团股份有限公司 2014 年版，第 1074 页。

③ ［英］爱德华·吉本：《罗马帝国衰亡史》第 3 卷，席代岳译，吉林出版集团股份有限公司 2014 年版，第 1091 页。

④ ［英］爱德华·吉本：《罗马帝国衰亡史》第 4 卷，席代岳译，吉林出版集团股份有限公司 2014 年版，第 1597 页。

⑤ ［英］爱德华·吉本：《罗马帝国衰亡史》第 4 卷，席代岳译，吉林出版集团股份有限公司 2014 年版，第 1701 页。

编年史着手纂修，较为近代的史实详尽而且可信，对于君主和人民能够提供宝贵的经验教训。"① 君士坦丁·波菲洛吉尼图斯（Constantine Ⅶ Porphyrogenitus）为了教诲自己的儿子，编纂反映整个东部帝国政治、军事、文学、法律、农业和历史等概况的书籍，"他指示要把历史上重大兴亡和善恶的事迹，分案分条编成五十三卷，使每个市民都能接受历史的经验和教训，不至于重蹈覆辙"。②

四、"把众多的历史事实转化成一个大叙述"

吉本史学的宏大叙事结构，当源自于中世纪基督神学史学。"采用摩西世界史观的各民族，大家都相信诺亚方舟的故事，就好像特洛伊围城对以前的希腊人和罗马人确然真实无虚，在既成事实的狭隘基础之上，树立一个神话式的巨大而粗俗的超级结构。"启蒙思潮史学结构的创立，就应该采用"理性的怀疑态度"，既沿袭业已成功的摩西世界史观的"超级结构"，又剔除其"神话式的""粗俗的"糟粕，这当是吉本的史学理想。③ 正如有学者所指出的："吉本的史学雄心，是在以一个启蒙的叙事架构，来统整近世学者的考证成果，将其建构成一个创造性的大综合。"④

这样，就提出了一个问题，怎样来编纂罗马帝国史？具体来说，吉

---

① ［英］爱德华·吉本:《罗马帝国衰亡史》第 4 卷，席代岳译，吉林出版集团股份有限公司 2014 年版，第 1770 页。

② ［英］爱德华·吉本:《罗马帝国衰亡史》第 5 卷，席代岳译，吉林出版集团股份有限公司 2014 年版，第 2478 页。

③ ［英］爱德华·吉本:《罗马帝国衰亡史》第 1 卷，席代岳译，吉林出版集团股份有限公司 2014 年版，第 215 页。

④ 杨肃献:《吉本与〈罗马帝国衰亡史〉》，［英］爱德华·吉本:《罗马帝国衰亡史》第 1 卷，席代岳译，吉林出版集团股份有限公司 2014 年版，第 16 页。

本是如何建构自己的历史认识论与方法论的呢？

首先，吉本清晰阐释了历史认识的主客体条件。

吉本认为，构成历史认识的客体条件，在于文献、实物两种历史资料。

历史文献直接给人们提供历史事实。"历史曾经详细记载罗马历代皇帝的事迹，从而我们知道卡里努斯的豪举，确实有独到之处。""君士坦丁的声誉受到后世子孙的重视，对他平生的事功有非常详尽的记载。"[①]"卷帙繁多的《御法集》（Codes）和《民法汇编》（Pandects），可以为研究各行省的行政体系，提供丰富而详尽的数据，时间前后涵盖六个世纪，是充满智慧的罗马政治家和法律家的心血成果。"[②]从吉本的实践看，文献资料的应用形式有：一是以史证史，即直接采用历史学家的论著，深文周纳，编纂罗马史。二是以诗证史，即博采各种文学著作，采撷相关的历史事实文字予以应用。三是以教证史，即从宗教文献中采撷有关历史事实的文字予以应用。5世纪初，日耳曼侵入高卢地区大肆抢劫、屠杀基督教徒，"神职人员借这个机会教诲基督教徒要悔改，隐约描述出公众遭到重大灾难的状况"。[③]

实物资料所反映的当时人们的生活状况，需要弄清楚其时代背景与环境，才能予以应用。"时代背景和人物造型的不同，历史事件和环境特性的迥异"，都必须弄清楚。"我们从遗留的少数铭文可以看出，雄于资财的帕尔米拉人在和平时期，建构庙宇、宫殿和希腊风格的柱廊。时

---

① ［英］爱德华·吉本：《罗马帝国衰亡史》第1卷，席代岳译，吉林出版集团股份有限公司2014年版，第343、392页。

② ［英］爱德华·吉本：《罗马帝国衰亡史》第2卷，席代岳译，吉林出版集团股份有限公司2014年版，第598页。

③ ［英］爱德华·吉本：《罗马帝国衰亡史》第3卷，席代岳译，吉林出版集团股份有限公司2014年版，第1192页。

至今日形成的废墟散布在几个平方公里的范围之内，仍为好奇的旅客流连凭吊。"① 狄奥多里克迁徙皇宫到拉文纳，曾经发行纪念币，"上面有他所居住宫殿的图像，代表最古老的哥特建筑物真正的形式"。②

吉本认为，构成历史认识主体的条件，在于历史学家的知识、想象与热情。

> 对历史学家而言，这也是一个混乱的年代，缺乏可信的史料记载，要想把整个史实交代清楚又不容间断地记述，确实有很大的困难。所能找到的都是不完整的断简残篇，不是太过概略提及就是晦涩含糊，有的地方还矛盾百出，只有尽力搜集加以比较，有时还要靠着揣度臆测。虽然不能用推论取代事实，然而基于对人性的了解，凭着一股坚毅不屈而从容自若的热情，锲而不舍的全力以赴，在不太失真的状况之下，倒是能补充历史材料的欠缺。③

> 罗马人建构带有纪念性质的大型建筑物，其中为历史所忽略者不知凡几，能够抗拒岁月侵蚀和蛮族摧毁的品项却又屈指可数。现今在意大利和各行省到处都能见到气势惊人的遗迹，足以证明这些地方曾经建立一个文明发达和强大兴盛的帝国。不仅是建筑物的雄伟和壮丽引人注意，还有令人赞赏的地区艺术史和有实用价值的人类文明史，这两个重要因素使我们感到兴趣盎然。④

> 人类思想的求知欲最后总会导致本身的进步，鼓励追求知识反

---

① ［英］爱德华·吉本：《罗马帝国衰亡史》第1卷，席代岳译，吉林出版集团股份有限公司2014年版，第416、305页。

② ［英］爱德华·吉本：《罗马帝国衰亡史》第4卷，席代岳译，吉林出版集团股份有限公司2014年版，第1588页。

③ ［英］爱德华·吉本：《罗马帝国衰亡史》第1卷，席代岳译，吉林出版集团股份有限公司2014年版，第237页。

④ ［英］爱德华·吉本：《罗马帝国衰亡史》第1卷，席代岳译，吉林出版集团股份有限公司2014年版，第44页。

映出查理性格最纯洁和喜悦的光辉，地位的尊严、统治的长久、武力的强大、政府的活力以及对遥远民族的尊重，使他有别于很多的君主，从他光复西部帝国又开启欧洲一个新的纪元开始。①

在这里，吉本所说的"臆测"就是历史学家的"想象"；"人性"当是指历史的本质，亦即人类所创造的历史，即"令人赞赏的艺术史和实用价值的人类文明史"，这既是历史认识的基点，又是其目标；"兴趣盎然""求知欲"与"对遥远民族的尊重"，则说明历史认识的目的及其态度。总体来说，历史认识的主体性在于历史学家研究历史必须具备的丰富知识、推理想象、求知热情与尊重态度的综合能力和价值取向。吉本认为，自己之所以能够实现罗马史的研究，就在于拥有历史认识所具备的主体性要求，即"人性""想象""好奇心"与"自由精神"："我们的想象力永远在积极扩大自然给我们限定的狭隘圈子。一个人可能活到五十岁或一百岁；但我们怀着宗教与哲学所能提供的那种希望，跨越到了死后的年代。同时我们又将自身与先人联结起来，借以填充我们出世以前那个没有记载的空白。""我们在考察历史事件的时候，凡有直接或间接涉及我们自身的，都会引起我们的好奇心。""我在议员生活的这一段时间里，出版了《罗马帝国衰亡史》第二、三两卷。写到教会的历史，我依旧按照自由精神下笔措辞。"②

其次，吉本准确运用了启蒙思潮的历史认识范畴。

历史认识范畴是贯穿历史发展全程的基本问题，是把握历史发展规律的基本锁钥。吉本在罗马帝国的研究中，经常所考虑关注的是有

---

① [英]爱德华·吉本：《罗马帝国衰亡史》第5卷，席代岳译，吉林出版集团股份有限公司2014年版，第2206页。

② [英]爱德华·吉本：《吉本自传》，戴子钦译，生活·读书·新知三联书店1989年版，第2、172页。

着三个互相关联、递进的范畴——文明与野蛮、俗世与教会、哲学与宗教。

文明与野蛮的问题，作为学术概念，原本是指历史发展的先进与落后两种状态。吉本予以了确指，即文明是指生活在罗马、君士坦丁堡的帝国居民，野蛮则是指罗马帝国之外的周边民族。依照历史进程，野蛮民族相继为日耳曼、西徐亚、哥特与阿拉伯等。

文明与野蛮的分野主要在于以下几个方面：

生产与生活方式：文明是以"农业生产"为主，拥有各种生存的技能，"过着舒适的生活"；而野蛮则是不懂农业，"粗野好战"。① 以塔西佗时代为例，罗马人已经采用砖瓦和石块建成了大都市，使用金钱货币和铁器；日耳曼人还居住在用草木建成的"低矮茅舍"里，还不知道金钱的交换功能，"也得不到'铁器'支持"。"文明人拥有财产和享用财产，才能与国家的进步产生密切的联系，成为定居一块土地的有力保证。日耳曼人随身携带认为有价值的东西，他们的武器、他们的牛群和他们的妇女，欣然放弃沉静的森林，抱着无穷的希望去进行抢劫和征服。"②

文字的使用与书写："文字的使用将文明人和无知识的野蛮人，区划得泾渭分明。""基于智慧的人工系统大力帮助"，人类就拥有了"处理事务的思考能力"和"判断力"，并拥有了书写能力，可以"保存忠实的历史记录"，在"抽象的科学上"就"会有显著的进步"，"拥有极为重要而且使人快乐的谋生技艺"。在塔西佗时代，日耳曼人还不懂使

---

① ［英］爱德华·吉本：《罗马帝国衰亡史》第 1 卷，席代岳译，吉林出版集团股份有限公司 2014 年版，第 53 页。

② ［英］爱德华·吉本：《罗马帝国衰亡史》第 1 卷，席代岳译，吉林出版集团股份有限公司 2014 年版，第 217—218、221 页。

用文字。①

教育与社会生活："文明国家的个人能力得到发展和训练，是相互依存的巨大锁链，将社会上各种成员紧密联系在一起。绝大多数终生操劳以求一饱，极少数人受到神明垂爱，获得的财富超过他的需要，能有多余时间去追求乐趣或荣誉，增进财产或知识，基于责任对社会生活作出有益或愚蠢的事情。"野蛮的日耳曼人没有教育，日常生计交给"老弱、妇女和奴隶"经营，青壮男子"因循怠惰"、"不思来日"、"心浮气躁"，"不具备任何一种才艺"，"这些蛮子毫无节制地耽溺于豪赌和狂饮"。②

按，吉本之所以关注文明与野蛮的区别，是以为野蛮民族的骚扰导致了罗马帝国的灭亡。"我曾提及西徐亚人和萨尔马提亚人，这些部族带着武器马匹、牛只羊群和妻儿家人，在里海到维斯图拉（Vistula）河广阔无边的草原放牧漂移，这个地区是从波斯边界直达日耳曼人的疆域。好战成性的日耳曼人，开始是抵抗，接着就侵略，最后终于颠覆西罗马帝国。这是本书最重要的部分，可说是欧洲国家的家务事，使得我们更要重视和关切。"③"阿提拉（Attila）的统治使匈奴人再度给世界带来恐怖，我现在认为这个实力强大的蛮族，凭着他们天生的特质和积极的作为，交替侵略东方和西方，打击对手的民心士气，促使罗马帝国很快灭亡。"④

俗世与教会的问题，也是吉本特别关注的话题之一。在吉本心中，

---

① ［英］爱德华·吉本：《罗马帝国衰亡史》第 1 卷，席代岳译，吉林出版集团股份有限公司 2014 年版，第 216—217 页。

② ［英］爱德华·吉本：《罗马帝国衰亡史》第 1 卷，席代岳译，吉林出版集团股份有限公司 2014 年版，第 219 页。

③ ［英］爱德华·吉本：《罗马帝国衰亡史》第 1 卷，席代岳译，吉林出版集团股份有限公司 2014 年版，第 211 页。

④ ［英］爱德华·吉本：《罗马帝国衰亡史》第 3 卷，席代岳译，吉林出版集团股份有限公司 2014 年版，第 1366 页。

俗世当是指罗马社会，教会则主要是指基督教会为代表的各种宗教组织。俗世与教会的差异，主要有以下三点：

就阶级基础而言，俗世依靠的是以皇帝为核心的官僚阶层，而教会则是广大平民百姓。"文明社会的基本结构，是显赫的少数人拥有财富、地位和知识，广大的人民都沦于寒微、无知和贫穷之中。基督教是面对整个人类的宗教，相对于上层社会而言，必然会从下层社会得到更多的信徒。""新兴的基督教派，完全由人群中的残渣组成，都是一些农民和工匠、儿童和妇女、乞丐和奴隶，其中经由最后这类人的推荐，可能才把传教士引进富有和高贵的家庭中去。"①

就生活方式而言，俗世崇尚的是奢靡、淫乱与招摇，而教会崇尚的是节俭、守法与谦卑。俗世生活的奢靡、贪腐与淫乱是不言自明的，基督教会起码在明面上，还是与俗世有所不同的。历史学家阿米阿努斯·马塞利努斯（Ammianus Marcellinus，330—395）在谈到教会的主流生活时说："要效法有些行省的主教那些可以当做楷模的生活，饮食节制而清醒，衣着简单而朴实，谦卑的面容低垂着双眼，把纯洁温驯的德行奉献给神，以及真正崇敬他们的人。"②

就人生价值取向而言，俗世与教会在某种程度上是一致的，都是以钱财为旨趣的。所不同的是形式，俗世的以税收，教会的则以捐赠。"数百万升斗小民，对君王的畏惧并非暴虐而是贪婪，因为税赋太重；有钱的财主还能忍受，贫穷阶级根本无力负担，无法过与世无争的生活。"农民因负担不起沉重的税赋，便放弃了土地的耕作。所以在君士坦丁死

---

① ［英］爱德华·吉本：《罗马帝国衰亡史》第 1 卷，席代岳译，吉林出版集团股份有限公司 2014 年版，第 494 页。

② ［英］爱德华·吉本：《罗马帝国衰亡史》第 2 卷，席代岳译，吉林出版集团股份有限公司 2014 年版，第 960 页。

后的 60 年内，33 万英亩的土地被弃耕，占行省总面积的 1/8，"这要归因于皇帝的施政作为"。① 教会则以"慈善事业"、"救济贫民"为借口，诱惑罗马的贵妇成为所谓的"属灵女儿"，"因任意的施舍和昂贵的朝圣"而"耗用殆尽"其"万贯家财"；而且，教会为争夺权力，信徒之间发生重大的伤亡。② 也许是两者价值诉求的相同，俗世与教会最终走到一起，融合为一体。

由此，通过对俗世与教会的冲突、融合过程的考察，吉本看到了基督教强大的文化凝聚功能，"获得光荣和重大的胜利"："运用宗教的力量控制罗马帝国的公民，他们不仅见多识广而且过着奢华的生活；接着降服黩武好战的西徐亚和日耳曼蛮族，他们覆灭罗马帝国但是信奉罗马人的宗教。在这些未开化的新入教者当中，哥特人走在最前面，整个民族受到通报该信基督教的恩惠。"③ 吉本认为，基督教控制罗马公民时，也就葬送了古罗马帝国，因为这些教徒"用极大的决心和热情，努力根除祖先所崇拜的偶像"，"那些魔鬼的雕像、祭坛和殿堂都是他们的眼中钉"；"他们的厌恶仅限于异教迷信的纪念物，那些用于商业或娱乐的民间建筑，可能完全保留下来没有受到破坏或引起反感"。"宗教的改变不是靠着民众的暴乱才能完成，主要还是皇帝的诏书、元老院的敕令以及时间的酝酿。"④

哲学与宗教的问题，是吉本非常纠结的史学问题。哲学是古希腊罗

---

① ［英］爱德华·吉本：《罗马帝国衰亡史》第 2 卷，席代岳译，吉林出版集团股份有限公司 2014 年版，第 616—618 页。

② ［英］爱德华·吉本：《罗马帝国衰亡史》第 2 卷，席代岳译，吉林出版集团股份有限公司 2014 年版，第 985 页。

③ ［英］爱德华·吉本：《罗马帝国衰亡史》第 3 卷，席代岳译，吉林出版集团股份有限公司 2014 年版，第 1474 页。

④ ［英］爱德华·吉本：《罗马帝国衰亡史》第 6 卷，席代岳译，吉林出版集团股份有限公司 2014 年版，第 3234 页。

马的专属产品，宗教尤其是独占中世纪直至整个欧洲的基督教，却是源自于蛮族的犹太人，并进而成为欧洲文明的主体内容之一。因此，弄清楚哲学与宗教的关系及其沿革，是弄清楚罗马史本质的基础。从吉本来说，哲学与宗教的关系有以下三点：

旨趣相同。以哲学提升了尤里安的精神境界与能力为例，"思辨哲理把最高贵的教条和光辉的例证，充实在尤里安的内心深处，对那些负重责大任的人来说，虽然他们太不把哲学放在眼里，须知尤里安就是受到陶冶才会喜爱德业、追求声誉、蔑视死亡"。"他从哲学的研究养成坚持公理正义的信念，靠着仁慈的性格化解乖戾的习气，了解公平处理和讲求证据的基本原则，对于最复杂冗长的问题都有耐性进行调查，充分掌握关键所在以进行讨论，使得事件能够真相大白。"[1] 基督教"收效最大、助力最强的原因"在于："不屈不挠的精神和绝不宽容的宗教狂热""永生和来世的教义""不可思议的力量"即神启事件、"纯洁而严谨的德行"与"团结和纪律"，等等。[2] 由此，在人生境界、处事方式与社会生活等方面，哲学与宗教的旨趣是相同的。

问题相通。面对人生和社会，哲学与宗教所面对的问题是相通的。尤其是在宇宙的本原与思维方式上，哲学与宗教实现了两者的互鉴。如柏拉图所纠结的世界本原观点与基督的"三位一体"相联系。柏拉图提出的"宇宙的首次成因、宇宙的理性或逻各斯（道，Logos）、宇宙的灵魂或精神"，"述说成三个神明"。"在涅尔瓦（Nerva）统治的时代（97A.D.），向世人揭露绝大的秘密，那就是逻各斯（道）太初与神同在，

---

① ［英］爱德华·吉本：《罗马帝国衰亡史》第 2 卷，席代岳译，吉林出版集团股份有限公司 2014 年版，第 695 页。

② ［英］爱德华·吉本：《罗马帝国衰亡史》第 1 卷，席代岳译，吉林出版集团股份有限公司 2014 年版，第 436 页。

逻各斯就是神，创造万物，万物都借着他被造，化身为人就是拿撒勒（Nazareth）的耶稣，为童女所生，钉死在十字架上。"①

学者互渗。哲学与宗教的研究者经常互相置换位置，吸取并研究对方的问题。雅典的哲学家阿里斯泰德斯曾向哈德良皇帝呈献《护教申辩书》②；哲学家柏拉图受到"或是埃及僧侣传统知识的启示，竟敢探索高深莫测的神性"。诺斯替教派中的"幻影论者"（Docetes）"受教于柏拉图的学院"，"主张基督的神性同时也显示他的人性"。追随阿里乌斯的埃提乌斯（Aetius）采纳了"亚里士多德逻辑学吹毛求疵的三段论法，博得'战无不胜'纵横家的称号，没有人在任何问题上能驳倒他或使他保持缄默"。③

但是，哲学与宗教是社会生活中两种不同身份的职业。哲学的诉求是思想的自由与清淡的生活，"哲学的徒众强调学术自由的权利，对教师出于感情的尊敬，最充分的理由就是出手大方和自愿呈送束脩"。宗教的诉求却是严谨的生活、规范的行为，"个人的虔诚"与"教会的权威"。"基督徒形成人数众多而纪律严明的社会，法律和官吏的管辖权和很严格的运用到心灵的信仰，想象力毫无拘束的飘荡状况，逐渐受到信条和忏悔的制约，个人判断的自由权利降服于集合公众智能的宗教会议。神学家的权威为教会的位阶所决定，主教是使徒的继承者，对悖离正统信仰的人施以教会的谴责。"④哲学与宗教在社会上的遭遇，导致前

---

① ［英］爱德华·吉本：《罗马帝国衰亡史》第2卷，席代岳译，吉林出版集团股份有限公司2014年版，第753、755页。

② ［英］爱德华·吉本：《罗马帝国衰亡史》第1卷，席代岳译，吉林出版集团股份有限公司2014年版，第494页。

③ ［英］爱德华·吉本：《罗马帝国衰亡史》第2卷，席代岳译，吉林出版集团股份有限公司2014年版，第752、755、766页。

④ ［英］爱德华·吉本：《罗马帝国衰亡史》第2卷，席代岳译，吉林出版集团股份有限公司2014年版，第758—759页。

者倒向后者，形成了所谓的经院哲学。烦琐的思想冲撞争辩、文献与实证的考据，逐渐孕育着现代科学技术的萌芽，从而也昭示着中世纪欧洲文化进步的步伐并未驻足。

由上所述，文明与野蛮、俗世与教会和哲学与宗教这三对历史范畴，分别从民族、生活与思维三个方面贯穿罗马帝国历史的终始，立体地勾画了罗马帝国的历史轮廓与画面，可以说，这是把握其本质的锁钥之一。当然，吉本的初衷是站在生机盎然的英国角度，揭秘已经衰败没落的罗马帝国，是如何一步步走向衰亡的各种元素；遗憾的是，身临其境的吉本没有由此揭示英国工业化的强势走向的元素。

最后，吉本成功尝试创新了历史方法论。

其一，尝试了历史比较研究法。

众所周知，历史比较研究法是历史学方法论中最基本的方法之一，其旨趣就是将历史上两种或两种以上的现象予以比较对照，寻找其关节点，比较其异同，分析其原因，抽象出一般的历史规则。遍阅《罗马帝国衰亡史》可以发现，吉本的历史比较研究法的运用，俯拾皆是，十分娴熟。如上所述，历史人物性格的比较，决定了罗马帝国各个时代历史风貌的根源；历史认识范畴中的文明与野蛮、俗世与教会、哲学与宗教的三个比较，揭示了罗马帝国走向衰败、没落进程的元素。

其二，尝试了历史心理研究法。

历史心理研究法是 19 世纪初年由弗洛伊德所最早明确提出的跨学科方法论。而 18 世纪的吉本出于"历史本质是人们的活动"的考虑，已经予以了独到与精彩的运用。

第一，吉本从英雄史观出发，看到了社会历史的道德教育对个人心理的影响。

以狄奥多里克为例，作为东哥特人阿马利（Amali）皇族的第 14 代直系后裔，曾作为人质，8 岁时到东部君士坦丁堡接受教育，18 岁时又被送到东哥特部落接受军事训练，其身心都得到了极好的磨砺。489 年，狄奥多里克接受拜占庭宫廷的授意，带领军队将罗马从外籍佣兵奥多亚克（Odoacer）的"临虐和压榨"下解救出来。经过三年的战争，双方打了个平手，狄奥多里克与奥多亚克在拉文纳主教的调解下，达成了和平协议，东哥特人以解禁拉文纳的粮草封锁为条件，被允许自由进出拉文纳城。493 年 3 月 5 日，奥多亚克在一次正式的宴会中被刺身亡。此次暗杀事件究竟是不是狄奥多里克的操作，吉本自己所掌握的资料还不能准确地下结论。但奥多亚克的被杀，其社会影响是赢得了意大利整整一代的"公众幸福"；其主观影响则是使狄奥多里克执掌意大利33 年。"狄奥多里克在位的时日何其漫长，有生之年竟会惩治品德高尚的波伊西乌斯和叙马库斯。"晚年的狄奥多里克因为身体机能的衰退，年轻时期的经历时常浮现在眼前，忏悔与罪恶感也愈加浓郁，促使其心理的变态，恐惧致极。"据说有天晚上，端来鱼头做成的菜肴放在皇家餐桌，他突然喊叫起来，说看到叙马库斯愤怒的面孔，两眼冒出复仇的火花，满嘴长而尖锐的牙齿，威胁要将他吃掉。君王立即回到寝宫，躺在床上盖着厚被仍旧冷得浑身发抖，断断续续向他的医生埃尔皮乌斯（Elpidius）喃喃低语，为杀害波伊西乌斯和叙马库斯深感悔恨。他的病情日益加重，持续三天的腹泻，在拉文纳的皇宫过世（526 年 8 月 30 日）。"①

第二，吉本还看到了少年经历所形成的心态对历史的影响。

查士丁尼一世时期（JustinIan Ⅰ，527—565），女皇狄奥多拉少年时期备受屈辱。不到 6 岁的她与其姊妹在拜占庭的舞台讨生活。狄奥多

---

① ［英］爱德华·吉本：《罗马帝国衰亡史》第 4 卷，席代岳译，吉林出版集团股份有限公司 2014 年版，第 1567—1602 页。

拉"秀丽端庄，眉目如画，皮肤白皙"，"巧笑倩兮的美目"，"纤细的身材"，"举止更为雅致文静"。狄奥多拉以其保留节目哑剧、丑角赢得观众，更是以"无耻"的"赤身裸体"赢得愿意为之花钱的主顾，"不论生张熟魏一概纳为入幕之宾，幸运的登徒子获准和她享受一夜的云雨，有时会被更强壮或更有钱的恩客赶走"。强颜欢笑之后，给狄奥多拉带来的是诸多的愤恨："她肉欲欢愉表演以后、精疲力竭之余，经常愤恨在心发出怨言，责怪老天对她何其吝啬。"见到提尔人埃克波卢斯（Ecebolus）后，自以为遇到真爱，可以托付一生，却被无情地抛弃到亚历山大利亚。在返归拜占庭途中，她委身于塞浦路斯人，甚至为其生下儿子，而后只身逃回。历经沧桑，狄奥多拉确定了自己的人生理念，"辛勤纺织羊毛赚钱才免于贫苦，在一间小房子里过着贞洁而又孤独的生活"。"她那国色天香的容貌，靠着手腕或机缘的帮助，很快吸引、俘虏和抓牢查士丁尼大公，这时他用叔父的名义握有绝对的统治大权。"嫁于查士丁尼后，狄奥多拉受到宠爱，"变得富有与高贵，东部的钱财开始在她的脚下堆积"。直到 548 年 6 月 11 日去世，在其结婚 24 年、成为皇后 22 年期间，狄奥多拉一边享受无以言表的奢华，一边参与查士丁尼的政治。一方面，残酷镇压反对者。遍设密探，人们稍有对其不敬，都会受到举报，"投进特设的监牢"。"拷问架的酷刑"、"无情的鞭打"，"讨饶的乞求和悲惨的呼叫"，女皇"根本无动于衷"。"有些可怜的牺牲者丧命在污秽的地牢，还有一些人被砍掉手脚和逼成疯人才放出来，甚至奉献所有的财产才获得自由。"她说："我对着天主发誓，你要是敢不遵奉我的命令，就把你的皮给活活地剥下来。"另一方面，基于自身妓女的经历，博斯普鲁斯海峡亚洲部分，专门改建皇宫为修道院，接纳"街头和妓院"那些"被迫卖淫的"女子，"用优渥的赡养费用维持五百名妇女的生活"。这个查士丁尼时代"最出名的福利组织"，当然

"要归功于女皇对不幸姊妹的同情"。①

第三，吉本还看到了民众被动、趋利心理的历史作用。

以佩尔蒂纳克（Pertinax，193A.D.）为例，因其"言行一致的作为，使他获得万民的爱戴和尊敬，成为君王最高贵的回报"。又说："他行事过于诚实和鲁莽，让一群奴性深重，专喜趁乱牟取私利的人联合起来对抗，他们偏爱暴君的施惠甚于公正无私的律法。"② 又说："人民的选择对统治者是最美好也是最纯洁的头衔，然而就任何时代而言都是一种偏见。"③ 意大利从被奥多亚克的蛮族统治开始，其追求自由的精神已经沦丧。"人们在连续 5 个世纪内，受到纵兵殃民的军事统治、任性善变的专制政体和无所不在的高压策略所带来的无穷痛苦。就在同一时期，蛮族从卑微和屈从的状况中脱颖而出。日耳曼和西徐亚战士被引进行省，罗马人处在他们的羞辱或保护之下。外来的蛮族一开始是作为奴仆或同盟，最后却成为统治的主子。人民的愤恨为畏惧所镇压，反倒尊敬好战首领的精神和权势。他们被授予帝国的高位，罗马的命运依靠在无可匹敌的异乡人手中所执的刀剑。"④

其三，吉本尝试了新的历史学编纂方法，建构了启蒙思潮的史学编纂模式。

总体来看，吉本的罗马编年史，当包括这样几个部分：一是以罗马、君士坦丁堡的皇权更替为主体的，包括疆域沿革、军事征战以及法

---

① ［英］爱德华·吉本：《罗马帝国衰亡史》第 4 卷，席代岳译，吉林出版集团股份有限公司 2014 年版，第 1610—1616 页。

② ［英］爱德华·吉本：《罗马帝国衰亡史》第 1 卷，席代岳译，吉林出版集团股份有限公司 2014 年版，第 103 页。

③ ［英］爱德华·吉本：《罗马帝国衰亡史》第 4 卷，席代岳译，吉林出版集团股份有限公司 2014 年版，第 1714 页。

④ ［英］爱德华·吉本：《罗马帝国衰亡史》第 3 卷，席代岳译，吉林出版集团股份有限公司 2014 年版，第 1453 页。

律在内的政治史；二是以犹太教、基督教与伊斯兰教为主体的，包括古希腊、罗马等原始信仰在内的宗教信仰史；三是以希腊人、罗马人为主体的，包括日耳曼人、西徐亚人、哥特人等在内的民族史、世界史。其正是这种以众多专门史相互交织的、具有宏大叙事功能的整体性通史。

　　吉本的罗马史的编纂模式，可以概括为"基于编年史的双层双线历史编纂学"。所谓"编年史"就是基于基督神学史学纪年叙事上的以历史时间为经，以事件本末为纬，详述其首尾；"双层"就是以罗马、君士坦丁堡为核心的中央皇帝主导层面和各行省的首领将帅应和层面；"双线"就是以世俗皇权更替的主线和以宗教信仰包括原始信仰、犹太教、基督教与伊斯兰教等的孕育发展为副线。可以说，正是"双层""双线"的交织融合与延续变迁，构成了吉本的罗马史体系。对于吉本来说，当然最看重的、也是影响最大的、引起争议最多的则是"双线"。他说："我深深了解到政府和教会事务的关系密切，已经达到无法分离的状况，促使我先行说明基督教的发展、迫害、建立、分裂，最后获得成功和逐渐腐败的过程。"①

　　如果说吉本的史学思想是启蒙思潮的产物，那么，其成功的史学编纂模式当是史学现代化的标志之一。王晴佳老师在谈到西方史学现代化时，曾经说：实物资料的采用、传统文献的批判、历史的哲学思考等"史学方法和历史观念的变更，特别是脚注方法的运用，让历史写作不但能叙述史实，而且展现研究成果和历史解释，自吉本开始，逐步演变为现代史学的基本写作模式"。②

---

　　①　[英] 爱德华·吉本：《罗马帝国衰亡史》第 3 卷，席代岳译，吉林出版集团股份有限公司 2014 年版，第 1457 页。
　　②　王晴佳：《西方史学如何完成其近代转型？——四个方面的考察》，《北京大学学报》（哲学社会科学版）2016 年第 4 期。

综上所述，可以看出，吉本的历史主义贡献在于，充分肯定了历史本质的理性特质，也认识到了人们在历史发展中的无奈及其不确定性；充分肯定了历史学研究的对象在于政治与军事，其任务是记存并揭示其真相，其功用在于培育自由思想，强化历史教育；根据罗马史的实际，准确提出了历史认识范畴，尝试创新出史学现代化的编纂模式："基于编年史的双层双线历史编纂学。"

第三章

实证史学思潮

　　历史主义的实证思潮是指 19 世纪至今的将学术旨趣标榜为考实性认识的史学思潮，包括了实证史学、接受史学与概念史学。实证史学、接受史学分别从历史学的客体与主体两个方面构建了历史主义的基本学科理论，概念史学关注两者中介的概念，可以说是对其的应用与实践。

　　实证史学。发生于 19 世纪，与兰克的客观主义史学和实证主义史学可谓是三位一体。实证史学认为，历史是人类的复杂活动，进步与凝滞相互交错，其动力就是精神；历史学研究的对象是"精神趋势"，其任务是揭示真相，其性质既是科学也是艺术；历史认识的基础是史料，其主体是史家，其方法是解释。实证史学的卓越代表就是德国的兰克与德罗伊森，其突出的贡献就是规范了历史学研究的事实根据与历史资料的整理、考订方法，确立了历史学的学科性质，促成了历史主义理论及其学科的真正确立与完善。

　　接受史学。接受史学就是站在读者的角度，反思、批判并评估历史学的研究成果，从而引导历史学走向社会，走向民众。接受史学是针对 19 世纪实证史学过分重视史料的考证、蔑视历史认识的主体性而诞生的新史学，其成分比较复杂。依照其发展的顺序，接受史学包括了 20 世纪前期的相对主义史学（即历史主义）与后期至今的后现代主义史学（即新历史主义）。接受史学认为，历史是史家对人类活动的探究与论述，其条件是现实，其动力为审美；历史学研究的对象是史学主体，其研究任务是揭示其内涵，其性质属于美学；历史认识的基础是文本，其方式是叙事，其宗旨是思想。接受史学以历史认识主体性与历史叙事、语言的切入丰富了历史主义理论，推进了历史学从 20 世纪初乃至于今天的发展与完善。

概念史学。兴起于 20 世纪中后期英国、德国与法国的新史学，是对实证史学、接受史学历史主义的发展与实践。概念史学认为，历史的本质是概念的运动与变迁，历史发展的动力也是概念，而其推进的方式是"言语行动"，其态势是"鞍形期"（Sattelzeit）。历史学的研究对象是概念，其任务一是揭示其语义即所反映的生活实际，二是揭示语境即概念与事实的关系，三是揭示其语用即历史的现代化，其性质则属于社会史学。历史认识的基石是概念及其维系的言语、词汇，其方式在于时间化（Verzeitlichung）、民主化（Demokratisierung）、可意识形态化（Ideologiesierbarkeit）与政治化（Politisierung），其方法是采用多学科如社会学、传播学与政治学等学科。概念史学既承继了实证史学的实证品质，又摒弃了接受史学的虚无谬误，可谓是对历史主义的真正发展与促进。

第一节　规范与科学：实证主义的史学思想

历史主义发展到 19 世纪，一边搭建自身的实践平台即民族传统史学，一边又强化其自身学科理论的构建、完善与规范，其显著的特征就是提出了一系列关于历史资料如档案、日记与回忆录等的搜集、考证及其使用规范，强调了历史学的职责、使命及其科学性质。所以说，规范与科学，是对实证史学的精辟概括。

一、实证史学的研究及其走向

所谓实证史学，就是认为历史学研究就是对历史资料的搜集、整理与考证，历史学研究的目的是阐述真实的事实，揭示其规律，尽量消弭历史学家的主观成见与主体性，实现客观地看待、复述历史的目的。用柯林武德的话说，就是"确定事实和发现事实间的因果关系或普遍规律"[1]；用吉尔伯特的话说，就是使用"语文——考据法（philological-critical method)，将史学提升为一门科学"[2]。实证史学发生于 19 世纪，大致相当于民族传统史学的发生时期；在学术研究实践中，实证史学与兰克的客观主义史学和实证主义史学的提法可谓是三位一体。

关于兰克史学与客观主义史学的研究。兰克作为 19 世纪最为著名的史学家，得到了国内外众多学者的关注。所以，有关的研究材料非常之多。就国外来说，研究兰克的著作有美国著名史学家伊格尔斯的《德国的历史观》，其中第四章，是专门论析兰克史学思想的。[3] 再就是美国学者吉尔伯特所撰写的《历史学：政治还是文化——对兰克和布克哈特的反思》，其中第二、第三章分别论析了兰克史学的使命与历史意义，第六章则分析了兰克与布克哈特的史学共性。国内学者对兰克的研究，一直存在着两种态度。一种是否定的，认为兰克史学过分重视资

---

① 朱本源：《历史学理论与方法》，人民出版社 2012 年版，第 465 页。

② ［美］费利克斯·吉尔伯特：《历史学：政治还是文化——对兰克和布克哈特的反思》，刘耀春译，北京大学出版社 2012 年版，第 13—14 页。

③ ［美］格奥格尔·G.伊格尔斯：《德国的历史观：从赫尔德到当代历史思想的民族传统》，彭刚、顾杭译，译林出版社 2014 年版。

料，掩盖了其为普鲁士资产阶级服务的真相。如吴于廑先生在论述了兰克的史学活动及其成就之后，指出，兰克史学与唯物史观有两点是对立的：一是兰克不谈"一般"与"共同因素"，实质是"否认历史的规律性"；二是兰克的"不存偏见，不作价值判断，不从历史中找教训"，目的是否认历史学的党性，"否认它为阶级利益服务"。进而，吴先生揭示兰克史学的本质在于"宣扬历史决定于统治阶级的大人物"、"史学著作成为他宣扬君主集权、反对法国革命思想的工具"、"西方中心论者，并且利用历史为西方国家的扩张找论据"、"宣扬唯心主义和神秘主义"。① 郭圣铭先生在《西方史学史概要》中，对兰克史学的贡献及其实质作了评述："资产阶级的'客观主义'"，"借口史料高于一切，把历史学变成了史料学"，"否认社会发展的规律性，把历史归结为帝王将相的活动"，"神秘主义的宗教史观"。② 许洁明也对兰克史学的客观主义主张与方法提出了批评。③ 另一种持以肯定的态度，认为兰克所提倡的客观主义史学，具有科学的特性。王晴佳在考察兰克的史学成就之后，指出兰克史学具有较强的"历史主义意识。承认历史的进步，认为历史发展具有某种规律"；"世界历史""是存在精神的、创造性的、道德的各种力量的交互作用"；"历史学具有科学和艺术的双重性质"；史学方法上的"如实直书"。④ 易兰认为，兰克"是十九世纪史学最高成就的代表者"，是"科学历史学之父"与"客观主义史学之父"。⑤

在对兰克史学的考察中，张广智先生还对客观主义史学予以了论

---

① 吴于廑：《揭开朗克史学客观主义的外衣》，《武汉大学人文科学学报》1960年第1期。
② 郭圣铭：《西方史学史概要》，上海人民出版社1983年版，第156—158页。
③ 许洁明：《略论朗克客观主义史学的观点和方法》，《史学史研究》1986年第3期。
④ 王晴佳：《简论朗克与朗克史学》，《历史研究》1986年第3期。
⑤ 易兰：《兰克史学研究》，复旦大学博士学位论文，2005年，第259页。

析，说它在"19 世纪 30 年代至 20 世纪 30 年代是史学思想的主流"。其创始者是尼布尔，代表人物有兰克及其弟子魏茨（Waitz，1813—1886）、吉泽布雷希特（Giesebrecht，1814—1889）、聚贝尔。张先生指出，众多学者批评客观主义史学，并不是针对其考证方法，而是针对其史学态度，即"天真地相信他们在历史研究中能够摒弃主观性，因此可以不带感情色彩地反映客观历史"，再就是历史学研究的目的不可能仅仅在于"如实直书"，历史学家"都拥有对过去行为的解释权，他的写作正是通过利用这种解释权指导着现实"。① 刘颖先生也说，客观主义史学主宰了 19 世纪西方的史学界，其特征是崇尚资料、轻视理论、不作价值判断。②

　　关于实证主义史学的研究。在一些学者看来，客观主义史学与实证主义史学属于各自不同的史学流派。张广智先生分章节论析了客观主义史学与实证主义史学。实证主义史学源自于 18、19 世纪自然科学的迅猛发展与影响，其代表人物有法国的孔德（Comt，1798—1857）、泰纳（Taine，1828—1893）、古朗治（Coulanges，1830—1889），英国的哲学家约翰·穆勒（Johm Mill，1806—1873）、斯宾塞（Spencer，1820—1903）、巴克尔（Buckle，1821—1826），瑞士的布克哈特（Burckhardt，1818—1897）与德国的兰普雷希特（Lamprecht，1856—1915），等等。实证主义史学的特征就是类比自然科学的精确性与实证性，认为，历史是客观的，其发展是有规律的；人们可以像观察自然一样，凭借着确凿的历史资料，发现历史发展的规律，指导社会实践。实证主义史学忽略了历史的人性本质，也没法避免历史学研究中的主体性渗透，于是逐渐

---

　　① 张广智：《西方史学史》，复旦大学出版社 2000 年版，第 211—219 页。
　　② 刘颖：《简评 19 世纪西方客观主义史学思想》，《湛江师范学院学报》（哲学社会科学版）1998 年第 2 期。

进入困境。① 王建娥指出，实证主义史学的学术贡献在于，扩大了传统史学的视域，倡导自然科学的研究方法，促进了历史学新的学科如心理史、人民史、文化史、经济史、环境史、气候史等的研究。② 一些学者论析了实证主义史学与客观主义史学的差别。徐善伟认为，客观主义史学与实证主义史学是 19 世纪的两大资产阶级史学流派。客观主义史学的代表是兰克，实证主义史学的代表是孔德与巴克尔，其背景都是在 19 世纪自然科学尊重事实、崇尚实证的前提下孕育产生的。两者的不同在于历史观方面，兰克要求"如实地说明历史"，巴克尔则强调阐明规律；兰克将历史动力归结于上帝，孔德等人则将历史的发展归因于其自身的规律性；兰克史学强调伟人的作用，实证主义则强调普通大众的历史作用。在历史学学科论方面，两者都强调求真，反对在历史论著编纂上片面追求艺术性，其不同在于，兰克注重史料，强调专题研究，穷究历史细节，实证主义则注重社会整体的研究，扩大历史学研究的领域；兰克注重事实考证，蔑视归纳、概括，实证主义史学则重视归纳、概括的方法、心理学的方法与统计分析方法。总之，实证主义史学在认识论、方法论与历史研究的主题与内容上，"都比兰克客观主义史学有所进步、创新与拓展"。③ 易兰认为，实证主义史学的特征是重视理论，承认规律、探寻规律，探求事实之间的因果关系，重视史学的道德训诫；而以兰克为代表的客观主义史学则仅停留在事实层面，偏爱特殊事实不讨论理论问题，仅仅阐释单个事实不探讨规律，不讲究史学垂训作用，等等。总之，客观主义史学的对立面是先验主义史学，实证主

---

① 张广智：《西方史学史》，复旦大学出版社 2000 年版，第 219—228 页。

② 王建娥：《实证主义史学的历史意义再认识》，《西北师范大学学报》（社会科学版）1994 年第 6 期。

③ 徐善伟：《略论实证主义史学与兰克客观主义史学的异同》，《齐鲁学刊》1991 年第 6 期。

义史学的对立面是浪漫主义史学，所以两者不是有着显著区别，"兰克史学不能归于实证主义史学"。① 在一些学者看来，实证主义史学与客观主义史学是一致的。刘颖认为，两者都"鄙视理论重视史料，强调历史是一门研究事实的科学"。② 易兰认为，客观主义史学与实证主义史学的共同点，在方法论上，"都强调史料的重要性"；在治史原则上，"都主张如实直书"。③ 朱本源先生对实证主义史学与兰克史学的关系做了详细的论析，他接受了柯林武德的观点，将兰克看作是实证主义史学的一个分支。"我们同意柯林武德的看法，他把兰克模式的史学派别与既重视事实又重视发现因果规律的孔德模式的史学派别都纳入'实证主义'中"。朱先生进而分析了兰克史学的历史思维模式，其特征在于："将尊重实证的历史事实放在首位"，"事实是经验中确凿无疑的事实"，"具有自然科学家的客观精神"，"历史事实当作独立的原子式""都要单独地认识"，"特定的因果解释"，"反对旧的传统意义上的哲学（形而上学）"即"唯理主义的历史哲学"。④

综上所述，实证史学在西方的发展，流派繁杂，影响深远。在这里，我们同意朱本源先生的观点，将兰克史学、客观主义史学与实证主义史学看作是同类的、性质一样的史学流派。因为虽然其间有所差异，但都是在 19 世纪自然科学发达的前提下，仿效其研究方法，追随其学科旨趣与归属，仅此一点，客观主义史学也好，实证主义史学也好，都

---

① 易兰：《论客观主义史学与实证主义史学的异同——兼论兰克史学的定性问题》，《湘潭大学社会科学学报》2002 年第 5 期。

② 刘颖：《简评 19 世纪西方客观主义史学思想》，《湛江师范学院学报》（哲学社会科学版）1998 年第 2 期。

③ 易兰：《论客观主义史学与实证主义史学的异同——兼论兰克史学的定性问题》，《湘潭大学社会科学学报》2002 年第 5 期。

④ 朱本源：《历史学理论与方法》，人民出版社 2012 年版，第 42、431—476 页。

是相同的。走笔至此，想起跟随胡逢祥先生学习时，大概是 2002 年春季，在华东师范大学文科大楼八层的历史学系教室里，听取王晴佳先生的学术报告，曾请教王先生："客观主义史学、实证主义史学与科学主义史学之间，究竟是什么样的关系？"王先生作了简单的解答，大致意思是说，其本质属性是一致的，只是在论述中稍有差异而已。由此，将兰克史学、客观主义史学与实证主义史学都冠之以实证史学的名义，进一步阐释其历史主义的意蕴，还是有其道理的。

二、学术扬弃、精神动力与历史规律

实证史学的杰出代表是德国著名的历史学家利奥波德·冯·兰克（Leopold von Ranke，1795—1886）。他出生在德国图林根的维尔镇，当时属于萨克森公国，1815 年才归并到普鲁士。特殊的出生和经历使他对当时欧洲甚至德国的思想具有审慎和冷静的态度，即"平静的气质"。英国著名史学家古奇认为，这是兰克成为名家所必备的要素。

在历史观上，兰克对其之前的理性史学、非理性史学与民族传统史学都有所扬弃。

关于进步的观念。进步观念是理性史学的主要概念。它认为，历史作为人类的活动，完全可以依照理性的原则予以设计与规划、实施与完善。兰克认为，这种观点一是"在哲学上站不住脚"，因为它"取消了人的自由并使人成为无意识的工具"；二是"在历史上也无法得到证实"。历史的实际是，有些民族并没有进步，比如亚洲，"从整体上看却呈现着一种倒退"，再如古希腊、罗马也"不再那么辉煌"。当然，兰克也不是完全否认历史的进步。"在对自然的认识和利用方面是进步的。古人对自然的认识无法和我们相比"；在哲学方面，柏拉图和亚里士多德"从来没有人能超出他们的范畴"，"政治领域的一些普遍原则先人早就提出来了，后续时代知识在经验和政治试验方面进一步加以充实"，"只是比前人拥有更丰富的政治经验罢了"。① 可见，在兰克看来，自然科学是进步的，而人文科学却没有显现出进步。由此可知，理性史学的进步观念是不完全准确的，是值得商榷的。

关于历史是人类创造性贡献的观点。非理性史学将历史界定为人类活动中的创造性贡献，虽然肯定了历史的进步与向善，但是也否定了历史进步的普遍性，从而也否定了历史的连续性与个别性。对此，兰克是坚决予以反对的。他说："每个时代的价值不在于产生了什么而在于这个时代本身及其存在。只有从这种观念出发去观察研究历史以及历史上的个体生命才有意义，也才具有特殊的吸引力。如此做历史研究时我们还必须看到，每个时代或谓每个历史阶段都具有其特有的原则和效能，而且都有资格受到尊重。"②

关于历史是民族传统凝聚的观点。民族传统史学将历史看作是民族传统的延续与凝聚，从而认同理性史学。兰克则不以为然。一方面，他否认历史是进步的观念，甚至与民族传统史学一样基于民族传统的立场上对法国大革命进行否定。他说："历史教导我们，某些民族根本不具备文化能力。常常是过去的历史阶段比后来的历史阶段更具备道德。比如法国的道德和教养在 17 世纪中期要比 18 世纪末期高得多。"另一方面，他强调民族之间的交融，甚至战争。他说："我们看到一个奇怪的事实，罗马帝国给世界带来了大量有益的成果之后，自身却逐渐萎缩了。所

---

① ［德］兰克:《历史上的各个时代——兰克史学文选之一》，杨培英译，北京大学出版社 2010 年版，第 6、11、12 页。
② ［德］兰克:《历史上的各个时代——兰克史学文选之一》，杨培英译，北京大学出版社 2010 年版，第 7 页。

以，关键还在于占主导地位的世界理念（die Weltideen）的扩张能力。这种扩张能力通常以两种方式体现。其一是通过主导观念向其他民族的传播。比如，基督教远远超出罗马城墙的范围传到了不列颠。不过，这里更多地是以教派形式传布的。而教派这种形式是难以满足基督教传布任务之需的。其二是通过战争使基督教观念得到推广。战争使不少民族特别是日耳曼人不断与罗马人相接触，并进而导致了文化的传播。"[1] 有的学者据此指责兰克鼓吹战争，其实也算是有根据的。但是，在这里我们看到的是对于民族传统史学坚守民族传统的驳斥。

关于宗教史观的问题。从整体上看，历史主义是以否定宗教史学的上帝史观为鹄的。但是，在兰克史学中却时常谈到上帝。他说："我要强调指出的是，每个时代都直接与上帝相关联（jede Epoche ist unmittelbar zu Gott）。"[2] 又说，在历史研究中，上帝"是我们的研究所依据的宗教基础"，"没有上帝便没有一切，任何事物都是源自上帝的"，"我们所做的仍然不过表明，我们所有的努力都是源自一个高高在上的、宗教的源头"。[3] 又说："当我们揭示真相，剥去它的外壳，展示它的本质之时，这一过程恰巧也展示了那蕴藏在我们自己的存在、内在生活、来源、呼吸之中的上帝，至少是证明了上帝的存在。"[4] 由此，兰克对于上

---

① ［德］兰克：《历史上的各个时代——兰克史学文选之一》，杨培英译，北京大学出版社2010年版，第10、27页。

② ［德］兰克：《历史上的各个时代——兰克史学文选之一》，杨培英译，北京大学出版社2010年版，第7页。

③ Leopold von Ranke, On the Character of Historical Science, *The Theory and Practice of History*, edited by Georg G. Iggers and Konrad von Moltke, The Bobbs-Merrill Company, INC. Indianapolis & New York, 1973, p.38. 转引自易兰：《兰克史学研究》，复旦大学博士学位论文，2005年，第138页。

④ Leopold von Ranke, *Das Briefwerk von Leopold von Ranke*. Hrsg. Von W. P. Fuchs, Hamburg, 1949, p.62. 转引自易兰：《兰克史学思想研究》，复旦大学博士学位论文，2005年，第139页。

帝的肯定显然与历史主义的宗旨不相吻合。所以，一些学者批评兰克具有神秘主义倾向，宣扬神学史观。但是从实而论，兰克虽然不断地提到上帝，但是在历史真理与上帝面前，他仍然是以前者为重点。据说，在一次历史学家会议上，一位狂热的新教徒、宗教改革史研究者对兰克说："亲爱的同事，你我在有一点上是一致的：我们都是历史学家和基督徒。"而兰克却说："我们之间还有一点分歧：我首先是个历史学家，然后才是基督徒。"可见，兰克将自己的信仰与研究是分开的。"当他研究历史时，他便忘了自己的个人信仰，只记得自己是个历史学家"；"他珍爱自己的思想观念，但他更倾向于对真理的热爱"。兰克在其专著《世界史》中谈到基督时说："虽然我是个忠实的因信称义的基督徒，但在写下这个名字的时候，我仍须提防别人疑心我在这里谈论宗教神秘主义的东西，这种神秘主义是历史学的智慧所不能理解的……宗教信仰的领域和历史科学的领域并不互相对立，但它们存在性质上的差异。"① 由此可见，兰克所谓的上帝只是基于信仰上的"口头禅"，他并没有放弃对历史真理的追求。正像张广智先生所说："他的宗教观念并不妨碍他在一定程度上阐幽探微、写出史实严谨的历史著作，这位大史家的实践证实了这一点。"②

如果将上帝撇开，那么，决定历史的力量是什么呢？换句话说，历史发展的动力是什么？兰克综合了理性史学的理性说、非理性史学的诗性说与民族传统史学的秩序说等观点，认为历史发展的动力在于两个方面：就历史主体方面来说，是人类的精神。"毋庸置疑，在整个历史长

① ［法］安托万·基扬：《近代德国及其历史学家》，黄艳红译，北京大学出版社2010年版，第51、76页。
② 张广智：《克利奥之路：历史长河中的西方史学》，复旦大学出版社1989年版，第158页。

河中人的精神力量是不应被低估的。自远古以来精神力量一直在持续不断地发展变化，而且只有这一种普遍的历史性的发展变化是人类共同参与的。"就历史客体方面来说，是历史发展的规律。"从上帝的立场出发，我只能说，人类自身蕴含着无穷无尽的多种多样的发展变化，而这种发展变化是按照不为我们所知的、远比我们所能想象的更为神秘和伟大的法则而逐步显示出来的。"在历史实际中，人类的精神与历史的法则凝聚成为主宰历史发展的"精神趋势"（die groben geistigen Tendenzen），控制着历史的发展，从而促使历史呈现多样性的统一。比如，16 世纪下半叶的宗教强势，18 世纪的功利主义盛行。又如："我认为，历史的进步不是一种呈现直线上升的运动，而更像是一条按其自身方式奔腾不息的长河。我认为，万物的造物主俯瞰着整个人类的全部历史并赋予各个历史时代同等的价值。"①

实证史学另一位杰出代表是德国的德罗伊森（Johann Gustayv Droysen，1808—1884），他将兰克的"精神趋势"观点予以了升华。

德罗伊森完全承继了理性史学的历史观，认为历史是区别于自然的人类的理念活动。"历史是理念的不断向前展现及生长。"人类的理念有"求圣""求美、求真以及追求权力（权利）等等各种各样"，"内在理念外现的过程"就是"历史活动"。"人类历史就在这些理念中展开，理念也在人类及其历史活动中显现。"理念作为历史的动力，推进着人类历史的向善与进步。"在人类的眼光之下，只有关于人类的事物，才是不断自我提升的；而且，人类也把自我提升一方面视为是自己的本性，另一方面又视为自己的义务。"这里所谓的"自我提升"，其实正是理性史学所谓历史的进步与向善。反过来说，所谓历史就是指人类的进步与向

---

① ［德］兰克：《历史上的各个时代——兰克史学文选之一》，杨培英译，北京大学出版社 2010 年版，第 6、9、7、8 页。

善，也可以说就是"人类的自我提升"："人类不断自我提升的一切活动，我们称之为道德界（sittlichewelt）。历史一词，最确切的所指就是道德界。"又说："道德活动世界中有无止无休的万端营求"，其"前后秩序"，"即是历史"。①

在德罗伊森看来，理念也就是自由。"自由是意愿的伸张，是伦理活动的表现。"可见，自由既是"自我提升"，又是进入"道德团体"。"自由的意义是能加入各种伦理团体生活，不被摒绝于伦理生活之外，可以毫无限制地成为各个团体的一分子。"这样，个人的自由与客观发展是相一致的，"历史发展有其必然性，历史发展是自由的"，"历史活动中的生命脉搏是自由"，"最高的自由是为至善而活，为至终的目的而活"。② 在历史实际中，人的自由与客观规律相和谐，从而构成人类的基本活动，成为历史的主脉。显然，这与上述兰克所谓的人类精神与历史法则相结合构成"精神趋向"，是一致的。

由此可见，德罗伊森所说的"道德界"或"道德团体（Sittliche Mächte）"，与兰克的"精神趋势"是一致的，明面是指历史发展中的进步与向善，夹层是民族传统史学的印痕，里子则是其德意志民族的政治与强大。

三、精神趋势、历史真相与历史学的科学性

关于历史研究的对象。在兰克看来，历史是人类的活动，其中虽然

---

① ［德］德罗伊森：《历史知识理论》，胡昌智译，北京大学出版社 2006 年版，第 39、8、12、13 页。

② ［德］德罗伊森：《历史知识理论》，胡昌智译，北京大学出版社 2006 年版，第 85、86 页。

有进步、有凝滞，但因"精神趋势"的作用，历史发展的总趋势是发展的。由此，历史学的研究对象是人类的活动，是"精神趋势"。"历史学家应该区分各个时代的大趋势并展示人类的伟大历史，因为历史正是这种种大趋势的总和。"① 德罗伊森也认为，历史学的研究对象是人类自己，是人类的自由与道德伦理的发展。"历史是人类的自己对自己的认识，是人类的自知。""追求自由是人类一切活动之上的总活动——研究这些活动的就是历史学。"② 历史学的研究对象就是人类的活动，其中包括人的自由与道德团体。

关于历史研究的任务。实证史学作为历史学科最为成熟的理论，对于历史学的任务做了较为系统而深入的论述。兰克精确地论析了历史学研究任务的两个层面。他认为，历史学研究任务的表层就是寻求历史真相。在《法国史》中，兰克批评那些只讲实用的历史学研究，好似宣布着真理，其实是"谬误的历史著作"。他说："一部历史著作的主要要求是确保其真实性；事实是怎样发生的就怎样去描述。""历史著作的学术性是最重要的"，即在"最大限度内确定""整个真相"。③ 历史学研究任务的深层就是探究历史的规则。"历史学家的首要任务是研究人类在特定历史时代中的所思所为，这样就能发现除去道德观念等恒久不变的主观思念（die Hauptideen）之外，每个历史时代都拥有其特定的趋势（besondere Tendenz）和自己的理想（eigenes Ideal）。""历史学家的第二项任务，是寻找各个历史时代之间的区别以及前后历史时代之间的

---

① ［德］兰克：《历史上的各个时代——兰克史学文选之一》，杨培英译，北京大学出版社 2010 年版，第 7 页。

② ［德］德罗伊森：《历史知识理论》，胡昌智译，北京大学出版社 2006 年版，第 85、86 页。

③ ［德］兰克：《世界历史的秘密——关于历史艺术与历史科学的著作选》，易兰译，复旦大学出版社 2012 年版，第 347 页。

内在联系。"①在兰克看来，历史学所要探究的历史规则，其第一要务就是探究历史的个性，即历史发展的时代特性，其中包括每个时代所体现的历史规则即"精神趋势"和该时代的独有要求；其第二要务就是揭示历史的共性，亦即历史上各个阶段之间的必然联系。兰克对历史学研究任务的两层理解，在德罗伊森这里被升华为"历史知识"。"历史学是以具体经验性的方式，接触、经历以及研究历史的结果。"历史学是以经验思维的特点来构建历史知识的。"历史知识是人类对自己的认识，是自我确立。历史知识并不是'光与真理'，但却是对'光与真理'的追求、赞美及宣导；如约翰福音书所说：'他不是那光，乃是要为光做见证。'"② 可见，在德罗伊森这里，历史学的任务就是探究、梳理和总结历史的经验与知识，从而构建历史知识的体系。由此，在实证史学看来，历史学研究的任务就是探究基于事实真相上的有关人类发展的规律性，从而构建其相应的知识体系。

关于历史学的学科性质。可能承袭了理性史学与非理性史学的遗产，实证史学对历史学的学科属性予以了折中，即认为历史学既是科学又是艺术。但是仔细考察，实证史学与理性史学、非理性史学是完全不一样的。

关于历史学的科学性。实证史学虽然承袭了理性史学的历史学是科学的观点，但又有着本质的不同。理性史学虽然强调历史研究可以像自然科学一样达到科学的认知，但还受宗教史学"预言"（神学所理解的启示）的影响，"从他所预设的概念"解释历史，结果是哲学家以其

---

① ［德］兰克：《历史上的各个时代——兰克史学文选之一》，杨培英译，北京大学出版社 2010 年版，第 6—7 页。

② ［德］德罗伊森：《历史知识理论》，胡昌智译，北京大学出版社 2006 年版，第 8、89 页。

"特有方式发现的真理","为自己建构起所有的历史","他决意要使真正的事件从属于他的观念","真实的历史使自身从属于他的观念","这是一种纯粹概念的历史"。显然,这与理性史学反对宗教史学的初衷是相悖的。兰克比较仔细地分析了哲学与历史学的区别:哲学是关注崇高理想,侧重于普遍价值,重视历史发展的本质及其细节展现,再来对未来作预言;而历史学则提醒存在的现状,侧重于特殊价值,同情性地关注细节,关注并尝试理解当下的存在及其过去。总之,哲学是以共性的眼光,"在进步、发展和整体中寻求无限",而历史学则是以个性的眼光,"在每一种环境"、"每一种存在、源自上帝的永恒之物中,识别出永恒的事物"。所以,历史学的科学性在于:"致力于具体事物,而不仅仅是可能内在于其中的抽象之物。"[①]也许有鉴于此,德罗伊森根据其道德团体的内涵,指出了历史研究的具体内容:第一为"精神团体"(Communities of Spirit),包括家庭、邻居、部落、民族;第二为"观念团体"(Communities of Ideals),包括语言、艺术、科学、宗教;第三为"实践团体"(Practical Communities),包括社会阶层、社会福利、国家和法律。[②]

关于历史学的艺术性。实证史学所谓的历史学的艺术性,也与非理性史学决然不同。非理性史学所谓的历史学诗性艺术,是从历史本体论的角度讲的;而实证史学则完全是从历史学成果的表述方面讲的。兰克说,历史学"作为一门艺术,则是因为历史学要重视和描绘那些已经找到和认识了的东西。其他的科学都仅仅满足于记录找到的东西;而历

---

① [德]兰克:《论历史科学的特征》,刘北成、陈新主编:《史学理论读本》,北京大学出版社 2006 年版。

② 秦颖:《德国普鲁士学派的代表——德罗伊生》,载郭圣铭、王晴佳主编:《西方著名史学家评介》,华东师范大学出版社 1988 年版,第 190 页。[德]德罗伊森:《历史知识理论》,胡昌智译,北京大学出版社 2006 年版,第 62—83 页。

史学则要求有重现它们的能力。"①据此，德罗伊森详细讲述了历史学研究成果展现的形式。第一，"研究式的表达"，"是把研究中已得到的结果，叙述成好像它们还待探究及追寻一样"。第二，"叙述式的表达，是把被研究的对象的发展变化原原本本地陈述出来"。第三，"教学性的表达（die didaktische Darstellung）方式，是把研究的结果，特别是其中对现今社会有教训意义的部分串联起来"。②

在学术研究的实践中，关于历史学学科属性问题的论争，无论怎样有分歧，其实都是抱着一种肯定的态度，试图让社会各界人士都是接受并认可历史学的。就此而言，历史学就是历史学，它不是科学也不是艺术。所以，兰克认为，历史学和哲学与艺术的不同在于"它的特定主题"，即"处于具体的环境之中，并且从属于经验主义"，简单说，"非得依赖现实"。③

关于历史学的功用。实证史学强调历史学的求真，并没有忽略其社会功用。第一，历史学提供知识。兰克在给其儿子信中说："不断向前的潮流支配着过去，并使之纳入它的过程中来。历史学家存在的价值，就是在这种潮流中或为了这一潮流而理解并学会理解每一个时代的意义与价值。他必须以不偏私的眼光仅仅只是研究历史本身，而不考虑其他。"④第二，历史学为政治服务。兰克虽然说自己"从来没有想过要去效忠任何"的君主制，但是他同意历史学家参与政治，"一个历史学家

①　［德］兰克：《论历史科学的特征》，刘北成、陈新主编：《史学理论读本》，北京大学出版社 2006 年版。

②　［德］德罗伊森：《历史知识理论》，胡昌智译，北京大学出版社 2006 年版，第 91—117 页。

③　［德］兰克：《论历史科学的特性》，刘北成、陈新主编：《史学理论读本》，北京大学出版社 2006 年版。

④　［德］兰克：《世界历史的秘密——关于历史艺术与历史科学的著作选》，易兰译，复旦大学出版社 2012 年版，第 349 页。

应该积极地参与公共事务".①第三,历史学培养人才。德罗伊森说:"体会前人以及重演前人的思想,这种练习泛称为通人教育(Bidlung)";"通人教育是训练及发展我们之所以为人的特质,它是一般性的教育,是基本的训练。"可见,"通人教育"实际上就是成人教育,即培育人们如何成为人的教育。在德罗伊森看来,历史学的教育可以分为两个层面:一是专业的技术训练,如军官可借助阅读战争史训练培养自己的战争才能,"一起与当事人思考"如何面对危机,如何处理战斗资源;二是思想政治的培养,"历史课程是政治教育及一般性的通人教育的基础。政治领袖是最实际的历史家:观察存有,并履行义务。"历史学的实际意义是,"它——也只有它——才能给予一个国家一个民族及其军队自己的形象".② 可见,历史学是为政治服务的,这与兰克的意见是一致的。

四、档案资料的膜拜与历史认识的主体性

实证史学吸取了理性史学将历史事实作为历史认识基础的观点,特别强调历史资料的收集、整理。兰克说:"我们的任务仅仅是依据客观事实。"③一个偶然的经历使兰克开始关注史料的价值。兰克曾经阅读记述大胆查理与路易十一的文献,发现司各特的小说与克明尼斯(Commynes)回忆录完全不同。兰克讲究历史事实,不喜欢司各特对历史的虚构和重塑。"把历史材料和浪漫小说对比一下,我就确信前者更有吸

---

① [德] 兰克:《世界历史的秘密——关于历史艺术与历史科学的著作选》,易兰译,复旦大学出版社2012年版,第351页。

② [德] 德罗伊森:《历史知识理论》,胡昌智译,北京大学出版社2006年版,第99、100、107页。

③ [德] 兰克:《历史上的各个时代——兰克史学文选之一》,杨培英译,北京大学出版社2010年版,第10页。

引力，无论如何历史比浪漫小说有趣得多。"由此，兰克决心"避免一切虚构和幻想，一定要严格根据事实。"①由此，兰克特别注重史料的原始性及其真实性。他说，在使用史料之前，"必须先问问，他的材料是不是原始的；如果是抄来的，那就要问是用什么方式抄的，收集这些材料时用的是什么样的调查研究方法。"②即使是原始材料，那么，还要继续考察其可信度，"应该首先提出一个问题就是：他们这些人是不是历史事件的参与者、见证人，或者仅仅是和那些事件同时代的人"。③由此，兰克最为重视档案史料，竭其一生都在收集和整理。德罗伊森接着兰克讲，史料的内容可以分为三类：第一类是遗迹，历史上"直接遗留下来的"，包括有人类的创造物（如艺术、道路）、道德团体的表现（如习俗、法律与宗教）、知识与思想（如哲学、文学、神话与历史作品）和事业文件（如通信、账据与公文）。第二类是文献，历史上"当时人把他们对自己时代的认识记录下来的"。第三类是纪念性建筑，兼具上述两种特征。如果要问这三类史料哪种价值最高？德罗伊森说，因为任何史料都是片面的，史料的价值主要取决于研究者的目的，所以，历史学的研究"必须从大大小小的遗迹中找材料"，"越得依赖支离破碎的遗迹"。④

---

①　Leopold von Ranke, Autobiographical Dictation, *The Secret of World History*, edited by Roger Wines, Fordham University Press, New York, 1981, p.38. 转引自易兰：《兰克史学思想研究》，复旦大学博士学位论文，2005 年，第 63 页。

②　Leopold von Ranke, Critique of Guicciardini, *The Secret of World History*, edited by Roger Wines, Fordham University Press, New York, 1981, p.84. 转引自易兰：《兰克史学思想研究》，复旦大学博士学位论文，2005 年，第 78 页。

③　Leopold von Ranke, Critique of Guicciardini, *The Secret of World History*, edited by Roger Wines, Fordham University Press, New York, 1981, p.84. 转引自易兰：《兰克史学思想研究》，复旦大学博士学位论文，2005 年，第 77 页。

④　［德］德罗伊森：《历史知识理论》，胡昌智译，北京大学出版社 2006 年版，第 23、24 页。

对历史认识主体史家的肯定和要求，可以说是实证史学对历史主义最大的贡献，当然也是最惹人非议的。1924 年，兰克在其处女作《拉丁与条顿民族史》的"前言"中写道：

> 人们一向认为历史学的职能就在于借鉴往史，用以教育当代，嘉惠未来。本书并不企求达到如此崇高的目的，它只不过是要弄清历史事实发生的真相，按照历史的本来面目来写历史罢了。[1]

诸多的学者都将这句话看作是实证主义、客观主义的典型。要么予以肯定，要么予以批评。在我们看来，兰克这句话其实非常准确地阐释了历史认识的特征与要求。历史学虽然研究的是过往的历史，但在实践中，却取决于历史认识的主体性。见惯了社会现实中对于历史的翻云覆雨与无视真相，尤其是在后拿破仑时代欧洲学术各种思潮的潮起潮落，兰克表面上以民族传统史学的形象出现，但其根本是要陈述历史真相。虽然不无遗憾地彰显着普鲁士的强盛，但毕竟提出了历史学研究的规范，即作为历史认识主体的史家必须具备的客观态度，必须还原历史的真相。1830 年，兰克又对历史认识主体的史家提出了具体的要求：

> 第一，"对于真实的纯粹热爱"。"我们学会了以某种崇敬的态度看待所发生的、过去的或呈现的事物。"

> 第二，"一种以文献为基础的、深入的、深刻的研究是必要的。""必须致力于研究现象本身、它的条件和环境"，"研究现象的本质、它的内容"。

> 第三，"一种普遍的兴趣"。就是要求对历史的各种现象，比如制度、宪法、科学技术或者政治、战争等等，"必须对所有这些因素给予同等的关注"，"而更多的是一种对预想观念所激发的纯粹认

---

① 郭圣铭：《西方史学史概要》，上海人民出版社 1983 年版，第 156 页。

识的兴趣"。

第四，"对于因果关系联系的理解"。一种是主观的，"自私和对权力的欲望"也能解释历史；一种是客观的，"研究越是以文献为基础，就越精确，研究成果也更加卓著，我们的技艺也越能得到自由的展现"。主观的理解是没有生命力的，客观的理解才是鲜活的。"仅只是认为创造的动机会干枯，那些从鲜活的观察中得出的真实的动机是多样而深刻的。"

第五，"不偏不倚"的态度。对于历史上的冲突，比如宗教与政治之争，历史学家的任务是探究"它们存在的根基"，"开始思索那些对立、冲突的要素的根本特征，并且了解它们有多复杂，是怎么缠绕在一起的"，"这并不是要判断谬误与真理"，而是要"完全客观地描绘它们"。

第六，"总体的概念"。历史现象虽然极其多样，但是互相关联，而且是一个有生命的个体，"它生成、发挥作用、获得影响、最终消亡"。每种历史现象，都是一种生命，"都有某种整体存在"，"这种总体时时刻刻像每一次表现那样确定。"历史学研究的展开就是对某种整体即历史现象的考察。因为历史现象的丰富性，导致史家不可能完全考察所有的历史，"资料是那样的无穷无尽！""普遍史将令事情变得多么困难。"所以，历史学研究只有在关注"总体"的个体，凭借哲学共性诉求，"历史科学将令它的主题渗透着哲学精神"，那么，就真正成为既是科学又是艺术的"独特的方式"。①

显然，兰克的六条要求，前四条是基于历史认识客体的真实、资料

① 兰克：《论历史科学的特征》，刘北成、陈新主编：《史学理论读本》，北京大学出版社 2006 年版。

和实际发展而提出的，后两条则是基于历史认识主体的特征而提出的；这两个方面都显示了历史认识主体在历史学研究中的极端重要性。所以，兰克才不遗余力地坚持历史学的客观性原则。

在历史认识主体性问题上，德罗伊森又接着兰克给予新的阐释。德罗伊森认为，历史认识主体性主要体现在历史研究与现实的关系上。一方面，史料虽然是客观的，但是对其的选取却是现实的。"现实中的一切包含着我们历史研究时使用的材料。因为只有过去事件中，还留存到现在的，才不是真正逝去了的过去。过去事件仍然存在于现今的事物——人的口述、文字、纪念物等等——才是历史材料。"另一方面，回溯历史，"它们也都曾经是'现在'"。可是我们并不关心"现在"的真实以及人们对它的评价，而是关心我们自己对它的理解与看法。[1] 由此，历史学研究充斥着历史认识的主体性。

也许是重视历史认识主体性的要求，实证史学将对历史的解释看作是最基本的研究方法。兰克将历史学与音乐和数学相比，说艺术家和数学家都应该在年轻的时候脱颖而出，"但是历史学家则应该是年纪大的人，这不仅仅是因为他所从事的研究领域是不可计量的广阔领域，而且也是因为对历史过程的见解需要长时间生活的磨砺，特别是在变动不居的环境下才能磨炼出来。"这就是说，历史学家只有在经历了诸多的历史实际，有了自身的体验和感受之后，才能够真正地理解和解释历史。兰克认为，历史解释的"研究工作是美好而伟大的"，其工作要求和程序有三点："说出历史真相并评判每一事物"；"以一种不带偏见的眼光看待世界历史的进展，并以这种公正、无偏见的精神写出完美而高贵的历

---

① ［德］德罗伊森：《历史知识理论》，胡昌智译，北京大学出版社 2006 年版，第 18、19 页。

史著作"。① 德罗伊森也论述了"历史解释的本质是：把过去发生的各类事情，一方面视为是促使某个意念展开及其实现的原因，另一方面视之为其限制。"德罗伊森的意思是说，历史解释就是要挖掘历史发展的根源，同时又规定历史的起止及其本质，不能过分追溯。如包尔（Baur）无限制追问"基督是什么？"那就不行。德罗伊森将历史解释分为四个类型。

第一，"实用性的解释（Pragmatische Interpretation），借着事件本身所包含的自然因素来掌握考证过的历史事件，并且试着把它们的发展重新组织起来。"

第二，"条件的解释"（Interpretation der Bedingungen），"过去事情其形成发展的条件也与事件一样。"

第三，"心理学的解释是要在历史事实中找寻推动历史事实的意志力。"

第四，"理念的解释（Interpretation der Ideen），补充心理解释的不足。"②

综上所述，实证史学作为历史主义的典范，兴盛于19世纪的欧洲史坛，既有着自然科学的背景，又有着实证哲学的基础。实证史学的卓越代表就是德国的兰克与德罗伊森，其突出的贡献就是规范了历史学研究的事实根据与历史资料的整理、考订方法，确立了历史认识的客观性要求与历史学既具有艺术性质更是科学的学科性质。可以说，实证史学促成了历史主义理论及其学科的真正确立与完善。

---

① ［德］兰克：《世界历史的秘密——关于历史艺术与历史科学的著作选》，易兰译，复旦大学出版社2012年版，第351、348页。

② ［德］德罗伊森：《历史知识理论》，胡昌智译，北京大学出版社2006年版，第28—39页。

第二节　诘责与新构：接受视角的史学思想

接受史学是历史主义发展的新形式、新阶段。

19世纪实证史学的诞生与发展，标志着历史主义的发展已经基本完成了历史学学科的理论构建。但是因其过于强调历史事实与历史资料的客观性从而削减甚至有意识地遏制历史认识主体性的功能，受到了后来众多学者的诘问和责难，反其道而行之，一种完全重视历史认识主体性的历史学理论被重新构建起来。由此，进入20世纪以来，以强调历史认识主体性为主的相对主义史学（即西方史学史上所谓的历史主义学派）与以强调历史文本及其编纂为主的后现代主义史学（西方学术史上称为新历史主义史学）渐兴渐强，迄今为止，可以说是方兴未艾，并深刻地影响着历史学乃至于人文社会科学的研究与发展。因为相对主义史学与新历史主义史学都站在读者的角度阐释历史学的特征，在这里，我们就称为接受史学，并进而探讨其在历史观、历史学及其方法论的内涵和特征。

一、20世纪西方接受史学的研究及趋向

接受史学作为20世纪西方史学中的主流学派，其本意是站在读者的角度，反思、批判并评估历史学的研究成果，从而引导历史学走向社会，走向民众。接受史学源自于质疑19世纪西方实证史学过分重视史料的考证、蔑视历史认识的主体性，因而重构以历史认识主体为核心、以社会读者为价值导向的新史学。依照其发展的顺序，接受史学包括了20世纪前期的相对主义史学（即历史主义史学）与后期至今的后现代主义（即新历史主义史学）史学。

（一）关于相对主义史学的研究

梳理学术史可见，相对主义史学研究主要在以下两个方面展开。一是关于相对主义史学的整体论析。刘兵指出，相对主义作为被用于历史学、伦理学、美学乃至于自然科学领域中的认识论与方法论，其旨趣就是"否认事物本身及对事物认识的稳定性、客观性"；用哲学的术语讲，就是否认普遍的合理性与普遍的标准，认为其普遍的合理性与普遍的标准"必然是任意的"。丹麦科学史家赫尔奇·克拉（Helge Kragh）认为，历史由两部分组成："历史Ⅰ"与"历史Ⅱ"。"历史Ⅰ"是指"过去曾发生的各种事件"，"历史Ⅱ"是指"历史研究和历史研究的结果"。通常人们所接受的历史学知识，就是指"历史Ⅱ"（亦即由"历史Ⅱ"所反映的"历史Ⅰ"）。由此，历史学知识是相对的。但是，相对主义的提出并不是说历史学是错误的，而是针对历史的客观性及其客观性目标的认识。[①] 正如雷蒙·阿隆所指出的，如果历史学家遵守了历史研究的规范，即"极端严格地确定事实并以公平的态度来解释原文与估量证据"；"根据某种资料，从事实本身中所可看出的部分关系"；"不复要求脱离现实（那是不可能的）而承认自己的观点是什么"，那么，相对主义的存在"不是怀疑主义的表现，而是一个哲学进步的标志"，[②] 这体现了历史学的多元化倾向。张小忠先生指出："历史相对主义意指一种以怀疑历史知识的客观性为特征的史学流派，它认为历史不是实际发生的往事，而是史学家基于现实需要并蕴含自身价值观的主观建构的话语。""历史相对主义正是脱胎于德国历史主义的学术传统"。历史相对主义的表现及内涵很复杂，涉及"价值蕴含"的研究者如德国的狄尔泰、

---

① 刘兵：《科学史与相对主义》，《科学与社会》2015年第4期。
② ［法］雷蒙·阿隆：《历史中的相对主义》，《现代外国哲学社会科学文摘》1961年第10期。

意大利的克罗齐与英国的柯林武德;"语言分析"的研究者如奥地利的维特根斯坦、英国的罗素、美国的奎因、库恩、海登·怀特;"时间的可塑性"的研究者如德国胡塞尔、海德格尔、伽达默尔,法国的布罗代尔;"历史解释的相对性"的研究者如英国的沃尔什,美国的威廉·德雷,因为他们"都怀疑知识的客观性及历史学的科学性",都属于历史相对主义的理论范畴。[①]

　　二是对相对主义史学的代表史学家克罗齐、柯林武德与卡尔等的论析。对于克罗齐的研究,大致都在试图把握其相对主义的本质。王晴佳先生是国内较早研究克罗齐的学者,他认为克罗齐的史学论文是模糊了"历史研究的主客观"、"历史与现实"、"历史与哲学"三者的关系,将历史学立足于精神,强调历史学的"当代性"与"历史思想",体现了"历史研究的个性化、多元化","也是西方史学从近代到现代的一大发展"。[②] 郭齐勇先生认为,克罗齐的史学思想将"哲学和历史科学统一起来",提出"历史就是思想","'一切真历史都是当代史',都是历史家(既是主体又是客体)以现时生活的兴趣去再现和整理的结果",这些观点"确有真理的颗粒在闪光",因为它解决了哲学与历史学"脱节的毛病";他还认为,"真正的历史是作为普遍的个别的历史,是作为个别的普遍的历史"的提法,"未尝不含有辩证的因素"。[③] 彭刚先生也认为,克罗齐对历史主义的贡献,一是将历史学归结于精神,二是注重历史发展中的个别与一般的辩证统一。[④] 于沛先生分析了克罗齐的史学思想的

---

　　① 　张小忠:《20世纪西方历史相对主义论析——从价值、语言、时间与解释的视角》,福建师范大学硕士学位论文,2007年。

　　② 　王晴佳:《历史的精神,精神的历史——评克罗齐〈历史学的理论和实际〉》,《读书》1986年第6期。

　　③ 　郭齐勇:《克罗齐的历史哲学》,《读书》1983年第9期。

　　④ 　彭刚:《克罗齐与历史主义》,《史学理论研究》1999年第3期。

"当代性"，提出要重视"一切历史都是自由的历史"的命题。①

　　对于柯林武德的研究，则致力于对其史学思想本质的论析。柯林武德既吸纳了实证史学重视史料及其考证的观点，强调历史学研究应该像法官审案一样质问、审查史料；又反对实证史学蔑视历史认识主体的观点，认为历史学家对史料的审读，是借助想象、思想在心灵里面的重演。由此，一些学者就认为，柯林武德的历史学理论是矛盾的。如余英时先生就说："一方面过分注重历史的'内在面'与夫'将心比心'的领悟，另一方面又极力强调'证据'的重要性，这是一严重的矛盾体。"②杨华先生也认为，"强调历史学家对历史的'重演'，但这与历史研究中对必需'证据'的把握是存在缺失的"，其因是"唯心主义"与"对历史领域的狭隘理解"。③一些学者试图调和关于柯林武德自身的矛盾认识。如张文杰指出，柯林武德批判了实证史学，强调了历史学的思想性与重演。④韩震先生则以新黑格尔主义的名义论析了柯林武德的历史哲学。⑤熊声波先生分析其贡献在于创建了"问答逻辑""凸显人性地位"，以及发展了认识论。⑥张小忠认为，构成柯林武德的历史哲学有三个视角："历史"是承继了克罗齐历史主义的史学传统，"证据"是对实证史学的批判与创新，"想象"则是在其历史主义上的贡献。⑦

---

　　①　于沛：《克罗齐史学思想的"当代性"思考》，《中国社会科学院院报》2006年4月13日第2版。

　　②　余英时：《史学、史家与时代》，广西师范大学出版社2004年版，第178页。

　　③　杨华：《重演与证据：柯林武德史学观"分寸"缺失探源》，《求索》2011年第6期。

　　④　张文杰、何兆武主编：《当代西方著名哲学家评传》第7卷《历史哲学·柯林武德》，山东人民出版社1996年版，第347—382页。

　　⑤　韩震：《西方历史哲学导论》，山东人民出版社1992年版，第474—498页。

　　⑥　熊声波：《柯林武德历史哲学研究》，江西师范大学硕士学位论文，2009年。

　　⑦　张小忠：《历史、证据与想象——柯林武德的历史哲学研究》，华东师范大学博士学位论文，2010年。

一些学者则完全从历史认识主体性的角度出发，论述柯林武德在历史主义上的构建：刘明海先生论析了其历史知识论，进而分析其历史重演论的历史认识论影响；① 施经则论析其历史重演论的内涵、思想渊源及其主体性原因；② 王鹏分析了其历史认识主观性的思想背景、内容及其意义。③

关于卡尔的研究，于沛先生指出，卡尔继承了理性史学的历史进步思想、历史学属于科学的观点，也接受了唯物史观的人与社会、人民群众与英雄的辩证关系的观点，特别是创造性地承继了相对主义史学家克罗齐、柯林武德的观点，强调历史学家在历史事实的确认与评估中的主导性作用与积极贡献。④ 郭世钦从"历史事实与解释"、"社会与个人"、"作为科学的历史"、"历史中的因果关系"、"作为进步的历史"等历史认识主体方面论析了卡尔的史学思想。⑤ 倪培华也从"历史学家与历史事实"、"历史学家与社会"以及"历史学家面对的过去与未来"等历史认识主体方面复述了卡尔的史学思想。⑥

（二）关于后现代主义史学的研究

与相对主义史学相比，后现代主义史学的研究是近些年来历史学研究的热点问题。据粗略统计，单单是以专栏形式刊发的论文，有《历史研究》2013 年第 5 期"当代史学思潮与流派系列反思·史学中的后现

---

① 刘明海：《柯林武德的重演理论及其在历史认识方面的影响》，华中师范大学硕士学位论文，2005 年。

② 施经：《柯林武德历史重演论思想研究》，南京大学硕士学位论文，2015 年。

③ 王鹏：《柯林武德历史认识主观性思想研究》，东北师范大学硕士学位论文，2006 年。

④ 于沛：《爱德华·卡尔历史思想述论》，《史学理论研究》1994 年第 3 期。

⑤ 郭世钦：《爱德华·卡尔的历史哲学思想》，《湘潭大学学报》（哲学社会科学版）1996 年第 4 期。

⑥ 倪培华：《爱德华·霍列特·卡尔历史观评述》，《社会科学》1987 年第 2 期。

代主义"、《史学理论研究》2010 年第 1 期"圆桌会议"以及《东岳论丛》王学典所主持的"后现代主义史学研究"专栏；发表论文的多是国内外著名的史学理论研究者，他们围绕着后现代主义史学予以三个方面的论述。

一是关于后现代主义史学含义的研究。陈启能先生认为，对后现代的认识有两种相互关联的看法。一种是"阶段说"，即后现代是相对于现代而言，是指 20 世纪 60 年代以来的阶段，其内容是指工业化之后的后工业化时代，即信息社会、知识社会；其代表人物有美国的詹明信（Fredric Jameson）、伊哈卜·哈桑（Ihab Hassan），法国的让-弗朗索瓦·利奥塔（Jean-Francois Lyotard），等等。另一种是"反思说"，即后现代是指认知范式从传统线性的、规律性的、进步的观念，转变为多元性、无序性、能动性的观念，是对文艺复兴与启蒙运动以来根深蒂固的普遍理性的反思、反省与批判，是一种深刻的、全面的社会文化思潮、学术思潮，其形成于作家和学者如法国的雅克·德里达、米歇尔·福柯，美国的罗兰·巴尔特、保罗·德·曼、海登·怀特、西里斯·米勒尔等。① 苏联学者尤里·别斯梅尔特内也指出："后现代主义是在 20 世纪 60 年代末，在文学批评、艺术和哲学中形成，代表一种以批判启蒙运动以来所提倡的理性主义的思潮。"②

二是关于后现代主义史学性质的研究。这涉及三个问题，其一是"'语言学转向'的研究"，即将历史学研究成果的表现与作家撰写故事的描述等量齐观，无视历史学所描述历史事实的客观性与文学故事情节的虚构性之间的差别，完全从接受者的角度体验语言叙述的震撼与审美效用。其二是"历史叙述（叙事）问题的研究"，即将历史学研究成果

---

① 陈启能：《"后现代状态"与历史学》，《东岳论丛》2004 年第 2 期。
② 姜芃：《西方史学的理论和流派》，中国社会科学出版社 2007 年版，第 330 页。

的表达界定为叙述、叙事，从而回归到古希腊罗马时代的史学旨趣，摒弃现代史学尤其是理性史学的分析、解释方式。毋庸置疑，这也是站在接受者的角度，以喜闻乐见、激励人们兴趣与审美情趣为诉求。其三是"历史客观性问题的研究"，即将语言与叙述看作是构成历史学的主要元素，所以历史学的本质就是"元叙述"。① 陈启能先生认为，"'元叙述'实际是指历史学家提出的那套完整的历史知识"②。由此就决定了历史学的研究是由历史学家所主宰的，是主观性的，这就丧失了历史学所赖以独立的特性即客观性、史料性。

三是关于后现代主义史学价值的研究，出现了两种截然不同的意见。一种认为后现代主义史学导致了历史虚无主义。"后现代随心所欲的文本、话语、修辞和解构等，把令人敬畏的历史研究变成了'编故事''讲故事'，把历代严肃史家视如生命的历史编纂变成'玩儿历史'"；认为"历史学家的主体性与历史事实之间不是历史认识主体与历史认识客体之间的关系，而是彼此融为一体，即融合在'历史叙述'的实践之中。在历史叙述之外，不存在任何客观历史"。由此，"后现代主义在史学领域的渗透和影响，突出表现为否认客观的历史真理的存在，否认历史矛盾运动的规律性内容"。可见，后现代主义史学在基本理论、思维方式、研究方法以及价值判断上，与历史虚无主义"有共同语言"。③有的学者则指出，因为后现代主义史学无视历史学的客观性规范，可能会出现"任意解释历史，甚至发明或制造史料，对于现有的史料也以自己的论述来解读"，这"将使得史学界失去学术规范，流落到虚无主义

---

① 董立河：《关于后现代历史哲学中几个主要问题的研究综述》，《学术界》2006年第1期。郑宇：《后现代史学对传统史学的挑战与反思》，辽宁师范大学硕士学位论文，2010年。郑丽丹：《大陆学者的后现代史学研究》，河南大学硕士学位论文，2010年。
② 陈启能：《"后现代状态"与历史学》，《东岳论丛》2004年第2期。
③ 于沛：《后现代思潮与历史虚无主义》，《中国社会科学报》2013年6月19日第B04版。

的地步"。① 另一种意见认为后现代主义促进了历史学的进步。陈新认为，"在后现代主义史学思想的影响之下，对于历史真实的未来期待转变成了对于历史真实的现实领悟，即，将历史真实认定为一种具有时间性和历史性的存在"，"这就让我们对于不同时代和不同研究者保持了一种开放和宽容的心态"，"随着后现代主义史学思潮的普及，令专业历史学转向公众史学"。② 石坚平认为，"后现代主义作为一种文化思潮给传统史学带来了巨大的冲击，以鲜明的批判和质疑精神，解构了近代以来形成的历史知识、历史观念和学术话语，给史学研究带来许多有益的思考和启迪，推动着当代史学研究的深入发展。"③

综上所述，在对接受史学的研究中，因相对主义史学强调历史认识的主体而否认历史资料的客观性，而后现代主义史学则以叙事性将历史学等同于文学，否认历史学的科学性，所以，遭到了众多研究者批评与指责。平心而论，相对主义史学对历史认识主体性的关注与后现代主义史学对历史论著的关注，都是从读者的角度来观察历史学，从历史学的公众效益来反思历史学，从而构建接受史学的学科理论。据此而言，接受史学还是有其独到价值的。

二、20 世纪西方接受史学的历史观念

接受史学是基于对实证史学批评为鹄的学科理论与学术道德的史学研究，所以在历史观方面，撇开了单纯对历史本体论的关怀，致力

① 王晴佳、古伟瀛：《后现代与历史学：中西比较》，山东大学出版社 2006 年版，第 201 页。
② 陈新：《从后现代主义史学到公众史学》，《史学理论研究》2010 年第 1 期。
③ 石坚平：《历史哲学与史学研究——关于后现代主义思潮下史学研究的几点思考》，《青海师范大学学报》（哲学社会科学版）2008 年第 4 期。

于史家的史学活动。在接受史学看来，所谓历史就是史家对人类活动的探究与论述。英国著名的历史学家爱德华·霍连特·卡尔（E.H.Carr，1892—1982）曾说："历史是历史学家与历史事实之间连续不断的、互为作用的过程，就是现在与过去之间永无休止的对话。"①可见，卡尔所谓的历史，其实是指历史学家的史学活动。"历史学家可以在文献、铭刻等等诸如此类的东西那里获得事实，就像在鱼贩子的案板上获得鱼一样。历史学家收集事实，熟知这些事实，然后按照历史学家本人所喜欢的方式进行加工，撰写历史。"②在卡尔的心目中，史家的史学活动包括三项内容，一是搜集史料；二是理解史料；三是编纂史料。美国的伊丽莎白·福克斯–杰诺韦塞（Elizabeth Fox-Genovese）在其《文学批评和新历史主义的政治》一文中指出，"尽管不太准确，我们仍用历史一词来指示那些我们认为真的发生在过去的事以及某个特定作者描述它的方式。当代批评家倾向于认为，历史就是历史学家描写过去事情的方式，至于历史上究竟发生过什么事情，他们则不管，他们认为历史主要由一些本文和一种阅读、诠释这些本文的策略组成。"③海登·怀特也将历史看作是历史学家对历史事实的叙述，即"历史叙事"。他在《作为文学虚构的历史文本》一文中指出："历史学家把史料整理成可提供一个故事的形式，他往那些事件中充入一个综合情节结构的象征意义"，"历史学家对某一系列历史事件提出可选择的情节结构，使历史事件获得同一文化中的文学著作所含有的多重意思。"④因此，在福克

---

① ［英］E.H.卡尔：《历史是什么？》，陈恒译，商务印书馆2007年版，第115页。

② ［英］E.H.卡尔：《历史是什么？》，陈恒译，商务印书馆2007年版，第90页。

③ ［美］伊丽莎白·福克斯–杰诺韦塞：《文学批评和新历史主义的政治》，张京媛主编：《新历史主义与文学批评》，北京大学出版社1993年版，第56—57页。

④ ［美］海登·怀特：《作为文学虚构的历史本文》，张京媛主编：《新历史主义与文学批评》，北京大学出版社1993年版，第171页。

斯－杰诺韦塞和怀特看来，所谓历史就是指历史学家的史学活动，是历史学家依据人类的活动所重新构建的带着自己意见的童话或小说故事。用他们的话就是"本文"或"文本"。所以，雅克·德里达（Jacques Derrida，1930—2004）提出历史就是文本，"除了文本之外，便没有任何东西"①。

在接受史学看来，历史学家研究历史，其客观条件就是现实。在克罗齐看来，历史学家的史学活动是属于现实活动的，是当代的。历史学家研究所需要的史料，即"凭证"，"必须是可以理解的"，"它所述的事迹必须在历史家的心灵中回荡"，"可见，当代史固然是直接从生活中涌现出来的，但被称为非当代史的历史也是从生活中涌现出来的。因为，显而易见，只有现在生活中的兴趣方能使人去研究过去的事实。"所以，"一切真历史都是当代史"。②在卡尔看来，历史学家的史学活动不是随心所欲的、孤立的活动，而是根据现实社会的实际需要来进行的。他说："历史学家与历史事实之间相互作用的进程——我曾经将之称为现在与过去之间的对话——不是一场抽象的、孤立的个人之间的对话，而是今日社会与昨日社会之间的对话。"③"我的目的仅仅是想表明历史学家的著作是多么密切地反映他所研究的这个社会。不仅事件在不断变化，历史学家本人也在不断变化。当你拿起一本历史著作的时候，只看扉页上作者的名字是不够的，还要看出版的日期或写作的日期——有时这更能说明问题。假如哲学家告诉我们的，我们不能两次踏进同一条河流是正确的话，由于同样的原因，这或许也是正确的，同一位历史学

---

① ［法］雅克·德里达：《论文字学》，汪堂家译，上海译文出版社2005年版，第158页。

② ［意］贝奈戴托·克罗齐：《历史学的理论和实际》，傅任敢译，商务印书馆1986年版，第2页。

③ ［英］E.H.卡尔：《历史是什么?》，陈恒译，商务印书馆2007年版，第146页。

家不能够写出两本完全一样的历史著作。"① 在英国史学史上，这种依据现实来研究历史学的特征，被称为"历史的辉格解释"。早在 1931 年，英国历史学家巴特菲尔德（H. Buterfield）在其《历史的辉格解释》中，指出："以'当下'作为准绳和参照来研究'过去'，是辉格式历史解释的重要组成部分"，"通过以当代为直接参照系的方式，历史人物会被轻易地归入到促进进步或阻碍进步的两个群体之中。这样就有了一个非常简便的经验法则，历史学家可以据此进行选择、拒绝或强调。依据这样的参照系，历史学家必然会认为他的工作要求他关注过去与现在的相似之处，而不是关注相异之处。从而，他会很容易地说从过去中看到现在"。"辉格党的历史学家站在 20 世纪的顶峰，并且从他所处时代的观点来组织历史图式。"②

从接受史学的角度看，只有那些被历史学家所研究的人类活动才能成为历史。柯林武德认为："对象必须是属于这样的一种，它自身能够在历史学家心灵里复活；历史学家的心灵则必须是可以为那种复活提供一所住宅的心灵。""它指是，他必须是研究那个对象的适当人选。"所谓"适当人选"是指专门受过历史学专业训练的、具有历史学知识的人员。③ 在海登·怀特看来，历史学家不仅撷取人类的活动使其成为历史，而且还决定着历史的性质。"任何一组给定的真实事件都能够以很多方式被编织成情节，都能经得起以多种不同的故事类型来讲述。任何特定的一系列真实事件都不会原本就是悲剧的、喜剧的、闹剧的，等等，而只能通过在事件之上施加一种特定故事结构的方式被构

---

① ［英］E.H.卡尔：《历史是什么？》，陈恒译，商务印书馆 2007 年版，第 131 页。

② ［英］赫伯特·巴特菲尔特：《历史的辉格解释》，张岳明、刘北成译，商务印书馆 2012 年版，第 10、11 页。

③ 刘明海：《柯林武德的重演理论及其在历史认识方面的影响》，华中师范大学硕士学位论文，2005 年，第 17 页。

建成这样。"① 这就是说，历史的悲剧、喜剧等性质，取决于历史学家的赋予与恩赐。

那么，哪些人类活动会被历史学家所青睐呢？换句话说，激励历史学家选择研究的主管因素是什么呢？在克罗齐看来，当是其审美诉求。人类的活动如伯罗奔尼撒战争、米特拉达梯斯战争，或墨西哥艺术、阿拉伯哲学等，如果对它们"感兴趣"，"它诱惑我、吸引我、折磨我，就像一个人看见了敌人、看见了心爱的人、或看见了他所为之担惊受怕的心爱的儿子时的情形一样"，"我用同样的焦虑去考查它，我同样感到不快，直到把它解决为止"。② 可见，历史学家的史学活动，是处于求知和审美的诉求。德国历史学家约翰·约阿希姆·温克尔曼（Johann joachim winckelmann，1717—1768）在谈到史学研究审美体验时，采用了非常形象而深刻的描绘："就像一个情人站在海边目送她的情人扬帆远去，失去了再次看到他的希望，而她泪水涟涟的眼睛追随他隐入远方。当船越行越远时，她却还梦想着双眼能够看到他映现于帆影中的肖像。"③ 柯林武德也说："历史学家试图进入他所得到历史资料中去时，总是对他们所引起兴趣，或者说引起共鸣东西优先考虑，因而首先选择、简化、系统化，撇开他认为不重要的东西。即使是最蹩脚的史家也不会去干那些简单的重复劳动。"④ 由此，在接受史学来看，历史与历史学家的关系，是一种情感的相互交融、相互感染的审美关系。

①　Hayden White, The Content of the Form: *Narrative Discourse and Historical Representation*, p.44. 转引自董立河：《后现代主义之后的历史理性与史学实践》，《历史研究》2013 年第 5 期。

②　[意] 贝奈戴托·克罗齐：《历史学的理论和实际》，傅任敢译，商务印书馆 1986 年版，第 3 页。

③　[德] 梅尼克：《历史主义的兴起》，陆月宏译，上海译林出版社 2010 年版，第 277 页。

④　刘明海：《柯林武德的重演理论及其在历史认识方面的影响》，华中师范大学硕士学位论文，2005 年，第 19 页。

三、20 世纪西方接受史学的史学本体论

接受史学将历史看作是史家的史学活动，是史家依据史料而对史学论著的编撰，因此可以说，历史学研究的对象当是史家的史学活动，也可以说是史学主体。这里所谓的史学主体，是一个复杂的概念，它包括史学家所采用的历史观念，亦即历史本体论方面的内容，如理性史学所谓的人类活动、非理性史学所谓的人类的创造性贡献、民族传统史学所谓的民族传统精华，以及实证史学所强调的"精神趋势"；也包括史学家所采用的历史资料方面的内容，如档案、文件、日记等；还包括历史学家个人的情感、道德、思想，与其所处时代的发展特征、意识形态及其趋势，以及学术流变与诉求等。总之，就是史学活动中历史学家的主体参与及其印痕。用克罗齐的话说，历史是资料在史家胸中的熔炼，"使确凿的东西变为真实的东西，使语文学与哲学携手去产生"的，[①] 也就是说，史学主体就是历史学家将资料理解融通，带有史料、观点和主体性意味的论著及其编纂活动之际的历史学家。用福克斯-杰诺韦塞的话说，史学主体就是结构，"我是指历史必须揭示并重构意识和行为的条件"，其中包括"社会关系的系统"，如女人和男人、富人和穷人、有权者和无权者的关系，还有信仰、种族、阶级等的关系。"无论是在过去还是在对过去诠释中，历史都遵循一种模式或结构，按照这种模式或结构，某种事件比其他事件具有更大的意义。在这一意义上，结构制约着本文的写作和阅读。"[②] 这就是说，无论是本体也好，主体也好，历史

---

① [意] 贝奈戴托·克罗齐：《历史学的理论和实际》，傅任敢译，商务印书馆 1986 年版，第 14 页。

② [美] 伊丽莎白·福克斯-杰诺韦塞：《文学批评和新历史主义的政治》，张京媛主编：《新历史主义与文学批评》，北京大学出版社 1993 年版，第 58 页。

所赋予的各种关系主宰着史学活动，体现着史学主体的特性，这正是历史学研究的对象。

　　接受史学研究史家的史学活动，其任务就是揭示史学的内涵。从学者的论述看，史学主体的内涵极其丰富。第一，探究史家主体怎样选择和评价历史事实。正如卡尔所说史学主体的主要内容就是"事实的解释、事实的选择、事实的秩序"。[①] 第二，探究史家主体的知识、道德及其价值诉求。克罗齐说："由于史学的内容是精神的具体生活，而这种生活是想象和思想的生活，是行动和道德的生活（是别的什么生活，如果想得起别的什么的话），它在它的这种种形式中始终为一。"[②]第三，探究史学研究的范式与其他学科诸如哲学的概括、文学的叙事和语言学的修辞等的联系与区别。福克斯－杰诺韦塞说："新历史主义并不那么看重历史"，"它必须正视现代历史主义的历史以及它同其他批评策略的冲突关系"，"它要对文化研究和广义的社会科学内部的一系列争论，特别是那些使学科边界本身的有效性遭到质疑的争论作出回应"[③]。由此可见，接受史学以探究事实、分析史家思想与史学特征为己任，其实是完成着史学史的研究工作。

　　接受史学研究史学主体，揭示史家的精神，其学科属于美学。克罗齐说，历史学家"唯一情操是真理的情操，是寻求历史真理"，其实质也就是审美的过程。"我要求别人和自己有权按照个人的感情所指示的去想象历史，例如，把意大利想像得像心上的女人一样姣好、像最慈爱的母亲一样可爱、像我们所崇拜的女祖先一样严肃，把它在各个世纪

---

① ［英］E.H.卡尔：《历史是什么？》，陈恒译，商务印书馆2007年版，第115页。
② ［意］贝奈戴托·克罗齐：《历史学的理论和实际》，傅任敢译，商务印书馆1986年版，第118页。
③ ［美］伊丽莎白·福克斯－杰诺韦塞：《文学批评和新历史主义的政治》，张京媛主编：《新历史主义与文学批评》，北京大学出版社1993年版，第54页。

中的所作所为找出来，甚至预言它的未来，又如，替我自己在历史中造出恨与爱的偶像，如果我愿意，把逗人爱的更美化，使令人生厌的更讨人厌。"① 柯林武德说："真正的美绝不是主观与客观相排斥这种意义上的主观与客观。它是心灵在客观之中发现自身。"② 怀特说："为了说明过去'实际发生的事情'，史学家首先必须将文献中记载的整组事件，预构成一个可能的知识客体。这种预构行为是诗性的。"③ 所谓"诗性的"是指艺术性的创造，带着极强的个性，因而也可说是审美的。由此，柯林武德与怀特都将史学主体活动看作是审美活动。也就是说，历史学与美学相匹配，属于美学。当然，新历史主义者所谓的"文化诗学"，实质上也是将史学研究活动看作是艺术创作性的，与美学同类。

接受史学既然属于美学，那么，其功用何在？卡尔说："使人能够理解过去的社会，使人能够增加把握当今社会的力量，便是历史的双重功能。"④ 福克斯－杰诺韦塞说："历史学家讲述'故事'是为强者对弱者的统治寻求依据并为之服务的。"⑤ 怀特则从接受史学的角度指出，史学的功用在于传播知识。他说，"历史学家总是处理奇特而通常是怪异的题材"，展现人们在历史发展中的"人工制造物"即创造性的活动，从而让人们把握其自身的历史价值。"通过化陌生为熟稔，历史学家便剥

---

① ［意］贝奈戴托·克罗齐：《历史学的理论和实际》，傅任敢译，商务印书馆1986年版，第26页。

② 何兆武、张文杰：《译序》，［英］柯林武德：《历史的观念》，何兆武、张文杰译，商务印书馆1997年版，第17页。

③ ［美］海登·怀特：《元史学：十九世纪欧洲的历史想象》，陈新译，译林出版社2004年版，第40页。

④ ［英］E.H.卡尔：《历史是什么？》，陈恒译，商务印书馆2007年版，第146页。

⑤ ［美］伊丽莎白·福克斯－杰诺韦塞：《文学批评和新历史主义的政治》，张京媛主编：《新历史主义与文学批评》，北京大学出版社1993年版，第60页。

夺了人类世界的神秘。"①"历史把原来看起来似乎是成问题和神秘的东西变成可以理解和令人熟悉的模式。"②

四、依据历史编纂故事

接受史学将历史资料看作是历史认识的基础。所不同的是，论者笔下的历史资料的称谓是有所不同的。克罗齐将历史资料称作"凭证"，"历史家面前必须有凭证，而凭证必须是可以理解的"③。柯林武德将历史资料称作"证词"，"权威"所提供的历史资料叫作"证词"，史学研究就是审查他。④ 新历史主义者将历史资料称作"本文"。福克斯－杰诺韦塞说："本文是作为关联域的一个函项，一种表现而存在的。在这个意义上，历史学家是在本文和关联域间的共生关节上工作。而关联域被认为是本文得以生产和播种的环境。"⑤ 这里所谓的"关联域"当是指历史学家所处的时代、社会及其主体特性等。又说："我们只有通过本文才能思想、存在和感知"，"本文除了是我们所能知道的一切之外，还是唯一使我们感知到这一切的形式"⑥。怀特说："以本文为模式，首先建

---

① 　［美］海登·怀特：《解码福柯：地下笔记》，张京媛主编：《新历史主义与文学批评》，北京大学出版社 1993 年版，第 138 页。

② 　［美］海登·怀特：《作为文学虚构的历史本文》，张京媛主编：《新历史主义与文学批评》，北京大学出版社 1993 年版，第 178 页。

③ 　［意］贝奈戴托·克罗齐：《历史学的理论和实际》，傅任敢译，商务印书馆 1986 年版，第 2 页。

④ 　［英］柯林武德：《历史的观念》，何兆武、张文杰译，商务印书馆 1997 年版，第 355 页。

⑤ 　［美］伊丽莎白·福克斯－杰诺韦塞：《文学批评和新历史主义的政治》，张京媛主编：《新历史主义与文学批评》，北京大学出版社 1993 年版，第 57 页。

⑥ 　［美］伊丽莎白·福克斯－杰诺韦塞：《文学批评和新历史主义的政治》，张京媛主编：《新历史主义与文学批评》，北京大学出版社 1993 年版，第 59 页。

构被设想为历史研究的基本单位的文化系统，然后再来建构这个如此建构出来的基本单位的各个方面和要素。"①

在接受史学看来，史学研究的方式就是叙事，就是凭借着历史资料来叙述历史事实。克罗齐说："历史绝不仅是用叙述写成的，它总是用凭证或变成了凭证并被当作凭证使用的叙述写成的。"②柯林武德说：历史学是"在我们从权威们那里所引用来的陈述之间插入了另一些为它们所蕴含着的陈述。"③新历史主义者不仅默认了历史的叙事特征，而且加以升华，基于"本文"的观点，"并将历史等同于'厚描(thick description)'"。"本文不是存在于真空中，而是存在于给定的语言、给定的实践、给定的想象中。"可见，所谓的"厚描"，其实就是仰赖历史真实下的叙事。怀特说："历史叙事是复杂的结构……所有的叙事不只是简单地记录事件在转化过程中'发生了什么'，而是重新描写事件系列，解构最初语言模式中编码的结构以便在结尾时把事件在另一个模式中重新编码。"④

接受史学讲究叙事，其旨趣是观照史学的动机及其对历史的复述，即历史学家的思想。克罗齐说："历史就是思想，是关于普遍的思想，是关于具体的普遍的思想，所以总是用一种特殊方式加以规定的。"⑤柯林武德也指出，历史学家不仅要揭示历史思想，而且还得作出自己的价

---

① 〔美〕海登·怀特：《评新历史主义》，张京媛主编：《新历史主义与文学批评》，北京大学出版社1993年版，第99页。

② 〔意〕贝奈戴托·克罗齐：《历史学的理论和实际》，傅任敢译，商务印书馆1986年版，第2页。

③ 〔英〕柯林武德：《历史的观念》，何兆武、张文杰译，商务印书馆1997年版，第335页。

④ 〔美〕海登·怀特：《作为文学虚构的历史本文》，张京媛主编：《新历史主义与文学批评》，北京大学出版社1993年版，第177—178页。

⑤ 〔意〕贝奈戴托·克罗齐：《历史学的理论和实际》，傅任敢译，商务印书馆1986年版，第42页。

值评价，宣传自己的思想。"历史学家不仅是重演过去的思想，而且是在他自己的知识结构之中重演它；因此在重演它时，也就批判了它，并形成了他自己对它的价值的判断，纠正了他在其中所能识别的任何错误。"① 从接受的角度来看，新历史主义者将史学的宗旨概括为故事比喻。怀特说："历史学家在研究一系列复杂的事件过程时，开始观察到这些事件中可能构成的故事。当他按照自己所观察到的事件内部原因来讲述故事时，他以故事的特定模式来组合自己的叙事。读者在阅读历史学家对事件的叙述时，逐渐认识到自己所阅读的故事是某一种类型而不是另一种类型：传奇、悲剧、喜剧、讽喻、史诗，等等。当读者识别出他所阅读的故事所从属的等级或类型时，这就获得了阐释故事中的事件的效果。从此时起，读者不仅成功地跟随了故事的发展，并且掌握了故事要说的意思，理解了整个故事。事件的最初的陌生感、神秘感或异国情调至此被驱散了，事件变得熟悉起来。"②

综上所述，接受史学在对 19 世纪盛行的实证史学的诘责中，凭借着相对主义史学与后现代主义史学重新构建了历史主义理论。其中，相对主义史学反其道而行之，重视历史认识的主体性，提出了"一切历史都是当代史""一切历史都是思想史"等观点；而后现代主义史学则以读者的视角，关注语言修辞、叙述叙事，将历史学等同于文学，撇开其客观实证性与科学性的特质，深化了对实证史学的认识。总的来说，接受史学以历史认识主体性与历史叙事、语言的切入丰富了历史主义理论，推进了 20 世纪乃至于今天西方历史学的发展与完善。

---

① ［英］柯林武德：《历史的观念》，何兆武、张文杰译，商务印书馆 1997 年版，第 303 页。

② ［美］海登·怀特：《作为文学虚构的历史本文》，张京媛主编：《新历史主义与文学批评》，北京大学出版社 1993 年版，第 165—166 页。

第三节 词汇与史实：概念视角的史学思想

概念史学是 20 世纪中后期兴起于英国、德国与法国的新史学。迄今为止，概念史学不仅成绩卓著，而且已经成为国际史学界公认的史学方法论。作为史学方法论，概念史学被认为是对历史主义的发展和超越。特伦斯·保尔说：概念史学是"走向一种更为动态的、历史主义的"、"更具历史主义的观点"。[①] 而"许多德国社会史学家将它视为古旧的、历史主义的和诠释学的历史编纂方法的一部分"[②]。那么，概念史学的历史主义究竟怎样，其具体的内容又如何？在这里，笔者依据史学理论的基本元素，钩沉提要，以丰富西方史学思想的研究。

一、概念史学的发展及其研究

（一）概念史学的含义及其发展

所谓概念史学，就是以语言、词语、概念为切入点研究时代的变化与历史的发展。概念史学虽然以语言为对象，甚至也考究词语的含义，但不是语言学，也不是哲学，只是借助语言含义的变化以揭示历史的发展。正如学者所指出的，概念史学是"关于词语的社会、政治史或曰社会、政治的词语史"[③]；又，"所谓概念史，就是研究文本的语言和结构，

---

① 特伦斯·保尔：《"概念史"和"政治思想史"》，[英] 伊安·汉普歇尔·蒙克主编：《比较视野中的概念史》，周保巍译，华东师范大学出版社 2010 年版，第 116 页。

② [英] 梅尔文·里克特：《政治和社会概念史研究》，张智译，华东师范大学出版社 2010 年版，第 49 页。

③ 孙江：《序：概念、概念史与中国语境》，孙江、刘建辉主编：《亚洲概念史研究》第 1 辑，生活·读书·新知三联书店 2013 年版，第 7 页。

通过对历史上主导概念的研究揭示该时代的基本特征。"① 概念史学的代表人物是英国的昆廷·斯金纳与德国的考泽雷克。在我国，概念史学虽然刚刚起步，但是已经取得了一定的成绩。

昆廷·斯金纳（Quentin Skinner，1940—　），英国剑桥学派的杰出代表，被认为是当今西方最具影响的思想家之一。斯金纳在剑桥大学读书时，曾受到剑桥名师的巨大影响。在考入剑桥大学时，斯金纳已经阅读了著名历史哲学家柯林武德（R. G. Collingwood，1889—1943）的论著，接受了"政治学说史"是"一个不断变化着的问题，随着问题的变化，对问题的解答也发生了相应的变化"的观点。同时，斯金纳也接受了大学老师彼得·拉斯莱特（Peter Laslett）和著名思想家波考克（J. G. A. Pocock）的观点。拉斯莱特曾致力于对政治思想史的研究，以历史语境的分析方法，考证出洛克的《政府论两篇》创作于 1679—1680 年的秋冬，而不是传统所谓的 1688 年。而波考克则在思想史研究中，特别注意超越文本，将目光放在社会与政治话语上，从而揭示其社会政治的意蕴。斯金纳认为，思想史的研究，不能仅仅局限于思想家的思想，而应该深入挖掘思想家思想所产生的历史背景及其路径，"把研究的文本放在知识背景中，以便我们理解作者在写作文本时正在做什么。我的意图当然不是完全进入已故思想家的思想过程，而是运用历史研究最为通常的技术去抓住他们的概念，追溯他们的差异，恢复他们的观念并且尽可能地以思想家自己的方式来理解他们"。1978 年，斯金纳的专著《近代政治思想的基础》由剑桥大学出版社出版，其宗旨是"尽量不去专门研究主要的理论家，而是集中探讨产生他们作品的比较一般的社会和知识源泉"，"试图写一部以意识形态史而不是以经典著作为中心的历史"。

① 孙江：《代序：概念史与社会史》，孙江、陈力卫主编：《亚洲概念史研究》第 2 辑，生活·读书·新知三联书店 2014 年版，第 3 页。

由此可见，在斯金纳看来，概念史学的旨趣不仅仅是探究思想家的思想，更重要的是揭示思想家的思想所产生的社会政治因素，以及思想形成中的时代与个体因素。斯金纳的这种史学思想，是对美国著名观念史学倡导者洛维乔伊（Arthur Oncken Lovejoy）史学思想的超越，被学术界称为"历史语境主义"。①

瑞因哈特·考泽雷克（Reinhart Koselleck，1923—2006），是德国概念史学研究范式的倡导者和实践者。原来，将语言作为人文学科的研究对象，是启蒙运动之后德国的学术传统。德国著名的学者如歌德、温克尔曼、洪堡、赫尔德、施雷格尔、施莱尔·马赫、狄尔泰、海德格尔、卡西尔、伽达默尔等，都曾经对语言与语言学予以了哲学、语义学、历史学等研究与论述。第二次世界大战之后，伽达默尔坐镇海德堡大学，担任由德国研究院（DFG）赞助成立的概念史研究委员会（Senatskommission f·r be-griffsgeschicht liche Forschung）的常务主席。1947—1953 年，考泽雷克就读于海德堡大学，师从伽达默尔、卡尔·施密特、卡尔·洛维特、维纳·孔茨等大师，并在近代史学专家约翰内斯·库恩的指导下完成了博士论文《批判与危机：现代社会的病理学考察》。该论文认为，现代社会的危机源自于法国启蒙家的"绝对主义国家"政治思想，又经过知识分子不断地批判吸收与实践，逐步酿成了今日的局面。考泽雷克的观点为自己赢得了学术声誉，之后到英国布里斯托大学供职两年，回到海德堡大学任教后，与年鉴学派的成员孔茨等组成了"现代社会史研究小组"，主持编纂了八卷本的《历史基本概念：德国政治社会语言历史辞典》（*Geschichtliche Grundbegriffe: Historische Lexikon zur politischsozialen Sprache in Deutschland*），并于 1972—

---

① 王芳：《昆廷·斯金纳的"历史语境主义"探讨》，《历史教学问题》2008 年第 5 期。

1997 年间相继问世。《历史基本概念》收录了从 1700 年延至当代社会历史上所流行的 122 个概念，内容涉及历史、哲学、政治、法律、经济等诸多领域。考泽雷克认为，概念既是变化中的社会结构的"指示器"，也是历史发展的"推进器"；概念史学的任务就是揭示概念与社会经验之间的互动关系。现代社会的概念主要产生于传统向现代社会转型的激烈变动时期，即启蒙运动晚期至法国大革命的百余年间（1750—1850），即所谓的"鞍形期"（Sattelzeit）。所谓的"鞍形期"，意象为两山谷之间的峰峦，比喻两个大时代之间的过渡阶段。此外，概念史研究委员会还相继编纂出版了《哲学历史词典》（*Historischen Wrterbuch der Philosophie*，1971—2006）13 卷，《哲学基本概念手册》（*Handbuch philosophischer Grundbegriffe Munchen*，1973—1974）6 卷 与《1680—1820 年法国政治——社会基本概念手册》（*Handbuch politisch-sozialer Grundbegriffe in Frankreich 1680—1820*，1985—2000）等专著，但是只有《历史基本概念》问世，才真正确立了历史学科学研究的范式，标志着德国概念史学走向成熟。①

（二）概念史学的国内外研究现状

概念史学作为 20 世纪中后期至今的国际学术思潮，得到了众多学者的重视。

国际学术界对概念史学的研究集中在复旦大学教授李宏图所主编的《剑桥学派概念史译丛》与《剑桥学派思想史译丛》上，其中属于学术史方面的论著有两本。

芬兰学者凯瑞·帕罗内（Kari Palonen）作为芬兰公立于韦斯屈莱

---

①　孙云龙：《考泽莱克与德语世界的概念史》，《史学理论研究》2012 年第 1 期；孙云龙：《德语地区社会史研究的语言学转向：概念史研究刍议》，《学海》2011 年第 5 期。

大学政治学的教授，对斯金纳做了专题性的研究，其《昆廷·斯金纳思想研究》以历史、政治思想、自由、语言行动、修辞与概念为主题，将其置放在欧洲思想史与学术史的背景下，与马克斯·韦伯相比较，详细论析了斯金纳的史学研究理论与方法，披露了英语世界的概念史学发展实际。"在本书中，我已经粗略的用五个相互关联的主体，勾勒出了斯金纳在思想史和理论政治研究方面的概况。"凯瑞·帕罗内认为，斯金纳主要的学术贡献在于：将历史研究落实为对文本的研读，用言语行动解释政治实际，政治思想先于政治行动。凯瑞·帕罗内的论述，被誉为西方学术界第一本系统研究斯金纳的重要学术专著。[1] 该书的汉语本由胡传胜翻译，华东师范大学出版社 2005 年版。

英国学者梅尔文·里克特（Melvin Richter），现为纽约市立大学亨特学院教授，是著名的政治思想史及概念史学研究专家。里克特所撰写的《政治和社会概念史研究》，以《历史的基本概念》、《历史性的哲学辞典》与《法国基本政治概念和社会概念手册》为考察对象，对概念史学的学术源流、主要观点与研究方法及其实践做了全面系统的论述。可以说，这是国际史学界对概念史学第一本全面系统的研究性专著。该书的汉语本由张智翻译，华东师范大学出版社 2010 年版。

国内对概念史学的研究，主要有三支团队。

第一支是复旦大学李宏图教授的团队，主要从事国外概念史学的译介工作。其中如由华东师范大学出版社所出版的剑桥学派的概念史学与政治思想史方面的论著，又如在《史学理论研究》2012 年第 1 期上发表《概念史笔谈》，全面介绍了概念史的基本理论与观点及其在德国、法国与美国的发展情形。

---

① 张芳山、涂宪华：《昆廷·斯金纳研究述评》，《江西教育学院学报》（社会科学版）2011 年第 2 期。

第二支是南京大学孙江教授的团队，以南京大学人文社会科学高级研究院为平台，主要展开对中国概念史学的研究。其显著的成绩体现在两个方面，一是于2011年11月举办了"'概念史与东亚研究'圆桌会议"，出席会议的有来自中、日、韩、德的20多名学者，对概念史学的理论、方法与实践做了全面的讨论，会议综述发表在《史学月刊》2012年第9期。二是编辑出版了以书代刊的《亚洲概念史研究》，由三联书店出版发行，至2018年已经出版了4辑。从已经发表的论著看，主要探究了"社会""哲学""宗教"与"国史"等概念的翻译与引入问题。

第三支是冯天瑜、金观涛为代表的概念史学实践者。冯天瑜作为武汉大学的教授，曾经出版了《"封建"考论》[①]，全面系统地考察了"封建"的概念，认为"封建"一词，"不单是一个语义学问题，而是历史学、文化学问题，可以总括为'历史文化语义学'问题"。[②]金观涛、刘青峰的《观念史研究：中国现代重要政治术语的形成》，利用"中国近现代思想史专业数据库（1830—1930）"，考察了"共和""民主"、"公民""国民"、"群""社会"、"天理""公理"、"天下""世界"、"格致""科学"与"富强""经世""经济"等概念的认识与理解，从而揭示了中国现代思想的形成，"从研究方法来看更接近于德法的概念史研究"。[③]

（三）概念史学的研究问题及其走向

学者认为，概念史学在我国的发展虽然方兴未艾，但是还存在着诸多的问题：其一，"身份未明"，"史学界对于概念史的基本内涵、理论

---

① 该书在2006年由武汉大学出版社出版，2007年由其再版。2010年，中国社会科学出版社出版修订版。

② 冯天瑜、余来明：《历史文化语义学：从概念史到文化史》，《中华读书报》2007年3月14日第15版。

③ 李里峰：《概念史研究在中国：回顾与展望》，《福建论坛》2012年第5期。

预设和研究方法仍未达成共识"。其二，"时代未定"，"鞍形期"即"中国的过渡期、转型期究竟起讫于何时，学界则众说纷纭，难有定论"。其三，"平台未建"，即研究计划、领军人物与学术团队等"全不具备"。由此，概念史学的走向在于"系统译介德国概念史的具体研究成果"，"组建概念史的合作研究团队"与"出版概念史研究集刊和丛书"。① 在我们看来，概念史学欲得到发展，明确其"身份"则是当务之急。由此，以史学理论的基本元素为基准，考察并抽绎概念史学的历史主义要义，是首选之策。

二、词语与历史

精准地赋予历史的含义、揭示其发展的动力并阐释其发展的态势，是历史主义在历史观上的基本要求。概念史学作为新生的史学方法论，当然也有其独到的描述。

基于文艺复兴与启蒙运动之上所产生的历史主义，其卓越的贡献就是将历史从宗教神学的视域中拉出来，赋予其人类的意义；进而，作为人类的历史本质，其受主宰的元素又是什么？不同的回答就构成了历史主义的不同流派和类型。显然，概念史学就是因为将主宰历史的元素确定为概念而构成其学派特征的。

在概念史学看来，历史的本质，亦即主宰历史的元素，就是概念的运动与变迁。特伦斯·保尔说："人类有案可查的历史就是不间断的概念变迁的历史。"② 可见，概念的含义是比较复杂的。概念（Begriff）是

---

① 李里峰：《概念史研究在中国：回顾与展望》，《福建论坛》2012 年第 5 期。
② 特伦斯·保尔：《"概念史"和"政治思想史"》，［英］伊安·汉普歇尔·蒙克主编：《比较视野中的概念史》，周保巍译，华东师范大学出版社 2010 年版，第 114 页。

由词语（Words）构成，但词语并不是概念。词语必须能与"丰富的、事关意义和经验的政治—社会语境"相关联，它才成为概念。换句话说，概念史学所谓的概念，不是学术文本中的"严谨而精确的术语"，而是特指在社会生活中用以交流和传播并引起共鸣、引发行动的话语、词语。① 可以说，历史就是基于言语、词汇上概念的落实、执行。考泽雷克认为，历史"在其发生的时候，或者在其发生的过程中，每个个体事件都依赖于语言工具。没有了口头交流，没有了计划讨论，没有了公共争论或私下争辩，没有了命令以及对于命令的服从，没有了参与者的共识或论辩双方明示的同意，社会行动、政治争辩或经济活动就不可能存在。日常生活的历史离不开日常语言，离不开言说、谈话。正如，如果没有'你''我''我们'这三个词，任何爱情故事都是难以想象的。具有多重关联的社会事件依赖于发达的沟通和交流网络，依赖于语言的媒介作用。各种机构和组织，从小型的俱乐部到联合国，都依赖于语言，无论语言是以口头的形式存在，还是以书面的形式存在。"② 由此，概念所指的话语、词汇，不仅与事实相关，而且也与社会生活、意识形态和政治生活相关。"概念变动不仅涉及新术语的铸造以及旧术语的再造，而且直接指向一种日益增强的意识形态化倾向。"③

概念史学认为，概念不仅是历史的本质，也是历史发展的动力，而

---

① 博纳德·舒尔茨:《语境中的"概念史":重建一门研究性的学科》,〔英〕伊安·汉普歇尔·蒙克主编:《比较视野中的概念史》,周保巍译,华东师范大学出版社2010年版,第136—137页。

② 瑞因哈特·考斯莱克:《"社会史"和"概念史"》,〔英〕伊安·汉普歇尔·蒙克主编:《比较视野中的概念史》,周保巍译,华东师范大学出版社2010年版,第26—27页。

③ 特伦斯·保尔:《"概念史"和"政治思想史"》,〔英〕伊安·汉普歇尔·蒙克主编:《比较视野中的概念史》,周保巍译,华东师范大学出版社2010年版,第117页。

其推进的方式是"言语行动"。所谓"言语行动",就是"把语言变化看作是行为主体的行动",即把言语看作是历史的生成要素。"把政治话语和政治语汇看作是政治现实的生成性要素(constitutive of political reality),而不仅仅是政治现实中的一个要素,更不是外在于政治现实的一种要素。"例如,法国大革命"正是通过发明和使用'革命语言'"所发动的。所以,"'法国大革命'首先是一种语言行动,而且主要是一种语言行动。"① 具体而言,概念推进历史的发展有两种形式,即"以言行事"(illocutionary)与"以言成事"(perlocutionary)。"以言行事"是直接依照言语的旨意来做事情,即历史主体执行、落实了词汇的含义;"以言成事"则是间接地依照言语的旨趣来做事,即历史主体发挥主观能动性,依照自身所理解的词汇含义来进行历史实践。② "在概念史中,概念生成既是历史运动的一个推进器,又是历史运动的一个指示器。"③ 而且,随着人类历史的发展,社会化程度的愈益强化,概念的动力功用越来越重要。考泽雷克指出:"为了保持行动能力,人类行动单位越是高度聚合——例如在现代的工作流程以及其经济联系中,或在日益复杂的政治舞台上,语言交流的条件也就变得愈加重要。这一点可以从语言媒介的扩张中得到证明:从可听的各种声音,再到各种技术性的交流工具,从书写、印刷、电话、收音机,再到电视机和计算机,还包括各种通讯设施,从信使到邮政服务,再到通讯卫星等等。人们总是要么试图把各种

---

① 伊安·汉普歇尔·蒙克:《言语行动,语言或"概念史"》,[英]伊安·汉普歇尔·蒙克主编:《比较视野中的概念史》,周保巍译,华东师范大学出版社2010年版,第70、67、68页。

② 伊安·汉普歇尔·蒙克:《言语行动,语言或"概念史"》,[英]伊安·汉普歇尔·蒙克主编:《比较视野中的概念史》,周保巍译,华东师范大学出版社2010年版,第56—57页。

③ 汉斯·恩里克·鲍德克:《概念·意义·话语:重新思考"概念史"》,[英]伊安·汉普歇尔·蒙克主编:《比较视野中的概念史》,周保巍译,华东师范大学出版社2010年版,第91页。

口头语言永远地固定下来，要么总是为了预见、启动或控制事件而试图扩展并强化口头语言。"①

概念史学认为，概念以词汇为载体推进历史的发展，其态势就是"鞍形期"（Sattelzeit））。所谓"鞍形期"，是说在整个历史发展进程中，有一个概念极度发达的时期。"意象取自两山谷之间的峰峦，来比喻两个大时代之间的过渡阶段。"②概念史学认为，18世纪是一个史无前例的、复杂的概念转型时期，现代社会中的众多概念如"帝国主义"、"共产主义"、"阶级"都产生于这个时期。考泽雷克认为，1750—1850年间是德国的"鞍形期"；而其弟子赖夏特（Rolf Reichardt）则认为，1680—1820年间是法国的"鞍形期"。在特伦斯·保尔看来，"鞍形期"是一个流动的概念，是指居于历史活动中的人，凭借原来共有的词库所理解的词汇所进行的历史活动，并赋予词汇新的意义以推进新的历史活动。他说，"概念史""与当下有关，也与过去相关"；"我们生活在一个复杂的、令人愉快的、但在某种程度上令人深为困扰的概念变动期，并且我们正亲历、参与到这样一个概念变动期"。③

三、词语与历史学

准确地把握历史学的研究对象、研究任务、性质及其贡献，是历史主义作为学科建设的理论要求。概念史学在其发展中，对史学的这些基本问题也予以了论述。

---

① 瑞因哈特·考斯莱克：《"社会史"和"概念史"》，[英] 伊安·汉普歇尔·蒙克主编：《比较视野中的概念史》，周保巍译，华东师范大学出版社2010年版，第28—29页。

② 孙云龙：《考泽莱克与德语世界的概念史》，《史学理论研究》2012年第1期。

③ 特伦斯·保尔：《"概念史"和"政治思想史"》，[英] 伊安·汉普歇尔·蒙克主编：《比较视野中的概念史》，周保巍译，华东师范大学出版社2010年版，第119页。

从概念史学的论述看，历史学的研究对象及其任务，可以分为三个层次。

第一，历史学的研究对象是概念，其任务就是揭示其语义，即所反映的生活实际。斯金纳说，历史研究就是"读文本""了解社会语境"，其目的就是"复原为特定的行为主体所可用的社会给定的'意义'和'惯例'"。或者说，把文本置放其时代背景中，复原其"意义的多元历史"（the histories of meanings）。①"'概念史'的主要任务就是'概念'的分类。换句话说，'概念史'是把'概念'作为语义学和语言学领域中的要素而加以分析的。"②

第二，历史学的研究对象是概念，其任务就是揭示语境，即概念与事实的关系。考斯雷克认为，概念是连接"语言"与"非语言性的事实"的关节点，所以，概念史核心问题就是"词语"（words）与"客体"（objects）之间的关系，即"这两者相互指涉，相互印证，始终处于一种互相的紧张中，但是它们从没有融为一体或合二为一"；概念史"关注概念和历史的交汇"。③由此说来，历史学研究概念，其任务就是考察词语与客体之间的关系，从而揭示历史发展的道路。

第三，历史学的研究对象是概念，其任务是揭示其语用，即历史的现代化。考泽雷克说："概念不再仅仅用于对事件的特定状态进行定义；此后，概念是为了影响未来而被创造出来的。由此，这种未来就逐

---

① 伊安·汉普歇尔·蒙克：《言语行动，语言或"概念史"》，[英] 伊安·汉普歇尔·蒙克主编：《比较视野中的概念史》，周保巍译，华东师范大学出版社 2010 年版，第 58、49 页。

② 汉斯·恩里克·鲍德克：《概念·意义·话语：重新思考"概念史"》，[英] 伊安·汉普歇尔·蒙克主编：《比较视野中的概念史》，周保巍译，华东师范大学出版社 2010 年版，第 79 页。

③ 汉斯·恩里克·鲍德克：《概念·意义·话语：重新思考"概念史"》，[英] 伊安·汉普歇尔·蒙克主编：《比较视野中的概念史》，周保巍译，华东师范大学出版社 2010 年版，第 88、89 页。

步地被概念化了。"①"'概念史'所关注的是'概念'在意义生成的过程中如何成为历史进程的指示器和推进器的。"②这就是说，历史学的研究概念，主要是揭示历史是如何被创造的，又是如何走向未来的。概念史学家在德国的实践，编纂了《历史的基本概念》，其目的就是将"概念史"用于"追踪德语欧洲现代性的到来、对它的感知以及它所带来的影响——人们假设：在德语欧洲，现代性采用了一种独特的模式。"③

关于历史学的性质，概念史学一再强调，历史学不是语言学，也不是语义学，而是社会史学。凯斯·特伯（Keith Tribe）强调："概念史不是以其自身为目的，而是作为一种手段，用以强调对社会史和经济史实践具有促进作用的语言和语义分析的重要性。""在德国，'概念史'被认为是通往'社会史'（social history）的一种路径。"④"'概念史'是以'社会史'为取向的，它所探讨的并不仅是人们对于社会现象的反思以及它们作为'概念'的定义，而是探讨人们在思想上对社会现象进行应对和反应的过程。"⑤

基于社会史学的概念史学，其贡献如何？对此，李宏图教授论析，第一，概念史学确定了历史研究的新对象。"概念史研究改变了以往历

---

① ［英］梅尔文·里克特：《政治和社会概念史研究》，张智译，华东师范大学出版社2010年版，第58页。

② 汉斯·恩里克·鲍德克：《概念·意义·话语：重新思考"概念史"》，［英］伊安·汉普歇尔·蒙克主编：《比较视野中的概念史》，周保巍译，华东师范大学出版社2010年版，第93、49页。

③ 伊安·汉普歇尔·蒙克：《言语行动，语言或"概念史"》，［英］伊安·汉普歇尔·蒙克主编：《比较视野中的概念史》，周保巍译，华东师范大学出版社2010年版，第49页。

④ 伊安·汉普歇尔·蒙克：《言语行动，语言或"概念史"》，［英］伊安·汉普歇尔·蒙克主编：《比较视野中的概念史》，周保巍译，华东师范大学出版社2010年版，第65页。

⑤ 汉斯·恩里克·鲍德克：《概念·意义·话语：重新思考"概念史"》，［英］伊安·汉普歇尔·蒙克主编：《比较视野中的概念史》，周保巍译，华东师范大学出版社2010年版，第93—94页。

史研究的对象，不再是以人物、事件，甚至历史时期作为自己的研究对象，而是聚焦在概念上，将概念作为一个历史单元来进行研究，正是从这一意义上说，概念史实现了历史研究对象的一次大转移。"第二，概念史学深化了历史语言学的研究。"概念史研究最重要的主旨和功能则是要追溯概念含义的起源和演变，从而判断不同的概念定义曾经在历史中有过怎样的竞争性博弈，只是有的胜利了，有的失败了，经过历史性的选择，有的流传下来，有的则一直被尘封在历史之中。""将概念含义的变迁与当时的政治和社会状况和实践性行动联系起来，进而远远突破了历史语义学的范围。"第三，概念史学揭示了历史发展的多样性。"概念史对于历史解读的丰富性和多样性也就得到了体现，实现了对历史的多元解释。在这样丰富而多样性的解释中，获得了思想观念和实践行动的统一，因此，概念史就不仅仅是一种思想史的考察，也是对思想和社会史的研究"。"没有了对'概念工具'的掌握，我们就无法组织和把握社会经验和社会现实，'社会史'是无法写就的。"①

四、词语与史学的认识论与方法论

科学地厘定历史认识的基点、方式与方法，并予以深入的实践，是历史主义作为学科建设的实践要求。概念史学在这方面自然有其更为独到的见解。

概念史学认为，历史认识的基石是概念及其维系的言语、词汇。"'概念史'研究的基石是词语、术语，以及一般意义上的语言符号。'概念史'所探讨的并不是作为独特字形的词语，而是探讨作为某些类词语

---

① 李宏图：《概念史与历史的选择》，《史学理论研究》2012 年第 1 期。

之符号或某一类词语之符号的词语。"① 在这里，所谓的"词语之符号"，实际就是指历史事实。在考泽雷克看来，与历史相关的"概念"有三个层次：A.在现实即"正在发生的历史（故事）"层面，"总有非语言的（extralinguistic）或者前语言的（prelinguistic）和后语言的（postlinguistic）因素的存在"；而"语言"与"行动"是不能"分析性切割"（analytical division）的。B.在学术即"已经发生的历史事情"层面，语言是"首要因素"，包括了"神话、童话故事、戏剧、史诗和小说"等融合了"预设""行动"的"言说"，阐释"言语"与"行动"关联、描述事实的"言说"，以及将"言说和语言与社会状况和社会变化联系起来"的"言说"。C.在文化即认识论层面，包括了"特定的、共识性的'言说'（speech）与恒在的、历时性的、先前就存在着的'语言'（language）"。② 在波考克看来，概念史学所研究的概念即"语言"，有这样几个特征："A.在'语言'中，不同的作者施行不同的行动。B.他们探讨彼此之间对于该'语言'的使用，有时产生了元语言（meta-language）。C.通过考察'语言'在特定场合下的使用，研究者能预知其意义和含义。D.他们能够发现'语言'在他们意料不到的地方使用。E.基于其不可能性（non-availability），他们成功地排除掉一种'语言'。"③

概念史学认为，概念不仅是历史认识的基石，也是历史认识的方式。考泽雷克站在现代化的角度，指出，概念史学的历史认识方式在于

---

① 汉斯·恩里克·鲍德克：《概念·意义·话语：重新思考"概念史"》，[英] 伊安·汉普歇尔·蒙克主编：《比较视野中的概念史》，周保巍译，华东师范大学出版社 2010 年版，第 77 页。

② 瑞因哈特·考斯莱克：《"社会史"和"概念史"》，[英] 伊安·汉普歇尔·蒙克主编：《比较视野中的概念史》，周保巍译，华东师范大学出版社 2010 年版，第 26—40 页。

③ 伊安·汉普歇尔·蒙克：《言语行动，语言或"概念史"》，[英] 伊安·汉普歇尔·蒙克主编：《比较视野中的概念史》，周保巍译，华东师范大学出版社 2010 年版，第 52 页。

四个方面：A."时间化"（Verzeitlichung），将现代政治概念或社会概念放置于历史学视域中，考察其发展的时期、阶段与进程，其目的是揭示历史发展的个性。B."民主化"（Demokratisierung），将政治概念或社会概念放置于社会学视域中，考察其所使用的阶级、阶层及其传播范围，从而揭示历史发展的主体性。C."可意识形态化"（Ideologiesierbarkeit），将概念放置于传播学的视域中，考察其流传的形式，从而揭示历史发展的动力。D."政治化"（Politisierung），将概念放置于政治学视域中，考察其在行政管理中的运用情况，从而揭示历史发展的方向。① 这"四化"，作为历史认识方式，是考泽雷克用于检验其"鞍形期"观点的基本维度。

概念史学认为，历史学的研究采用多学科的方法。如上所述，历史认识"四化"的维度，除了历史学的自身，还借用了其他如社会学、传播学与政治学等学科。由此可说，历史学的研究方法是多学科的。昆廷·斯金纳在其所承担的、已经出版了约 30 种读物的"语境中的观念"（Ideas in Context）出版项目中，所采用的研究路径就是"破除'哲学史、各门科学的历史，或社会政治史、文学史之间的人为区分'"。② 当然，在诸多学科中，概念史学最注重的是社会史学和政治史学。考泽雷克指出，概念史学的理论在于："历史要成为可能，它必须预设'社会'和'语言'的存在。也就是说，在任何情况下，历史都不可能脱离'社会'和'语言'而存在。"③ 汉斯·恩里克·鲍德克也说："'概念史'的目的在于辨识'概念'的社会边界，探讨'概念'施加于政治和社会群体的聚合力

---

① ［英］梅尔文·里克特：《政治和社会概念史研究》，张智译，华东师范大学出版社2010 年版，第 50—52 页。

② 伊安·汉普歇尔·蒙克：《言语行动，语言或"概念史"》，［英］伊安·汉普歇尔·蒙克主编：《比较视野中的概念史》，周保巍译，华东师范大学出版社 2010 年版，第 43 页。

③ 瑞因哈特·考斯莱克：《"社会史"和"概念史"》，［英］伊安·汉普歇尔·蒙克主编：《比较视野中的概念史》，周保巍译，华东师范大学出版社 2010 年版，第 25 页。

和影响力，并研究社会和政治结构中的跨时代变迁，并据而探讨作为经验、预期和理论中的一种转型，人们可以多大程度上在语言术语中'把握'这种跨时代的变迁。"①

综上所述，可以看出，概念史学既将语言、词汇看作是历史的本质，又将之作为历史学的研究对象，从而构建了以语言、词汇为主题的历史主义方法论。概念史学的重视语言、词汇，一方面是强调语言、词汇的历史场景及其变迁，从而尊重历史的真实性与客观性；另一方面又是强调历史学凭借着语言、词汇把握历史的本质及其属性，从而尊重历史认识的主体性与真理性。概念史学兴起至今，接受史学中的后现代主义流派可谓是方兴未艾。后现代史学既过分重视叙述、叙事因而蔑视历史的客观性与真理性，又重视文本、故事因而将历史学与文化相等同从而忽略历史学的独特学科个性。两者相较，概念史学既承继了实证史学的实证品质，又摒弃了接受史学的虚无谬误，可谓是对历史主义的真正发展与促进。

---

① 汉斯·恩里克·鲍德克：《概念·意义·话语：重新思考"概念史"》，[英] 伊安·汉普歇尔·蒙克主编：《比较视野中的概念史》，周保巍译，华东师范大学出版社2010年版，第73页。

第四章

科学史学思潮

历史主义的科学思潮是指马克思恩格斯所发现创设的唯物史观史学。19世纪中期，随着西方资本主义制度的确立，工业化的初步实现，社会财富急剧膨胀，社会阶级的分化与矛盾也日益激化，历史进入新的拐点。马克思恩格斯目睹了社会的问题与危机，站在全人类的立场，创设了唯物史观。20世纪以来，西方马克思主义得以深入发展，其史学的展现就是年鉴学派与心理史学。唯物史观史学继承了古典史学以来各种史学思想的精华，提出了"物质"与"人民"的概念，将历史学"安放在真正的科学基础之上"，从而构建了科学的历史主义理论。而年鉴学派、心理史学分别从社会文化与个人心理两个方面，丰富和发展了唯物史观的历史主义。

唯物史观史学。诞生于19世纪中叶的唯物史观，既是对文艺复兴运动与启蒙运动的反思，也是对理性史学、非理性史学与民族传统史学的发展，可以说是欧洲历史主义的一代昆仑。唯物史观认为，历史是人类追求着自己目的的活动，其动力是人的意识，而其根源在于生产方式；历史学的研究对象是人类社会，其任务是探究其规律，其性质属于科学；历史学认识的基础是实事，其范畴是社会，其方法是阶级分析。历史学研究可以吸取自然科学的研究成果，借鉴自然科学的某些方法；但历史学的研究对象毕竟是人类，所以，绝不能照搬自然科学。在历史学的研究中，正确地理解历史发展的辩证法，就能克服历史虚无主义。因为接受史学很多的观点带有回应唯物史观的倾向，而唯物史观的一些论述，实际上也预警了接受史学的观点。

年鉴学派。源自于法国并活跃于 20 世纪中叶，在历史主义问题上的贡献在于：历史是人类的活动，其特征是进步，表现在文明的连续性与多样性上，而其动力则是抉择，即"回应"，亦即对来自地理、经济、社会与精神等不同方面"挑战"的反击；历史学的研究对象是人类及其所构成的社会，其任务是揭示历史发展的规则、构建客观性的历史事实，其性质为科学，其功用在于思想与精神的审美、理解现实及其缘由、构建人文学科知识，提供社会学研究的独特方法；历史认识的基石是时段，包括"短时段"即"事件史"、"中时段"即"社会史"与"长时段"即"地理环境史"，其认识方式则是基于社会学上的总体史学，或者说是整体史学，它要求用分门别类、条举件系的形式描述人类社会的发展，而其方法则是问题史学，即历史学家抱着"求知释疑"的动机，针对现实生活中所涌现的人类社会各方面出现的问题，"历史学从事物发展的角度予以阐述解释"，"从历史中寻求答案"。

心理史学。诞生于 20 世纪初年，是继唯物史观之后，与年鉴学派同时发展起来的历史主义思潮。在心理史学看来，历史是基于人类活动上的文明创制，而其动力则是性本能的压抑（无意识或潜意识）所转型升级的艺术创造，历史是由精神症者所创造的，其因则源自于童年的经历；历史学的研究对象是潜意识，其任务是揭示转型升华之规则，其性质属于科学；历史认识的基点是传记资料，其方式是联想，其方法是类比。在历史发展动力问题上，唯物史观将其看作是基于物质生产方式之上的人类意识，心理史学则将其看作是基于人类自身生产之上的人类的性本能、无意识或潜意识。所以两者相互映衬，完善着历史主义思维方式。学术史上，弗洛伊德、荣格、兰格、埃里克森、科胡特等学者，都为心理史学的发展和学科建设作出了贡献。

第一节　历史学与科学：唯物史观的史学思想

由马克思恩格斯所创立的唯物史观，诞生于19世纪中叶，既是对文艺复兴运动与启蒙运动的反思，也是对理性史学、非理性史学与民族传统史学的发展，所以在历史主义问题的论析上，真正将其引入了科学的轨道，可以说是欧洲历史哲学发展的一代昆仑。由此，我们在历史主义的讨论中，对唯物史观的经典作家的论析，必须浓墨重彩地予以论述。

一、唯物史观历史主义的研究

唯物史观的历史主义，或者说是马克思主义的历史主义，是当代中国史学发展的核心思想与理论基础。在新中国史学史与学术史上，关于马克思主义的历史主义，曾经举行过三次热烈的讨论。第一次发生在20世纪50年代，其时新中国刚刚成立，一些长期致力于马克思主义史学研究的学者，如范文澜、翦伯赞等著名的史学家能够静下心来整理以前的研究成果，对因革命需要所出现的简单化、公式化的做法，予以反思、反省。第二次发生在20世纪50年代末至60年代初年，因"史学革命"的展开，又出现了公式化、简单化的倾向，于是老一代的史学家翦伯赞等人提议，历史学研究在坚持阶级与阶级斗争史观的同时，必须讲究科学的原则，遵守历史主义的原则。由此，围绕着历史主义与"阶级与阶级斗争"两者的关系问题，学术界展开了极为热烈的讨论。受极"左"思想的影响，"阶级与阶级斗争"的观点被认为是无产阶级的思想，而历史主义则被认为是资产阶级的观点，公式化、简单化的"阶级与阶级斗争"方法得到了广泛的推行。由此，主张历史主义的翦伯赞等人遭到了迫害。第三次发生于20世纪70年代末至80年代，随着对"文化大革命"的反思，史学界再次展开了对历史主义观点的讨论。张芝联、蒋大椿、许永璋、王学典、李振宏等人发表专论，对历史主义的含义及其与"阶级与阶级斗争"观点的关系予以了新的梳理与论析。

经过三次激烈的讨论，尤其是最后一次的反思与反省，马克思主义的历史主义内涵越来越清晰。许永璋从认识论方面论述其基本原则："把历史看成是一个永恒的运动、变化、发展的过程"，"要用辩证法的观点看待历史"；"把历史事件和历史人物放到一定的历史范围去考察"，"要对历史上的具体事物进行具体的分析"；"通过历史发展的内在联系，发现它的客观规律"，"要对历史采取实事求是的态度"；"对待历史遗产采取批判继承的态度"。[①] 李振宏从本体论的角度出发，将其归纳为："人类历史是一个无穷的由低级到高级的运动过程"，"总趋势""是上升的、前进的"；"一切历史事物都处在某一具体的历史发展阶段上，都是特定历史环境的产物，是特殊的历史联系决定了事物的独特风貌"；任何历史事物"都要经历一个发生、发展和消亡的历史过程"；人们"都是在直接碰到的、既定的、从过去继承下来的条件下，进行自己的历史创造活动"。[②] 赵士发、胡红生则从实践的角度，将其内容归结为：自然史与

---

① 许永璋：《试论历史主义》，《社会科学辑刊》1979年第1期。

② 李振宏：《论历史主义问题》，《史学理论研究》1992年第3期。

人类史的有机统一，人类史源自于自然史，又高于自然史，受自然与社会双重规律的支配；逻辑与历史的有机统一，逻辑属于历史，是历史的构成部分；普遍性与特殊性的统一，历史具有普遍性，由低级到高级发展是总趋势，历史又具有特殊性，具体阶段都是特定的环境的产物；历史与价值的统一，历史是人的实践活动，包含着人的价值关怀和价值诉求，历史的进步与历史主体的解放是同一个过程。①

在揭示马克思主义的历史主义内涵中，对其本质的认识，也在逐渐深化。张芝联先生分析说，在于其本质是"批判的、革命的"，"唯物的、彻底辩证的"，"真正科学的"，"真正客观的、爱憎分明的，永远引导人们向前看的"；而资产阶级的历史主义则是"保守的、反动的"，"唯心的、不彻底的"，"反科学的"，"客观主义的、颂古非今的"。② 李振宏先生认为，其本质就是历史辩证法，"什么是历史主义？历史就是辩证法，就是对于客观历史运动的辩证性质的认识，就是辩证地、历史地看待历史问题的一种方法论原则"。③ 张建民认为，其本质在于其"实践"，"我们可以说马克思的历史主义也是实践的历史主义，实践使自然界有了属人的本质，也使工业成为了人的自然本质"。④ 赵士发、胡红生总结说，马克思主义的历史主义，"将历史归结为人的实践活动及其结果，主张从实践出发去辩证地理解和解决历史发展过程中产生的各种矛盾和问题，因此，它实质上就是一种实践辩证法"。⑤

---

① 赵士发、胡红生：《历史主义传统与马克思的历史主义原则》，陶德麟主编，武汉大学马克思主义哲学研究所编：《马克思主义哲学研究》（2007），湖北人民出版社 2008 年版。

② 张芝联：《资产阶级历史主义的形成及其特征》，《世界历史》1979 年第 1 期。

③ 李振宏：《论历史主义问题》，《史学理论研究》1992 年第 3 期。

④ 张建民：《历史主义与历史认识》，《湘潭大学社会科学学报》1999 年第 6 期。

⑤ 赵士发、胡红生：《历史主义传统与马克思的历史主义原则》，陶德麟主编，武汉大学马克思主义哲学研究所编：《马克思主义哲学研究》（2007），湖北人民出版社 2008 年版，第 200 页。

如上所述，虽然对于唯物史观的历史主义基本内涵及其实质有了充分的论析，但就史学发展的整体要求相比，是远远不够的。正如学者所指出的："目前国内对马克思主义历史观的研究多集中于哲学界，历史学界对其研究相对不足；对马克思主义史学观的研究还很薄弱"，"如对马克思恩格斯等经典作家的历史观的研讨，在历史学领域主要体现在由庞卓恒、吴泽编著的《史学概论》教材和少量的专著论文中，历史学界在涉及相关问题时，主要是援引哲学界的研究成果，自身对该问题的研究相对不足；对马克思主义史学思想史的研究基本处于空白；对马克思主义经典作家有关历史学的科学性、阶级性和客观性等问题都没有较为深入的探讨"。[①]

二、"历史不过是追求着自己目的的人的活动而已"

马克思恩格斯在创立唯物史观时，欧洲已经进入 19 世纪中前期。其时历史学学科发展上，理性史学已经趋于强弩之末，非理性史学已经逐渐成熟，而民族传统史学与实证史学可以说是方兴未艾。所以，唯物史观吸取了理性史学、非理性史学的精华，剔除其糟粕；对民族传统史学与实证史学也予以了批评。

（一）历史的意义

历史是什么？它有哪些特点？它又包括了哪些内容？这是任何一个历史学家都必须要回答的基本问题。因而也是了解和掌握历史学家的史学思想的出发点。我们要弄清唯物史观的基本原理，其前提条件自然是

---

① 于沛：《马克思主义史学思想史研究刍议》，《江海学刊》2008 年第 4 期。

要弄清马克思恩格斯是如何论述这一问题的。

按照唯物史观的要求，对于任何问题的研究都应该放到相应的背景下进行分析。马克思恩格斯对历史本体的论述，是在以下三种情况中进行的。

第一种情况是在对神学历史观与黑格尔的唯心史观进行批判时，马克思恩格斯认为历史就是人的活动，就是人为了实现自己的目的的活动。神学家们认为历史是由基督创造的，历史的发展有一个虚幻的天国作为最终的目的。人们在现实生活中所能做的就是按照神的意思去执行。黑格尔虽然不谈神学，但认为历史是发展变化的，这种发展变化归根结底是由观念所决定的。因此，人类的历史只不过是观念的具体表现、观念的逐渐实现而已。这样，黑格尔"就用一种新的——不自觉的或逐渐自觉的——神秘的天意来代替现实的、尚未知道的联系。"①这样，"在黑格尔看来，历史不过是检验他的逻辑结构的工具。"马克思和恩格斯彻底批判了神学的历史观，指出，人类历史是人类自己的活动过程，历史学的任务就是研究人类活动的轨迹。"我们要求把历史的内容还给历史，但我们认为历史不是'神'的启示，而是人的启示，并且只能是人的启示。为了认识人的本质的伟大，了解人类在历史上的发展，了解人类一往直前的进步，了解人类对个人的非理性的一贯有把握的胜利，了解人类战胜一切似乎超人的事物，了解人类同大自然进行的残酷而又顺利的斗争，直到具备自由的人的自觉，明确认识到人和大自然的统一，自由独立地创造建立在纯人类道德生活关系基础上的新世界，为了了解这一切，我们没有必要首先求助于什么'神'的抽象概念，把一切美好的、伟大的、崇高的、真正的人的事物归在它的名下。为了了解

① 《路德维希·费尔巴哈和德国古典哲学的终结》，《马克思恩格斯选集》第四卷，人民出版社 1972 年版，第 242 页。

这一切的伟大，我们没有必要采取这种迂回的办法，为了相信人的事物的重要和伟大，没有必要给真正的人的事物打上'神的'烙印。相反地，任何一种事物，越是'神的'即非人的，我们就越不能称赞它。"① 马克思和恩格斯也彻底批判了黑格尔的唯心史观，进一步指出，历史是人的活动："'历史'并不是把人当做达到自己目的的工具来利用的某种特殊的人格。历史不过是追求着自己目的的人的活动而已。"② 历史学的任务就是揭示历史发展的真实的原因，真正的联系。"因此，在这里也完全像在自然领域里一样，应该发现现实的联系，从而清除这种臆造的人为的联系；这一任务，归根到底，就是要发现那些作为支配规律在人类社会的历史上为自己开辟道路的一般运动规律。"③

　　第二种情况是在谈论黑格尔的辩证法和费尔巴哈的唯物论时，马克思和恩格斯再一次对历史概念的含义和特点做了论述。黑格尔虽然看到了事物是发展的，但他只揭示了事物现存的原因，没有进一步看到事物接下来该是如何发展的，用他的话说，就是"凡是现实的都是合理的，凡是合理的都是现实的"。费尔巴哈克服了黑格尔唯心史观，看到了世界的物质性质，但他又认为这个世界是机械的、单纯的，是静止的、不动的；而在人类社会领域，起主导作用的是爱和宗教的观念。这样就与黑格尔的观念主宰历史是一致的了，是唯心史观。在这里，马克思和恩格斯肯定了黑格尔的辩证法而否定了他的不彻底性，肯定了费尔巴哈的唯物论而否定了他的形而上学，终于形成了马克思主义的历史发展观。在马克思主义看来，历史就是事物的发展过程。恩格斯说，当我们在考

---

①　《英国状况评托马斯·卡莱尔的〈过去和现在〉》，《马克思恩格斯全集》第一卷，人民出版社 1956 年版，第 650—651 页。

②　《神圣家族》（1844 年 9—11 月），《马克思恩格斯全集》第二卷，第 118—119 页。

③　《路德维希·费尔巴哈和德国古典哲学的终结》，《马克思恩格斯选集》第四卷，人民出版社 1972 年版，第 242—243 页。

察自然界或人类历史或我们的精神活动时，就会发现，一切都在运动、变化、产生和消灭，其中没有任何东西是不动的和不变的。这用赫拉克利特的话讲，就是一切都存在，同时又不存在，因为一切都在不断地变化，不断地产生和消失。① 所谓一切都存在，就是指在历史的发展中，任何一个事物相对于它所存在的条件来说，都是合理的，都有存在的理由；而所谓又不存在，就是说，"在发展的过程中，以前的一切现实的东西都会成为不现实的，都会丧失自己的必然性、自己存在的权利、自己的合理性；一种新的、富有生命力的现实的东西就会起来代替正在衰亡的现实的东西，——如果旧的东西足够理智，不加抵抗即行死亡，那就和平地代替；如果旧的东西抵抗这种必然性，那就通过暴力来代替。"② 可见，历史的发展变化是以新旧交替的形式进行的。对于人类社会来说，人的活动和社会的变迁就构成了历史。"无论历史的结局如何，人们总是通过每一个人追求他自己的、自觉预期的目的来创造他们的历史，而这许多按不同方向活动的愿望及其对外部世界的各种各样作用的合力，就是历史。"③"历史不外是各个时代的依次交替。"④ 在马克思恩格斯看来，人类社会历史正是历史学所要研究的对象。"现代唯物主义把历史看作是人类的发展过程，而它的任务就在于发现这个过程的运动规律。"⑤

第三种情况是在谈论知识时，马克思和恩格斯曾经试图把世界上的所有事物都容纳进历史学的视野内。马克思和恩格斯把历史看作是事物的发展过程。反过来讲，凡是有一定的发展阶段的事物，都可以作为历史来研究。所以，恩格斯说"自然界同样也有自己的时间上的历

---

① 《马克思恩格斯选集》第三卷，人民出版社 2012 年版，第 60 页。
② 《马克思恩格斯选集》第四卷，人民出版社 1972 年版，第 212 页。
③ 《马克思恩格斯选集》第四卷，人民出版社 1972 年版，第 254 页。
④ 《马克思恩格斯选集》第一卷，人民出版社 2012 年版，第 168 页。
⑤ 《马克思恩格斯选集》第三卷，人民出版社 2012 年版，第 795 页。

史"，因为"天体和在适宜条件下生存在天体上的有机物种都是有生有灭的"。① 也就是说是不断发展的。又说，思维"都是一种历史的产物，它在不同的时代具有完全不同的形式，同时具有完全不同的内容。因此，关于思维的科学，也和其他各门科学一样，是一种历史的科学，是关于人的思维的历史发展的科学"②。可见，只要是具备了发展过程或者发展阶段的，都已经构成了历史。所以，马克思恩格斯在《费尔巴哈》的手稿中写道："我们仅仅知道一门唯一的科学，即历史科学。"又说，历史可以划分为自然历史和人类历史。"但这两方面是不可分割的；只要有人存在，自然史和人类史就彼此相互制约。"这样，依据马克思和恩格斯的意思，历史的内容包括了人类社会和自然界的一切事物。但在实际的研究中，出于对唯心史观的批判，只以研究人类社会历史为鹄。所以，马克思恩格斯说："我们所需要深入研究的是人类史，因为几乎整个意识形态不是曲解人类史，就是完全撇开人类史。意识形态本身只不过是这一历史的一个方面。"③

综合上述的三种情况，在马克思和恩格斯看来，历史就是事物的发展过程；历史的特点是发展变化；历史包括了自然史和人类史等所有的方面，但历史学研究的中心是人类社会历史。根据马克思和恩格斯的论述，在这里，我们对于人类历史、社会历史和人与自然关系的历史加以阐述，以明唯物史观的真谛之所在。

（二）人类历史的意义

马克思恩格斯说，历史不过是追求着自己的目的的人的活动而已。

---

① 《马克思恩格斯选集》第三卷，人民出版社 2012 年版，第 400 页。
② 《马克思恩格斯选集》第三卷，人民出版社 2012 年版，第 873—874 页。
③ 《马克思恩格斯选集》第一卷，人民出版社 2012 年版，第 146 页。

因此，人就构成了历史的主体。而关于人类的起源，恩格斯已经在《劳动在从猿到人的转变中的作用》一文中用历史的眼光作过较为详细的论述，我们就不再复述。① 那么，人又是什么呢？他存在和发展的条件是什么呢？他是怎么发展的呢？他的发展的动力是什么呢？他的发展又经历了哪些阶段呢？无疑，对于这些关于人类自己的问题，人类在自己发展的每一个时期都在试图作出正确的回答。但在马克思主义产生以前，所有的回答都不同程度上具有唯心观点，只有马克思的唯物史观才破天荒的第一次科学地回答了这些问题。

在马克思看来，人不是神的儿子，不是宗教的产物，人就是人。"人并不是抽象的栖息在世界以外的东西。人就是人的世界，就是国家，社会。""人的根本就是人本身。""人是人的最高本质"。② 显然，把人看作是人自己所拥有的一切，这是欧洲文艺复兴时期人文主义者对宗教神学思想中把人看作是神的产物的否定的根本观点，也是当时德国思想界在反宗教神学方面所取得的重要文化成果。马克思不仅肯定、继承了这一观点，并且在新的历史条件下对这一观点予以了发展。

人就是人，人类自身发展就是人类的历史。按照历史发展实际的情况，人类发展的条件，除了自身的因素之外，还有一个主要的也是必需的因素就是环境。环境包括两个方面即自然环境和社会环境。自然环境是指人们周围的自然物象，包括地质地貌，山川河流，森林植被，矿藏物产，气象气候，旱涝灾害，等等。这些条件不仅养育了人类，而且也制约着人类的发展。"这些条件不仅制约着人们最初的、自然的肉体组织，特别是他们之间的种族差别，而且直到如今还制约着肉体组织的整个进一步发达或不发达。"这是被马克思恩格斯在手稿中删去的一段

---

① 参见恩格斯：《自然辩证法》（节选），《马克思恩格斯全集》第九卷，第550—563页。
② 《马克思恩格斯选集》第一卷，人民出版社2012年版，第16页。

话。可见，马克思恩格斯曾经认为自然环境对于人类的影响主要在于种族和肉体形状方面。所以，他们认为研究人类历史应该以自然环境为出发点。"任何历史记载都应当从这些自然基础以及它们在历史进程中由于人们的活动而发生的变更出发。"①社会环境也可以叫做文化环境、人文环境、传统因素等等，它是指人们生产和生活的现实的状况，包括经济方面的有生产力、生产关系、生产方式、生活方式；政治方面的有国家、军队、法律等机构组织，政策、条令、制度、法规、道德等行为准则；精神方面的有历史学、哲学、科学、文学、艺术、经济学等知识，伦理、宗教、信仰等思想意识，传统、习俗、习惯、教育、教养等历史，等等因素。

像自然环境一样，社会环境也是人们自己无法超越和选择的，但是人们可以在历史的实践中去改变它。"人们不能自由选择自己的生产力——这是全部历史的基础，因为任何生产力都是一种既得的力量，以往活动的产物。""为了不致丧失已经取得的成果，为了不致失掉文明的果实，人们在他们的交往 [commerce] 方式不再适合于既得的生产力时，就不得不改变他们继承下来的一切社会形式。"②总体来说，自然环境也好，社会环境也好，它们都是人类发展的基本条件，也是人类历史发展中所要致力于改造的对象。正是在这个意义上，马克思恩格斯接受了"人是环境和教育的产物""改变了的人是另一种环境和改变了的教育的产物"的唯物观点，同时又强调说"环境正是由人来改变的，而教育者本人一定是受教育者"，换句话说，就是"环境创造人、人也改变环境"。

人把环境作为自己发展的条件，人类历史的发展实际上就是一个环境创造人、人又改变环境的过程，而这一过程就落实在人的实践上来。

---

① 《马克思恩格斯选集》第一卷，人民出版社 2012 年版，第 147 页。
② 《马克思恩格斯选集》第四卷，人民出版社 2012 年版，第 409 页。

"环境的改变和人的活动的一致，只能被看作是并合理地理解为革命的实践。"①换言之，人类历史的发展是通过人的实践来完成实现的。把实践引入历史观是马克思唯物史观不同于从前的一切唯物主义的主要特点，它深刻地揭示了人类历史发展的真实轨迹和样式。

那么，人为什么去实践、去活动，也就是说，人类历史发展的动力是什么呢？这个问题在我们今天看来，无疑是一个最为棘手的问题。因为，在对于马克思主义的理解中，已经有了太多的成见，太多的顾忌，使得我们不敢逾越雷池一步。这就限制了我们对唯物史观的正确的理解。实际上，在马克思那里，是不存在什么顾忌的。在他们看来，对于人类历史动力的认识，只有放在人类历史与自然历史的区别中考察，即可寻找出人类历史的发展动力。"历史和自然史的不同，仅仅在于前者是有自我意识的机体的发展过程。"又说："人离开狭义的动物愈远，就愈是有意识地自己创造自己的历史，不能预见的作用、不能控制的力量对这一历史的影响愈小，历史的结果和预定的目的就愈加符合。"②可见，历史发展的动力就是人的自我意识、有意识，是人对自己目的的追求。"历史不过是追求着自己的目的的人类的活动而已。"对自己目的的追求，就是对自己欲望、需要的满足。因此，意识作为历史发展的动力主要体现在人的欲望、需要上。

需要作为历史发展的动力，是非常丰富的：

我们首先应当确定一切人类生存的第一个前提也就是一切历史的第一个前提，这个前提就是：人们为了能够'创造历史'，必须能够生活。但是为了生活，首先就需要衣、食、住以及其他东西。因此第一个历史活动就是生产满足这些需要的资料，即生产物质生

① 《马克思恩格斯选集》第一卷，人民出版社1972年版，第17页。
② 《马克思恩格斯选集》第三卷，人民出版社1972年版，第457、557页。

活本身。同时这也是人们仅仅为了能够生活就必须每日每时都要进行的（现在也和几千年前一样）一种历史活动，即一切历史的基本条件……

第二个事实是，已经得到满足的第一个需要本身、满足需要的活动和已经获得的为满足需要的工具又引起新的需要。这种新的需要的产生是第一个历史活动……

一开始就纳入历史发展过程的第三种关系就是：每日都在重新生产自己生命的人们开始生产另外一些人，即增殖。这就是夫妻之间的关系，父母和子女之间的关系，也就是家庭……

此外，不应把社会活动的三个方面看作是三个不同的阶段，而只应看作是三个方面……

从历史的最初时期起，从第一批人出现时，三者就同时存在着，而且就是现在也还在历史上起着作用。①

从这里可以看出，人们的需要包括了生存、发展和生殖三个方面。在历史的实践中，这三个需要是同时进行的。

而且，作为历史发展的动力，是在不断新生的。正如马克思说的，一个需要满足之后会随之产生新的需要。"物质生活的这样或那样的组织，每次都依赖于已经发达的需求，而这些需求的产生，也像他们满足一样，本身是一个历史过程，这一过程在羊或狗那里是没有的……"②这样，人的欲望不断地得到满足，又不断地产生，推动着人们去不断地创造历史。人类历史也就这样不断地得以发展。

需要推动人们创造历史，人们在历史活动中又产生着新的需要。人类历史就这样一路发展而来。而对于人类来说，最大的需要，莫过于对

① 《马克思恩格斯选集》第一卷，人民出版社1972年版，第32—34、78页。
② 《马克思恩格斯选集》第一卷，人民出版社1972年版，第78页。

自由的追求。人类期望着能够摆脱所有的束缚，尽情地满足自己的欲望。因此，就人类历史发展这一理想境界而言，人类历史有自己的发展阶段。马克思把它划分为三个阶段：

> 人的依赖关系（起初完全是自然发生的），是最初的社会形态，在这种形态下，人的生产能力只是在狭窄的范围内和孤立的地点上发展。以物的依赖性为基础的人的独立性，是第二大形态，在这种形态下，才形成普遍的社会物质变换，全面的关系，多方面的需求以及全面的能力体系。建立在个人全面发展和他们共同的社会生产能力成为他们的社会财富这一基础上的自由个性，是第三阶段。第二阶段为第三阶段创造条件。因此，家长制的，古代的（以及封建的）状态随着商业、奢侈、货币、交换价值的发展而没落下去，现代的社会则随着这些东西一道发展起来。①

可见，马克思把人类历史看作是人类迈向自由的发展过程，看作是人不断地摆脱自然、社会的束缚从而走向自我的历程。

（三）社会历史的意义

人的本质不在于宗教性，而在于社会性。"人的本质并不是单个人所固有的抽象物。在其现实性上，它是一切社会关系的总和。"②"人是最名副其实的社会动物，不仅是一种合群的动物，而且是只有在社会中才能独立的动物。"③因此，社会历史本质上是人的历史的延伸，是人自身历史的发展。所以我们常常把人的历史与社会的历史放在一起，说是人类社会历史。而实际上，社会历史虽然是由人组成的，但由人组成的

---

① 《马克思恩格斯全集》第四十六卷（上册），人民出版社1979年版，第104页。
② 《马克思恩格斯选集》第一卷，人民出版社1972年版，第18页。
③ 《马克思恩格斯选集》第二卷，人民出版社1972年版，第87页。

社会历史业已具备了自己的特点。换句话说，社会历史有自己的存在条件，有自己的发展动力和发展阶段。马克思恩格斯深明于此，所以在探究人类历史的发展规律时，对社会历史的基本问题也作了论述。

就历史存在的条件而言，社会历史的条件主要在于自然环境与人口因素。自然环境对社会历史的作用与影响正如对人类历史的作用与影响一样，这里即不再奢谈。人是构成社会历史的主体，没有人自然无所谓社会的历史。在社会历史上，人口数目的多少、人的能力的大小、人的文化素质的高低、人类生活场景的变迁，都曾经并且继续影响着社会历史的发展。而且，为了进一步推动社会历史的进步，当然也为了进一步实现人类对自由的需求，人类在不断地进行文化教育以提高人的素质和能力。可见人的素质与能力的高低对社会历史的发展起着重要的作用。

就社会历史的发展动力来讲，虽然不像人类历史的发展动力那样，马克思和恩格斯对此给予了非常明确的、非常多的论述，但是透过他们对生产关系、社会存在、社会制度等问题的探讨，还是可以寻绎出他们关于社会历史发展的动力的观点的。

　　个人的这种发展是在历史上前后相继的等级和阶级的共同的生存条件下产生的，也是在由此而强加于他们的普遍观念中产生的，如果用哲学的观点来考察这种发展，当然就不难设想，在这些个人中有类或人在发展，或者是这些个人发展了人，也就是说，可以设想出某种奚落历史科学的东西。在这以后就可以把各种等级和阶级理解为一个普遍概念的一些类别，理解为类的一些亚种，理解为人的一些发展阶段。

这段话有两层相互关联的意思。一层是说，个人是处于一定的阶级和等级之中从而构成了社会，从而使"个人获得全面发展其才能的手段"。另一层是说，正是等级和阶级"把个人的自由发展和运动的条件置于他们的控制之下"，迫使每一个人服从于一定的制度，从而使社会历史获得发展。显然，从后一层意思中，我们可以看出，社会历史的发展动力，在马克思和恩格斯看来，就是等级和阶级，简而言之就是制度。而制度作为历史发展的动力，"在历史发展进程中"，一方面是独立的，"这正是由于分工条件下社会关系必然变成某种独立的东西"；一方面它迫使人们服从它，迫使每一个人"屈从于某一劳动部门以及与之相关的条件的生活"。① 迫使人们服从，就是"指把别人的意志强加于我们"，恩格斯称此为"权威"；而"权威又是以服从为前提的"，这种前提就是"社会制度"。制度作为社会历史的动力是人们一刻也不能脱离开的。恩格斯形象地说，纺纱厂要生产，要求劳动者必须遵守劳动时间，听从生产调配；铁路要安全运输，要求人们必须绝对地合作，"必须依照准确规定的时间来进行"；"能最清楚说明需要权威，而且是需要最专断的权威的，要算是在汪洋大海上航行了。那里，在危急关头，要拯救大家的生命，所有的人就得立即绝对服从一个人的意志。"社会历史正像大海中航行的船需要船长的权威一样需要制度，需要"有一个能处理一切所属问题的起支配作用的意志"。不管制度是怎样建立起来的，只要有了制度，社会历史方能发展。"我们看到，一方面是一定的权威，不管它是怎样造成的，另一方面是一定的服从，这两者，不管社会组织怎样，在产品的生产和流通赖以进行的物质条件下，都是我们所必需的。"②

制度作为社会历史的发展动力，其作用体现在：

1. 国家。"国家是整个社会的正式代表，是社会在一个有形的组织

---

① 《马克思恩格斯选集》第一卷，人民出版社 2012 年版，第 197、198、199 页。
② 《马克思恩格斯选集》第二卷，人民出版社 1972 年版，第 551—553 页。

中的集中表现"。①

2.法律。法律"把每天重复着的生产、分配和交换产品的行为用一个共同规则概括起来，设法使个人服从生产和交换的一般条件。"②

3.军队与警察。军队是为了防御或者进攻外部的敌人，警察则是用来镇压和防范内部的违法乱纪者。

4.道德与传统。道德是用善恶来劝诫人们，传统则是以风俗习惯的形式诱导人们。

5.宗教。宗教是通过教义教规来劝诫人们。

6.学校教育。学校通过传授文化知识的方式培养人的遵守制度的自觉意识。

在马克思恩格斯看来，制度对社会历史的推动作用，最主要的是通过阶级斗争的形式进行的。国家、法律、军队、道德、宗教，这些带有规范性的东西，说到底，都是为一定的阶级服务的。换句话说，制度是建立在一定的阶级基础之上的。由于阶级之间的斗争及其势力的消长，所以制度的发展变化是经常的。"人们借以进行生产、消费和交换的经济形式是暂时的和历史性的形式。随着新的生产力的获得，人们便改变自己的生产方式，而随着生产方式的改变，他们便改变所有不过是这一特定生产方式的必然关系的经济关系。"③ 这里的"经济形式"、"经济关系"，当然是制度的一种体现。同时，由于阶级是因人们在社会生产中所占有的生产资料的多寡程度不同而形成的，据此，制度的发展依次经历了三种形态："第一种所有制形式是部落［stamm］所有制"；"第二种所有制形式是古典古代的公社所有制和国家所有制"；"第三种形式是封

---

① 《马克思恩格斯选集》第三卷，人民出版社 2012 年版，第 812 页。
② 《马克思恩格斯选集》第二卷，人民出版社 1972 年版，第 538 页。
③ 《马克思恩格斯选集》第四卷，人民出版社 2012 年版，第 410 页。

建的或等级的所有制。"①并且，随着历史的发展，取代第三种形态的所有制即公有制已经在孕育生长中。"我确信，社会的经济发展、人口的增加和集中——这些情况迫使资本主义农场主在农业中采用集体的和有机组织的劳动并使用机器和其他发明——将使土地国有化愈来愈成为一种'社会必然性'，抗拒这种必然性是任何拥护所有权的言论都无能为力的。社会的迫切需要必须而且一定会得到满足，社会必然性所要求的变化一定会给自己开辟道路，并且迟早总会使立法适应这些变化。"②由此，依据人们对生产资料的占有情况，社会历史的发展经历了三个阶段：即原始的公有制、私有制和未来的共产主义的公有制。在这里，马克思之所以重视制度的变迁，是因为制度的出现虽然是历史的巨大进步，但制度的存在发展也束缚了人的个性自由的发展，因此制度的每一点变化都是人的自由的满足。"当旧制度还是有史以来就存在的世界权力，自由反而是个别人偶然产生的思想的时候，换句话说，当旧制度本身还相信而且也应当相信自己的合理性的时候，它的历史就是悲剧性的。当旧制度作为现存的世界制度同新生的世界制度进行斗争的时候，旧制度犯的就不是个人的谬误，而是世界性的历史谬误。因而旧制度的灭亡也是悲剧性的。"马克思对制度的更新是充满信心的。"历史不断前进，经过许多阶段才把陈旧的生活形式送进坟墓。"③马克思这样讲，是出于对当时资本主义制度所表现出的一系列问题而言的。马克思所处的时代，是资本主义制度正在建立和完善的阶段，很多的弊病已经暴露出来，而资产阶级尚无精力也无意识解决，他们只知道自己捞钱，根本不顾及其他人的死活，尤其是不顾及正为他们卖命的广大劳动阶层的利

---

① 《马克思恩格斯选集》第一卷，人民出版社 2012 年版，第 148—149 页。
② 《马克思恩格斯选集》第二卷，人民出版社 1972 年版，第 451—452 页。
③ 《马克思恩格斯选集》第一卷，人民出版社 1972 年版，第 5 页。

益。这不仅使得当时的广大的劳动阶层进行不断地反抗斗争从而动摇了资本主义制度，也使得许多有识之士来反思反省这一现存的、经过广大人民英勇斗争方建立的制度的合理性，于是一股批判资本主义制度的思潮就普及蔓延开来。马克思主义思想就是在这样的背景下逐渐孕育生长壮大起来的。由于这样的特点，马克思主义的历史观既有鲜明的时代特色又有浓郁的人道主义特点。马克思自己多次说他研究的中心是人类社会或者说是社会化的人类，其目的显然是试图构建一个相对于资本主义制度来讲更为合理的制度。正因为如此，马克思期望着通过制度的更新使广大的劳动阶层能够真正获得解放。也因为这样的原因，使得人们对马克思的历史观研究时只注意了马克思主义对制度变更的观点而没能够充分注意其对制度作为社会历史动力的作用的关注，因此人们在谈及唯物史观的观点时，很少有人讲到社会历史的动力。尽管人们已经注意到了制度对历史发展的作用与影响，却尚未有人注意把制度看作是社会历史的发展动力这一重要的命题。

（四）人与自然关系的历史

自然作为人类历史、社会历史的发展条件，不仅制约着人类社会的发展，而且时时影响着它的发展。因此，人与自然的关系实际上就构成了一个长期的相互作用的过程，即构成了一种历史。无疑，这一历史是人类历史和社会历史的延伸和深化。马克思以前的西方思想家们，常常"把人对自然界的关系从历史中排除出去"，忽视了"历史的这一现实基础"① 因此，注重人与自然关系的历史的研究，可以说是唯物史观的一个重要的标志。那么，人与自然关系的历史是怎样的呢？

----

① 《马克思恩格斯选集》第一卷，人民出版社2012年版，第173页。

就历史发展的条件而言，构成人与自然关系历史的当然是人和自然。不过，这里所说的人，不单单是指各个自然的个人，还包括处于历史发展过程中的社会化的人；这里所说的自然，也不仅仅是指纯粹的自然环境，也包括已经被人们改变了的人们周遭的已经人化了的自然环境。因此，人与自然关系的历史是一个非常复杂的问题。

就历史发展的实际而言，在人与自然关系历史中，一方面，人与自然是一个有机的整体。人虽然是自然的产物，是自然界长期发展的结晶，但人在实际生活过程中已经成长为一个独立的个体，成长为一个可以充分利用和开发自然资源的、不同于其他动物的个体。"尽管人的物质生活和精神生活与自然界联系在一起，但这些仅仅意味着自然界只是和它自己联系在一起的，因为人本身就是自然界的一部分。"① 另一方面，人与自然又是一个和谐的矛盾体。人从自然中获取自己生存的养料，自然无言地为人类奉献出自己的躯体。人对自然采取的是一种采摘、征服、开发、挖掘乃至破坏的手段，自然对人则是顺从、奉献、鞠躬尽瘁。表面看来，人是强者，人征服了自然，而实际上，自然并没有向人类让步。当人类掠夺性地发掘自然时，自然也不失时机地报复了人类。"还有侵占和粗暴地毁灭经济资源这样的情况；由于这种情况，从前在一定的环境下某一地方和某一民族的全部经济发展可能完全被毁灭。"② 因此，人与自然关系历史，与其说是人类对自然的征服史，倒不如说是人类与自然的和谐统一史；而其发展的动力，可以说是和谐，即在人类与自然的关系中随着双方势力的消长使双方总想要保持一种平衡状态。

在人与自然关系历史中，马克思恩格斯最看重的是人类从自然界中获取生活资料的能力和方式，他们把它叫做生产力和生产方式。在

---

① 马克思：《1844年经济学—哲学手稿》，人民出版社1979年版，第83页。
② 《马克思恩格斯选集》第四卷，人民出版社1972年版，第483页。

马克思恩格斯看来，生产力与生产方式是人类社会发展的基础。"人们之所以有历史，是因为他们必须生产自己的生活，而且是用一定的方式来进行的。"①正是人从自然界中谋求生活资料，才有了历史。反过来说，也正是获取生活资料的方式不同，也就决定了人类社会历史的发展呈现出不同的阶段。"大体说来，亚细亚的、古代的、封建的和现代资产阶级的生产方式可以看作是社会经济形态演进的几个时代。"②对于这段话，不管人们怎样来理解，在它是基于人与自然的关系之上来把握人类社会历史的发展这方面应该是没有异议的。由此，加上马克思主义历史观所设想未来的共产主义的生产方式，人与自然关系的历史发展经历五个阶段。

（五）人类历史、社会历史和人与自然关系历史之相互关系

人类历史、社会历史和人与自然关系的历史分析与论述，只是从理论上来讲的。在实际的生活中，我们所遇到的则是一个复杂的世界，人不仅是他自己，同时还是一个自然的人，一个社会的人。因此，在历史的实际发展中，人类历史不仅是人类自身的发展过程，同时也是社会的发展过程、是人与自然关系的发展过程；社会历史不仅是社会的发展过程，同时也是人类的发展过程、人与自然关系交互作用的过程；人与自然关系的历史不仅是人与自然的交互作用交互发展，同时也是人的发展和社会的发展过程。在这里，人类、社会与自然三者的关系是互相交织、互相拥有的，很难把它们明确地区分开来。所以，马克思恩格斯在考察人类历史、社会历史和人与自然关系的历史的同时，还考察这三种历史之间的相互关系，为我们从整体上把握历史提供了依据。

① 《马克思恩格斯选集》第一卷，人民出版社1995年版，第81页。
② 《马克思恩格斯选集》第二卷，人民出版社1972年版，第83页。

1. 人类历史和社会历史的关系

从历史发展的条件和目的讲，人类历史和社会历史是一致的。因为人是社会的人，而社会是人的社会，两者是一而二、二而一的关系。一方面，社会历史是由个人的历史构成的。"人的本质并不是单个人所固有的抽象物。在其现实性上，它是一切社会关系的总和。"①另一方面个人历史的发展也有赖于社会历史的发展，也只有在社会历史发展的大背景下，个人的历史发展才能够真正实现。"只有在集体中，个人才能获得全面发展其才能的手段，也就是说，只有在集体中才可能有个人自由。"

从历史发展的动力讲，人类历史发展的动力与社会历史发展的动力即需要与制度是互相依赖互相统一的。一方面，需要不仅产生于社会，而且有赖于制度的保证方能实现。所以马克思恩格斯在讲到人只有在社会历史发展中才能实现其自由时，接着又说，任何个人的自由只有在一定的制度之中才能实现。在集体或国家中，"个人自由只是对那些在统治范围内发展的个人来说是存在的，他们之所以有个人自由，只是因为他们是这一阶级的个人。"另一方面，制度是需要的产物，是需要发展到某一阶段的产物。"现存制度只不过是个人之间迄今所存在的交往的产物"。组织作为人们生活保障的制度，也是需要的产物。"物质生活的这样或那样的组织，每次都依赖于已经发达的需求，而这些需求的产生，也像它们的满足一样，本身是一个历史过程，这一过程在羊或狗那里是没有的"。可见，因需要而产生的制度也是人类文明的重要标志。总之，人们需要的满足须由制度来保证，而制度的建立又为人的需要的实现提供了机会。正是需要与制度的相互作用，推动了人类社会历史的发展。比如欧洲移民因为不能在自己的古老国家的制度里满足自己的需

---

① 《马克思恩格斯选集》第一卷，人民出版社 1972 年版，第 78 页。

要，移民到北美，在那里建立了能够实现自己愿望的社会制度。"例如北美，这种发展是异常迅速的。这些国家里，除了移居到那里去的个人而外没有任何其他的自发地形成的前提，而这些个人之所以迁移到那里去，是因为他们的需要与古老国家里现存的交往形式不相适应。因此这些国家在开始发展的时候就拥有古老国家的最进步的个人，因而也就拥有与这些个人相适应的、在古老的国家里还没有能够确立起来的最发达的交往形式。这符合于一切殖民地的情况"。① 北美历史的发展是在一个没有制度基础的社会里实现人的需要的。而在一个拥有历史基础的社会里怎样使人的需要发展成为社会的制度呢？对此，马克思恩格斯进一步做了分析，由需要到制度的路径一是要使需要满足社会，掌握群众。"理论在一个国家的实现程度，决定于理论满足这个国家的需要程度。"又说，"理论一经群众掌握，也会变成物质力量。理论只要说服人，就能掌握群众；而理论只要彻底，就能说服人。"一是要使个人的需要变成阶级的需要，并进而升华为全社会的意识。"在市民社会，任何一个阶级要想扮演这个角色，就必须在一瞬间激起自己和群众的热情。在这瞬间，这个阶级和整个社会亲如手足，打成一片，不分彼此，它被看作和被认为是社会的普遍代表；在这瞬间，这个阶级本身的要求和权利真正成了社会本身的权利和要求，它真正是社会理性和社会的心脏。"②

从历史发展的阶段来讲，人类历史的三个发展阶段与社会历史的三个阶段是相互关联的。在马克思主义者看来，人的依赖阶段与原始的公有制阶段是一致的，物的依赖阶段与私有制阶段是一致的，人的全面发展阶段与共产主义的公有制阶段是一致的。在共产主义的公有制阶段，由于取消了阶级即消灭了分工，人的自由就成了现实。因为他就可以摆

---

① 《马克思恩格斯选集》第一卷，人民出版社1972年版，第78、80、82页。
② 《马克思恩格斯选集》第一卷，人民出版社1972年版，第9、10、12页。

脱由于分工所给他的限制，"而在共产主义社会里，任何人都没有特定的活动范围，每个人都可以在任何部门里发展，社会调节着整个生产，因而使我有可能随我自己的心愿今天干这事，明天干那事，上午打猎，下午捕鱼，傍晚从事畜牧，晚饭后从事批判，但并不因此就使我成为一个猎人、渔夫、牧人或批判者。"①

2. 人类历史和人与自然关系的历史之关系

人类历史和人与自然关系的历史是一个互相交织、错综复杂的过程。就历史发展的条件来说，两者是互为条件的。人类的发展本身就是一个自然的发展过程，而在这一过程中，人为了生存，不仅向自然索取养料，而且在索取的同时，还必须接受前人的生产经验。可见，人既是人类历史的主体，也是人与自然关系的历史的条件；同时，人类历史又把人与自然关系的历史看作是其发展的基础。因此说，"人们不能自由选择自己的生产力——这是他们的全部历史的基础，因为任何生产力都是一种既得的力量，以往的活动的产物。所以生产力是人们的实践能力的结果，但是这种能力本身决定于人们所处的条件，决定于先前已经获得的生产力，决定于在他们以前已经存在、不是由他们创立而是由前一代人创立的社会形式。单是由于后来的每一代人所得到的生产力都是前一代人已经取得而被他们当做原料来为新生产服务这一事实，就形成人们的历史中的联系，就形成人类的历史，这个历史随着人们的生产力以及人们的社会关系的愈益发展而成为人类的历史。由此就必然得出一个结论：人们的社会历史始终只是他们的个体发展的历史，而不管他们是否意识到这一点。他们的物质关系形成他们的一切关系的基础。这些物质关系不过是他们的物质的和个体的活动所借以实现的必然形式罢

---

① 《马克思恩格斯选集》第一卷，人民出版社 1972 年版，第 38 页。

了。"① 由此可见，人与自然关系不仅决定着人类的生活方式，"人们用以生产自己必需的生活资料的方式，首先取决于他们得到的现成的和需要再生产的生活资料本身的特性。"而且，还决定着一个民族或国家的发达与否，"一个民族本身的整个内部结构都取决于它的生产以及内部和外部的发展程度。"

就历史发展的动力来说，一方面，人类历史的发展动力需要是在人对自然的活动中产生的。"思想、观念、意识的生产最初是直接与人们的物质活动，与人们的物质交往，与现实生活的语言交织在一起的。"② 另一方面，需要也推动着生产的发展，即推动着人与自然关系的历史的新的和谐局面的出现。"因为消费创造出新的生产的需要，因而创造出生产的观念上的内在动机，后者是生产的前提。""生产不仅为需要提供材料，而且它也为材料提供需要。"③

就历史的发展阶段来说，人类历史的三阶段说和人与自然关系的历史的五阶段说也是密切相关的。大致说来，以人类的自由解放为目标，可以把五阶段说看作是人类逐渐进步的历程。

3. 社会历史和人与自然关系历史之关系

社会历史和人与自然关系历史之关系是人类历史和人与自然关系历史之关系的延伸和深化。因此，同人类历史和人与自然关系历史之互相交织、互相依赖一样，社会历史和人与自然关系历史也是互相交织、互相依赖的。就历史发展的条件而言，社会历史和人与自然关系历史是互为条件的。社会是人类的社会，是人类在一定的自然环境中的相对稳定的人类群体，社会历史就是这相对稳定的人类群体为谋求生存和发展在一定的

① 《马克思恩格斯选集》第四卷，人民出版社 1972 年版，第 321 页。
② 《马克思恩格斯选集》第一卷，人民出版社 2012 年版，第 151 页。
③ 《马克思恩格斯选集》第二卷，人民出版社 1995 年版，第 10 页。

自然环境下拼搏奋斗的过程；人是社会中的人，自然是人生存的条件，人与自然关系历史就是人凭借着社会的群体向周遭的自然环境索取养料的过程。可见，社会、人、自然，三者是互为关联的整体。而社会则是联系人与自然的桥梁。所以，在社会历史和人与自然关系历史之关系中，社会历史是受人与自然关系历史所制约的。而这种制约，又是新的人与自然关系历史的条件。"人们对自然界的狭隘的关系制约着他们之间的狭隘的关系，而他们之间的狭隘的关系又制约着他们对自然的关系"。"工业和商业、生活必需品的生产和交换，一方面制约着不同社会阶级的分配和彼此的界限；同时它们在自己的运动形式上又受着后者的制约。"①

就历史的发展动力而言，社会历史的发展动力是受人与自然关系历史的发展动力所制约的，即制度受和谐的制约。"一定历史时代和一定地区内的人们生活于其下的社会制度，受着两种生产的制约：一方面受劳动的发展阶段的制约，另一方面受家庭的发展阶段的制约。"② 随着人与自然关系历史的发展，即人与自然关系的平衡的不断打破与重建，社会历史也随之发展，即制度也被要求不断更新。"可见，人们借以进行生产、消费和交换的经济形式是暂时的和历史性的形式。随着新的生产力的获得，人们便改变自己的生产方式，而随着生产方式的改变，他们便改变所有不是这一特定生产方式的必然关系的经济关系。"③

就历史发展的阶段而言，社会历史的三个阶段说和人与自然关系历史的五个阶段说同人类历史的三个阶段说和人与自然的关系的历史的五个阶段说是一样的。大致上，以人类的自由和解放为目标，而以社会历史发展的三阶段为途径，人与自然关系历史发展的五阶段可以看作是人

---

① 《马克思恩格斯选集》第一卷，人民出版社 1972 年版，第 34、35、49 页。
② 《马克思恩格斯选集》第四卷，人民出版社 2012 年版，第 2 页。
③ 《马克思恩格斯选集》第四卷，人民出版社 2012 年版，第 410 页。

类逐渐进步的历程。

综上所述，基于人类中心之上的人类历史、社会历史和人与自然关系历史是相互交织、相互交融、不可分割、不可分离的。而只有详加区分它们之间的区别和联系，才能深刻细致地了解和把握唯物史观的精深独到的理论奥妙，才能正确地认识和掌握我们所面临的非常复杂的历史世界。

马克思恩格斯在谈到唯物史观的主要观点时说：

> 这种历史观就在于：从直接生活的物质生产出发来考察现实的生产过程，并把与该生产方式相联系的、它所产生的交往形式，即各个不同阶段上的市民社会，理解为整个历史的基础；然后必须在国家生活的范围内描述市民社会的活动，同时从市民社会出发来考察阐明各种不同的理论产物和意识形式，如宗教、哲学、道德等等，并在这个基础上追溯它们产生的过程。这样做当然就能够完整地描述全部过程（因而也就能够描述这个过程的各个不同方面之间的相互作用）了。①

依据这段话，并根据我们上面对人类历史、社会历史和人与自然的关系的历史的考察，得到唯物史观的关于"历史"概念的理论体系图示如下：

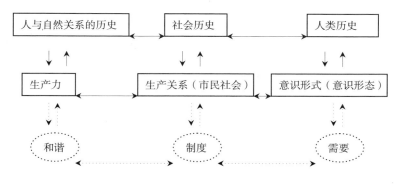

---

① 《马克思恩格斯选集》第一卷，人民出版社1972年版，第43页。

（六）唯物史观"历史"概念的学术特征

综合马克思主义历史观的内容和马克思主义产生的历史时代的特征，唯物史观对于"历史"概念的阐释特征主要在于"三个批判"和"两个引进"。"三个批判"是说马克思恩格斯对黑格尔、费尔巴哈学术观点和近代资本主义现实制度的批判，"两个引进"是说马克思恩格斯把阶级与阶级斗争的学说和实践的观点引进历史观。

1. 对黑格尔的批判确立了人文主义的科学历史观

黑格尔（Georg Wilhelm Hegel，1770—1831）作为德国著名的哲学家，对学术最大的贡献在于他的辩证法思想，"把整个自然的、历史的和精神的世界描写为一个过程，即把它描写为处在不断地运动、变化、转变和发展中，并企图揭示这种运动和发展的内在联系。"在他的努力下，"人类历史虽然已经不再是乱七八糟的一堆"断烂朝报，而是有着"有一种发展、有一种内在联系"的过程。①

但是在以黑格尔为代表的德国历史哲学家看来，历史的发展不在于内在的原因而在于外在的原因。"在德国历史编纂学看来，现实的利益，甚至不在于政治的利益，而在于纯粹的思想。"历史的发展也不是体现在时间上的前后相续，而是体现在地域上的盛衰相承。"在黑格尔看来，自然界只是观念的'外化'，它在时间上不能发展，只是在空间中展示自己的多样性，因此，它把自己所包含的一切发展阶段同时地和一个挨着一个地展示出来，并且注定永远重复总是同一的过程。"②这样，历史在他们那里就变成为思想的运动，概念的发展了。这样，历史仍然是神的运动。"黑格尔本人在《历史哲学》的结尾承认，'他所考察的仅仅是

————————

① 《马克思恩格斯选集》第二卷，人民出版社1972年版，第121页。
② 《马克思恩格斯选集》第四卷，人民出版社1972年版，第225页。

概念的前进运动'，他在历史方面描述了'真正的神正论'。"① 马克思恩格斯汲取了黑格尔的辩证思想，进而注重人的现实的生产和生活，指出主宰人类历史发展的思想不过是历史上人的需要的产物；历史的发展正是人们为谋求生活资料的自身的发展过程。马克思在谈到他与黑格尔的思想区别时说："在黑格尔看来，思维过程，即他称为观念而甚至把它变成独立主体的思维过程，是现实事物的创造主，而现实事物只是思维过程的外部表现。我的看法则相反，观念的东西不外是移入人的头脑并在人的头脑中改造过的物质的东西而已。"② 所以，在马克思主义历史观看来，"'历史'并不是把人当做达到自己目的的工具来利用的某种特殊的人格。历史不过是追求着自己目的的人的活动而已。"③ 可见，通过对黑格尔唯心史观的批判，唯物史观的"历史不过是人类自己为实现自己的目的的活动"新的人文主义的科学观点就确立起来了。

2. 对费尔巴哈的批判奠定了人类社会历史的科学发展观

费尔巴哈（Ludwing Andreas Feuerbach，1804—1872）作为德国著名的哲学家，对学术最大的贡献就是批判了黑格尔的唯心主义，奠定了唯物主义大厦的基石。在他看来，黑格尔所说的主宰历史的先验的观念不外是神学思想的虚幻的残余；人的思想意识是物质的、肉体的器官即人脑的产物；我们周围的世界是唯一现实的东西。费尔巴哈这样的观点自然是唯物主义的。但当他考察人类社会时，却孤立地观察人类。在他看来，人只是消极地直观地反映自然，而不能改造自然；人与人的关系是个人与人类的关系；他认识到宗教的虚幻特点，而不能揭示宗教的社

---

① 《马克思恩格斯选集》第一卷，人民出版社 2012 年版，第 181 页。
② 《马克思恩格斯选集》第二卷，人民出版社 1995 年版，第 111—112 页。
③ 《马克思恩格斯全集》第二卷，人民出版社 1957 年版，第 118—119 页。

会根源，反而试图建立一种无神的"爱"的宗教来重建人与人的关系。因此，费尔巴哈在历史观上仍然是唯心主义的。马克思恩格斯吸取了费尔巴哈的唯物主义思想，批判了他形而上学的错误。马克思恩格斯指出，"人的本质并不是单个人所固有的抽象物。在其现实性上，它是一切社会关系的总和。"宗教本身也是"社会的产物"。[①] 进而，马克思恩格斯指出，推动人们活动的意识，也只是社会生产力发展到一定阶段的人们的社会存在的产物；而随着社会的生产力和生产关系的交替发展，意识也在不断新生和发展。这样，经过对费尔巴哈的批判，马克思恩格斯进一步论述了历史发展的社会性质，即阐述了社会历史发展的特点，确立了科学的社会发展观。

3. 对资本主义制度的批判验证了唯物史观

马克思恩格斯所处的时代，正是资本主义制度建立之后进一步完善和发展的时期。其实，资本主义制度已经显示了巨大的生命力，在物质生活资料的生产方面取得了巨大的成就。与此同时，资本主义社会也暴露了很多的问题。马克思恩格斯深入研究了资本主义社会的问题，指出"社会化生产和资本主义占有的不相容性"是资本主义社会的根本矛盾，它表现在"无产阶级和资产阶级的对立"，"个别工厂的生产的组织性和整个社会的生产的无政府状态之间的对立"和经济危机的周期性发生。因此，"生产方式起来反对交换方式，生产力起来反对已经被它超过的生产方式"就成为必然。[②] 显然，对于资本主义制度的研究，一方面孕育诞生了马克思主义的唯物史观，另一方面，也实际证明了马克思主义的历史观的正确性和科学性。

①　《马克思恩格斯选集》第一卷，人民出版社 1972 年版，第 18 页。
②　《马克思恩格斯选集》第三卷，人民出版社 2012 年版，第 659、661、663 页。

4. 把阶级与阶级斗争学说引进历史观，从而科学地描述了社会历史的发展

本来，阶级与阶级斗争的学说是资产阶级学者提出来的。比如法国启蒙时期的历史学家基佐等人已经用阶级与阶级斗争的学说解释法国大革命。马克思"接着讲"，并且把阶级与阶级斗争和人类社会发展的动力——需要和制度——特别是和人们的物质生活过程联系起来考察，这就使得阶级与阶级斗争学说较为科学了。马克思说："……至于讲到我，无论是发现现代社会中有阶级存在或发现各个阶级间的斗争，都不是我的功劳。在我很久以前，资产阶级的历史学家就已经叙述过阶级斗争的历史发展，资产阶级的经济学家也已对各个阶级做过经济上的分析。我的新贡献就是证明了下列几点：（1）阶级的存在仅仅同生产发展的一定历史阶段相联系；（2）阶级斗争必然导致无产阶级专政；（3）这个专政不过是达到消灭一切阶级和进入无阶级社会的过渡……"[1]。在这里，（1）说明了阶级是在人与自然的关系中产生的，（2）（3）则说明阶级与阶级斗争的作用和前景。可见，马克思对阶级与阶级斗争学说的贡献主要在于用历史发展的眼光来审视它。正是阶级与阶级斗争学说的引进，揭示了人的思想如何化为制度，从而推动历史发展的奥秘。马克思以前所有对于历史的见解，都把历史变动的最终原因归为思想，而思想是从哪里来的？关于这一点，没有人发问过。只有一些资产阶级新学派，曾经指出过新兴的资产阶级与封建贵族之间为争取社会统治的斗争。由此，马克思认为，"过去的全部历史是阶级斗争的历史，在全部纷繁和复杂的政治斗争中，问题的中心始终是社会阶级的社会和政治的统治，即旧的阶级要保持统治，新兴的阶级要争得统治。"可见，阶级斗争的

---

[1] 《马克思恩格斯选集》第四卷，人民出版社 1995 年版，第 547 页。

目的是满足需要，即需要权利。需要是社会的集团即阶级的需要。而阶级又产生于"社会借以生产和交换必要生活资料的那些条件"。这样，由现实的生活条件而阶级而需要，社会历史就是这样发展的。换句话说，人们要创造历史，"首先必须吃、喝、住、穿，就是说首先必须劳动，然后才能争取统治，从事政治、宗教和哲学等等"。① 可见，阶级与阶级斗争学说丰富和细化了唯物史观的社会历史发展观，生动描述了人类社会历史的发展过程。

5. 把实践的观点引进历史观，从而科学地叙述了人类历史的发展样式

马克思以前的唯物主义虽然把意识看成是人的意识，把事物看成是人们周围现实的事物，但是由于没有将两者联系起来考察，没有"把它们当作人的感性活动，当作实践去理解，不是从主观方面去理解"，所以还没有唯心主义把人的意识看作历史发展的动力显得积极生动，易于人们理解。② 马克思深明于此，于是把人的意识和人周围的事物联系起来，从人的活动中把握人创造历史的规律，从而揭示了人类历史发展的真谛。所谓实践，就是指人们的实际活动，即人以一定的方式进行生产的活动，并发生一定的社会关系和政治关系。意识是实践的产物。"人们是自己的观念、思想等等的生产者，但这里所说的人们是现实的，从事活动的人们，他们受着自己的生产力的一定发展以及与这种发展相适应的交往（直到它的最遥远的形式）的制约。意识在任何时候都只能是被意识到了的存在，而人们的存在就是他们的实际生活过程。"比如作为意识的一种形式的语言就是实践的产物，"语言和意识具有同样长久的历史；语言是一种实践的、既为别人存在并仅仅因此也为我自己存在的、现实的意识。语言也和意识一样，只是

---

① 《马克思恩格斯选集》第三卷，人民出版社 2009 年版，第 458—459 页。
② 《马克思恩格斯选集》第一卷，人民出版社 1972 年版，第 16 页。

由于需要，由于和他人交往的迫切需要才产生的。"而且，意识也在实践中得以不断地发展。"那些发展着自己的物质生产和物质交往的人们，在改变自己的这个现实的同时也改变着自己的思维和思维的产物。不是意识决定生活，而是生活决定意识。"①实践还是检验意识是否符合历史实际的准则。"人的思维是否具有客观真理性，这并不是一个理论的问题，而是一个实践的问题。人应该在实践中证明自己思维的真理性，即自己思维的现实性和力量，亦即自己思维的此岸性。"②在马克思看来，实践观点注入历史观，一方面就是要求从现实出发考察问题。"我们的出发点是从事实际活动的人，而且从他们的现实生活过程中我们还可以揭示出这一生活过程在意识形态上的反射和回声的发展。"只要从"现实基础"考察问题，就不会把自然界与历史、元首与群众、政治与宗教对立起来了，"其实全部问题只在于从现存的实际关系出发来说明"这些问题。一方面就是要求在考察历史问题时，要考虑"个人和历史环境"，即把"生产这些思想的条件和它们的生产者"与"该时代占统治地位的""这些或那些思想"结合起来，分析个人的需要怎样生成为统治思想，固定为社会的制度。③由此可见，实践的观点不仅揭示了人类历史发展的具体样式，而且反过来也是观察历史发展的最重要的方法。

综上所述，可以看出，马克思主义历史观正是在对黑格尔、费尔巴哈和近代资本主义制度的批判中生长壮大起来的，而把阶级与阶级斗争和实践的观点注入历史观，则使得唯物史观更加丰满圆润、深刻独到，不仅使其具有本体论的特点，并且更具有方法论的意义。

---

① 《马克思恩格斯选集》第一卷，人民出版社 2012 年版，第 152、161 页。

② 《马克思恩格斯选集》第一卷，人民出版社 1972 年版，第 16 页。

③ 《马克思恩格斯选集》第一卷，人民出版社 1972 年版，第 30、44、45、53 页。

（七）"历史"概念的唯物与唯心分野以及恩格斯的自身反省

唯物史观的"人类历史"概念中，显然是将人的意识、需要、欲求看作是人类历史的发展动力。马克思以前，可以说所有的历史学家或者说思想家都谈到了人类历史的发展动力在于意识，在于需要。黑格尔所讲的精神，费尔巴哈所讲的爱，实际上，都谈的是人类历史发展的动力，都是把人类历史发展的动力看作是人的意识，人的需要。这样讲来，马克思与黑格尔、费尔巴哈是同样地，岂不都是唯心的？

且慢，请不要过早地下结论。请仔细地阅读《德意志意识形态》和《路德维希·费尔巴哈和德国古典哲学的终结》后再作评论吧！在《路德维希·费尔巴哈和德国古典哲学的终结》里，恩格斯已指出，愿望推动着人们去活动，从而形成了人类的历史。"愿望是由激情或思虑来决定的。"而决定激情或思虑的东西又会是什么呢？"在这些动机背后隐藏着的又是什么样的动力？在行动者的头脑中以这些动机的形式出现的历史原因又是什么呢？"对于这一问题，"旧唯物主义从来没有给自己提出过这样的问题。"根据旧唯物主义的实用主义历史观，"旧唯物主义在历史领域内自己背叛了自己，因为它认为在历史领域中起作用的精神动力是最终动力，而不去研究隐藏在这些动力后面的是什么，这些动力的动力是什么。不彻底的地方不在于承认精神的动力，而在于不从这些动力进一步追溯它的动因。"与旧唯物主义不同，黑格尔所代表的历史哲学家们做了研究，"认为历史人物的表面动机和真实动机都绝不是历史事变的最终原因，认为这些动机后面还有应当加以探究的别的动力；但是它不在历史本身中寻找这种动力，反而从外面，从哲学的意识形态把这种动力输入历史。"①最后把绝对观念作为历史发展的最终动力，陷入客

---

① 《马克思恩格斯选集》第四卷，人民出版社 2012 年版，第 255 页。

观唯心史观的泥淖里。可见，认识到意识是历史的动力是唯心史观的一大贡献，而旧唯物主义由于没有或者不知道考察这一问题，所以还不如唯心史观显得主动和实际。而在《德意志意识形态》里则明确地说，"意识一开始就是社会的产物，而且只要人们还存在着，它就仍然是这种产物。"①

由此，我们知道，唯物史观与唯心史观最根本的区别，不在于承认抑或不承认意识是人类历史的发展动力，而在于寻找意识背后的决定因素是什么。唯心史观要么认为决定意识的是个人的才能、个人的品行，要么认为决定意识的是上帝，是绝对观念。只有马克思主义者认为决定意识的是社会存在。社会存在决定社会意识，唯物史观的真义即在于此。

但是在历史研究的实践中，对唯物史观的理解，由于过于重视社会存在，人们反而忽视了意识的动力作用，没有看到包括生产力在内的社会存在对历史发展的决定作用是通过包括欲望、需要、情欲等在内的意识来实现的，更没有看到意识作为历史发展动力的巨大能动性和超现实性。所以，恩格斯晚年对唯物史观在具体应用中出现的问题，尤其是对于过分注重物质经济的历史作用而忽视意识的动力作用的情况，进行过多次的反思。一方面，强调唯物史观的基本原理，"根据唯物史观，历史过程中的决定因素归根到底是现实生活的生产和再生产。无论马克思或我都从来没有肯定过比这更多的东西。""我们自己创造着我们的历史，但是第一，我们是在十分确定的前提下进行创造的。其中经济的前提和条件归根到底是决定性的。"另一方面，恩格斯也反复地强调思想意识对历史的能动作用。"但是第二，历史是这样创造的：最终的结果总是从许多单个的意志的相互冲突中产生出来的……"② 针对一些人只注重

① 《马克思恩格斯选集》第一卷，人民出版社1972年版，第35页。
② 《马克思恩格斯选集》第四卷，人民出版社2012年版，第605页。

历史发展中的物质因素而忽略意识的动力作用的情况，恩格斯批评说："与此有关的还有思想家们的一个荒谬观念，这就是：因为我们否认在历史上起作用的各种思想领域有独立的历史发展，所以我们也否认它们对历史有任何影响。这是由于把原因和结果刻板地、非辩证地看作永恒对立的两极，完全忽略了相互作用。这些先生常常故意忘却，当一种历史因素一旦被其他的、归根结底是经济的原因造成的时候，它也影响周围的环境，甚至能够对产生它的原因发生反作用。"这就是说，马克思恩格斯是承认思想对历史的推动作用，只是同时又认为思想没有独自的发展历程，而是要依附在生产力和生产关系发展的基础上从而获得发展的；即使被经济的因素所决定的思想也还是对历史发生反作用的。而人们反而只接受物质经济对历史发展的作用，实际上是曲解了唯物史观的原理。进而，恩格斯分析造成这种误解的原因，自责说："这一点在马克思和我的著作中通常也强调得不够，在这方面我们两人都有同样的过错。这就是说，我们最初是把重点放在从作为基础的经济事实中探索出政治观念、法权观念和其他思想观念以及由这些观念所制约的行动，而当时是应当这样做的。但是我们这样做的时候为了内容而忽略了形式方面，即这些观念是由什么样的方式和方法产生的。这就给了敌人以称心的理由来曲解和歪曲……"① 又说："青年们有时过分看重经济方面。这有一部分是马克思和我应当负责的。我们反驳我们的论敌时，常常不得不强调被他们否认的主要原则，并且不是始终都有时间、地点和机会来给其他参与相互作用的因素以应有的重视。"②

恩格斯对于唯物史观的反思和论述启示我们，第一，唯物史观是对唯心史观的承继和超越，不是彻底的拒绝和排斥；第二，在史学研究的

---

① 《马克思恩格斯选集》第四卷，人民出版社 1972 年版，第 500—502 页。
② 《马克思恩格斯选集》第四卷，人民出版社 2012 年版，第 606 页。

实践中，要密切关注和解答学术研究中所出现的新情况、新问题，不断地丰富和完善其基本理论和基本观点，从而捍卫唯物史观在学术研究中的指导地位。

综上所述，唯物史观的要义在于：历史是人类实现自己目的的活动，其动力是人类自身的意识，而决定人类意识的是其所处时代的生产方式，以及基于生产方式上的社会政治、法律、传统习俗与道德、社会地位等，总括起来说就是社会存在；在历史发展中，英雄豪杰起着引领的作用，群众的参与才是推进历史发展的根本力量。

三、"必须重新研究全部历史"

马克思恩格斯在《费尔巴哈》论著的注脚说：

> 我们仅仅知道一门唯一的科学，即历史科学。历史可以从两方面来考察，可以把它划分为自然史和人类史……自然史，即所谓自然科学，我们在这里不谈；我们所需要研究的是人类史，因为几乎整个意识形态不是曲解人类史，就是完全排除人类史。[1]

由此，在唯物史观经典作家看来，历史学的研究对象是人类史，其任务就是揭示历史发展的规律，并进而纠正之前历史学研究的误解。

在经典作家看来，历史学研究人类史，就是基于生产方式即经济基础上的社会形态的研究，其研究范围是非常广泛的。

> 必须重新研究全部历史，必须详细研究各种社会形态存在的条件，然后设法从这些条件中找出相应的政治、私法、美学、哲学、宗教等等的观点。在这方面，到现在为止只作出了很少的一点成

---

[1] 《马克思恩格斯选集》第一卷，人民出版社 2012 年版，第 146 页注。

绩，因为只有很少的人认真地这样做过。在这方面，我们需要很大的帮助，这个领域无限广阔，谁肯认真地工作，谁就能作出许多成绩，就能超群出众。①

要知道在理论方面还有很多工作要做，特别是在经济史问题方面，以及它和政治史、法律史、宗教史、文学史和一般文化史的关系这些问题方面，只有清晰的理论分析才能在错综复杂的事实中指明正确的道路。②

恩格斯的这两段话，可以说全面描述了历史学研究的范围。前一段是从社会形态方面，指出了历史学的研究范围包括了政治、法律、审美、哲学与宗教等社会生活的方方面面；后一段话则是从社会形态方面，指出了历史学的研究范围包括了经济史、政治史、法律史、宗教史、文学史与文化史等学科内容。

在经典作家看来，历史学的任务就是揭示历史发展的规律，消除之前学者们所赋予历史规律的错误理解。

恩格斯在批判德国古典哲学时，指出历史学的任务就是揭示人类历史发展的规律：

因此，在这里也完全像在自然领域里一样，应该通过发现现实的联系来清楚这种臆造的人为的联系；这一任务，归根到底，就是要发现那些作为支配规律在人类社会的历史上起作用的一般运动规律。

历史进程是受内在的一般规律支配的。

在表面上是偶然性在起作用的地方，这种偶然性始终是受内部

---

① 《马克思恩格斯选集》第四卷，人民出版社 2012 年版，第 599 页。
② 《马克思恩格斯全集》第三十七卷，人民出版社 1971 年版，第 283 页。

的隐蔽着的规律支配的，而问题只是在于发现这些规律。①

经典作家认为，要揭示历史发展的规律，必须要批判并清除以往歪曲历史的谬论。"相当长的时期以来，人们一直用迷信说明历史，而我们现在是用历史来说明迷信。"② 对此，恩格斯讲得更透彻：

> 我们要求把历史的内容还给历史，但我们认为历史不是'神'的启示，而是人的启示，并且只能是人的启示。为了认识人类本质的伟大，了解人类在历史上的发展，了解人类一往直前的进步，了解人类对个人的非理性的一贯有把握的胜利，了解人类战胜一切似乎超人的事物，了解人类同大自然进行的残酷而又顺利的斗争，直到具备自由的人的自觉，明确认识到人和大自然的统一，自由地独立地创造建立在纯人类道德生活关系基础上的新世界，为了了解这一切，我们没有必要首先求助于什么'神'的抽象概念，把一切美好的、伟大的、崇高的、真正的人的事物归在它的名下。为了了解这一切的伟大，我们没有必要采取这种迂回的办法，为了相信人的事物的重要和伟大，没有必要给真正的人的事物打上'神的'烙印。相反地，任何一种事物，越是'神的'即非人的，我们就越不能称赞它。③

由此，在恩格斯看来，历史学的任务就是揭示人类如何创造历史的辉煌，如何推进历史的进步，如何利用自己的意志和情感创造历史，又是如何逐步将人类社会推进到更为发达、完善、繁荣和公平、公正的新时代的；同时，还有否定将历史的进步、繁荣和美善归功于神意或者是上帝，清除之前诸种错误的言论。

---

① 《马克思恩格斯选集》第四卷，人民出版社 2012 年版，第 283 页。
② 《马克思恩格斯选集》第三卷，人民出版社 2002 年版，第 169 页。
③ 《马克思恩格斯全集》第一卷，人民出版社 1956 年版，第 650—651 页。

历史学研究人类的活动，揭示人类发展的规律，其性质属于科学。历史虽然是人类自身的有目的的活动，但是人类不能完全主宰历史，人类必须遵守并顺从历史规律。所以，历史如同大自然界一样，其本质的发展是属于自然的。据此，唯物史观认为，历史学的研究如自然科学一样，属于科学研究的范畴。马克思说："我的观点是：社会经济形态的发展是一种自然历史过程。不管个人在主观上怎样超脱各种关系，他在社会意义上总是这些关系的产物。同其他任何观点比起来，我的观点是更不能要个人对这些关系负责的。"[①] 由此，在唯物史观看来，研究人类的学术都属于历史学科，都属于科学。如前所述，马克思恩格斯说："我们仅仅知道唯一的一门科学，即历史科学。"恩格斯后来也多次强调这一点，他说："人类社会同自然界一样也有自己的发展史和自己的科学"即"历史科学"。[②] 又说："凡不是自然科学的科学都是历史科学。"[③]

历史学属于科学，那么，作为学科的存在，其功用何在？

第一，历史学是认识现实的途径。1882年，当时的德国还有整整一半的人口靠种地生活，属于农民。为了让农民明白阶级剥削的观点，恩格斯认为，一是要弄清楚德国土地制度史，即从古代的土地公有制到当前土地私有制的发展过程；二是要将土地公有制下农民的自由身份与当前私有制下的债务奴隶身份予以比较。所以，应该撰写一部《日耳曼土地制度简史》。1885年，恩格斯在为马克思的《路易·波拿巴的雾月十八日》第3版撰写的《序言》中指出，因为法国历史的特殊性，如中世纪时期是封建制的中心，文艺复兴时期是典型的等级君主制国家，大革命时期建立了纯粹的资产阶级统治，因此阶级斗争的特征便显得更为

---

① 《马克思恩格斯选集》第二卷，人民出版社1972年版，第208页。
② 《马克思恩格斯选集》第四卷，人民出版社2012年版，第237页。
③ 《马克思恩格斯选集》第二卷，人民出版社1972年版，第117页。

明显，所以，"马克思不仅特别偏好地研究了法国过去的历史，而且还考察了法国当前历史的一切细节，搜集材料以备将来使用"。马克思"深知法国历史"，"因此，事变从来也没有使他感到意外"；"他对当前的活的历史的这种卓越的理解，他在事变刚刚发生时就对事变有这种透彻的洞察，的确是无与伦比"。①

第二，历史学是检验真理的基石。"只要按照事物的本来面目及其产生情况来理解事物，任何深奥的哲学问题……都会被简单地归结为某种经验的事实。"②换句话说，只要用历史学的眼光观察问题，那么，任何观点都是可以得到直观的验证的。1847年，马克思在批判普鲁东的将实事屈从于观念的唯心主义时，以考察11世纪的权威原理与18世纪的个人主义原理为例，指出"我们必须仔细研究一下：11世纪的人们是怎样的，18世纪的人们是怎样的，在每个世纪中，人们的需求、生产力、生产方式以及生产中使用的原料是怎样的；最后，由这一切生存条件所产生的人与人之间的关系是怎样的。难道探讨这一切问题不就是研究每个世纪中人们的现实的、世俗的历史，不就是把这些人既当成剧作者又当成剧中人物吗？但是，只要你们把人们当成他们本身历史的剧中人物和剧作者，你们就是迂回曲折地回到真正的出发点，因为你们抛弃了最初作为出发点的永恒的原理。"③可见，只有历史学的研究，只有唯物史观的研究，才能克服唯心主义，真正把握历史本质，掌握真理。同样的话语，恩格斯以另一种形式予以了表述。1876年，恩格斯在批判杜林的貌似同情工人阶级的言论中，尖锐地指出，虽然在社会现实中人们常常会对一些不合理的现象予以愤怒的呼声，但是任何愤怒都不能科

---

① 《马克思恩格斯选集》第一卷，人民出版社1995年版，第582—583页。
② 《马克思恩格斯选集》第一卷，人民出版社1972年版，第49页。
③ 《马克思恩格斯选集》第一卷，人民出版社2012年版，第227页。

学地揭示其本质，"这种制度是怎样产生的，它为什么存在，它在历史上起了什么作用，关于这些问题，我们并没有因此得到任何的说明"。①只有诉诸历史学，尤其是诉诸唯物史观时，才是"一个具有革命意义的发现"，才能成为科学。

第三，历史学是为工人阶级服务的工具。1983 年，恩格斯在总结马克思生前贡献时说，"他所掌握的渊博的知识，特别是有关历史的一切领域的知识"，其用处就在于，"首先看成是历史的有力的杠杆，看成是最高意义上的革命力量"。②1886 年，恩格斯在谈到科学精神的要求时，再次谈到了唯物史观的特征之一是"毫无顾忌和大公无私"，"它愈加符合于工人的利益和愿望。在劳动发展史中找到了理解全部社会史的锁钥的新派别，一开始就主要是面向工人阶级的，并且得到了工人阶级的同情，这种同情，它在官方科学那里是既寻不到也期望不到的。"③

四、"必须从既有的事实出发"

唯物史观重视历史学的研究，将历史事实看作是历史认识的基础，强调事实是认识的起点。1859 年，恩格斯谈到科学研究，指出，其时有三种态度，第一种是黑格尔的辩证法，第二种是沃尔弗的形而上学。前一种"实质上是唯心的"，第三种已经被康德与黑格尔"在理论上摧毁"。第三种态度就是"一种比从前所有世界观都更加威武的世界观"，即"必须从最顽强的事实出发"。④"不论在自然科学或历史科学的领域

---

① 《马克思恩格斯选集》第三卷，人民出版社 2012 年版，第 561 页。
② 《马克思恩格斯全集》第十九卷，人民出版社 1963 年版，第 372—373 页。
③ 《马克思恩格斯选集》第四卷，人民出版社 1972 年版，第 254 页。
④ 《马克思恩格斯选集》第二卷，人民出版社 1995 年版，第 41 页。

中，都必须从既有的事实出发。"①

因为历史事实存在于历史资料之中，所以，唯物史观的经典作家特别重视对历史资料的搜集、整理与解读。马克思说："研究必须充分地占有材料，分析它的各种发展形式，探寻这些形式的内在联系。"②恩格斯也说："只有当自然和历史的材料搜集到一定程度以后，才能进行批判的分析和比较，并相应地进行纲、目和种的划分。"③由此，经典作家对待历史资料的态度，可以归为以下三点。

第一，充分地占有资料。马克思在对资本社会的批判中，竭尽全力地搜集资料。他说："从早晨9点到晚上7点，我通常是在英国博物馆里。我正在研究的材料多得要命，虽然竭尽一切力量，还是不能在六至八个星期之内结束这一工作。"④恩格斯为了研究欧洲的军事史，充分准备有关军事历史的资料，包括"基本战术""筑城原理""军事工程""武器""炮兵学""军事部门""装备""军事著作"，以及相关的法文、英文与德文的资料，等等。⑤

第二，核对资料的真实性。在历史研究中，要从大量的历史资料中选出可靠的东西，是比较困难的事情。"要从那个时期的历史著作和小册子所做的记载中选出可靠的材料，那是一个艰难的任务。"⑥又说："有用的材料，如不与原出处认真核对，也完全不能用。"⑦

第三，按照历史资料的原意理解。马克思："对一个著作家来说，

---

①《马克思恩格斯选集》第三卷，人民出版社2012年版，第878页。

②《马克思恩格斯选集》第二卷，人民出版社1972年版，第217页。

③《马克思恩格斯全集》第二十卷，人民出版社1971年版，第699页。

④《马克思恩格斯全集》第二十七卷，人民出版社1972年版，第582页。

⑤《马克思恩格斯全集》第二十七卷，人民出版社1972年版，第576—578页。

⑥《马克思恩格斯全集》第三十六卷，人民出版社1975年版，第659页。

⑦《马克思恩格斯全集》第三十九卷，人民出版社1974年版，第76页。

把某个作者实际上提供的东西和只是他自认为提供的东西区分开来，是十分必要的。"①在历史资料使用中，要区分开资料中的历史事实与历史著作编纂者的主观结论，这样就可以使用这些材料了。恩格斯也说："一个人如想研究科学问题，首先要在利用著作的时候学会按照作者写的原样去阅读这些著作，首先要在阅读时，不把著作中原来没有的东西塞进去。"②在历史资料运用中，应该采用客观态度，不能塞进自己的主观意见。之所以这样要求，是因为经典作家见惯了那些没有按照著作的原意理解就胡乱发言的情况。马克思经常感叹那些没弄清就批判自己的人："咳，这些人哪怕是能读懂也好啊！"③

唯物史观的经典作家认为，历史认识的范畴是社会形态。

马克思在谈到费尔巴哈的论人的本质时说，人的本质不是宗教，"在其现实性上，它是一切社会关系的总和。"因此，历史学的研究范畴就是社会："新唯物主义的立脚点则是人类社会或社会化了的人类。"④

社会形态作为历史认识的范畴，可以从两个方面考察。一方面是从横的角度，从切面的角度把握其内在的结构或者说其内涵。"社会——不管其形式如何？——究竟是什么？是人们交互作用的产物。人们能否自由选择某一社会形式呢？绝不能。在人们的生产力发展的一定状况下，就会有一定的交换［commerce］和消费形式。在生产、交换和消费发展的一定阶段上，就会有一定的社会制度、一定的家庭、等级或阶级组织，一句话，就会有一定的市民社会。有一定的市民社会，就会有不过是市民社会的正式表现的一定的政治国家。"⑤由此，唯物史观的历

① 《马克思恩格斯全集》第三十四卷，人民出版社1972年版，第343页。
② 《马克思恩格斯全集》第二十五卷，人民出版社1974年版，第26页。
③ 《马克思恩格斯全集》第三十八卷，人民出版社1972年版，第124页。
④ 《马克思恩格斯选集》第一卷，人民出版社2012年版，第136页。
⑤ 《马克思恩格斯选集》第四卷，人民出版社1972年版，第320—321页。

史认识范畴，可以用下图示意：

另一方面，从纵的角度，从线性发展的角度来把握其发展或者说其过程。社会形态作为历史现象，"表现为一系列不同的、标志着依次更迭的时代的阶段。"①"大体说来，亚细亚的、古代的、封建的和现代资产阶级的生产方式可以看作是经济的社会形态演进的几个时代。"②

唯物史观的经典作家认为，历史研究的方法就是阶级分析。

到目前为止的一切社会的历史都是阶级斗争的历史。③

每一历史时代主要的经济生产方式与交换方式以及必然由此产生的社会结构，是该时代政治的和精神的历史所赖以确立的基础，并且只有从这一基础出发，这一历史才能得到说明；因此人类的全部历史（从土地公有的原始氏族社会解体以来）都是阶级斗争的历史，即剥削阶级和被剥削阶级之间、统治阶级和被统治阶级之间斗争的历史；这个阶级斗争的历史包括有一系列发展阶段。④

正是马克思最先发现了伟大的历史运动规律，根据这个规律，一切历史上的斗争，无论是在政治、宗教、哲学的领域中进行的，还是在任何其他意识形态领域中进行的，实际上只是各社会阶级

---

① 《马克思恩格斯全集》第十九卷，人民出版社 1963 年版，第 444 页。

② 《马克思恩格斯选集》第二卷，人民出版社 1995 年版，第 33 页。

③ 《马克思恩格斯选集》第一卷，人民出版社 1972 年版，第 250 页。

④ 《马克思恩格斯选集》第一卷，人民出版社 1972 年版，第 237 页。

的斗争或多或少明显的表现，而这些阶级的存在以及它们之间的冲突，又为它们的经济状况的发展程度、生产的性质和方式以及由生产所决定的交换的性质和方式所制约。这个规律对于历史，同能量转化定律对于自然科学具有同样的意义，它在这里也是马克思用以理解法兰西第二共和国历史的锁钥。在这部著作中，他用这段历史检验了他的这个规律；即使已经过了33年，我们还是必须承认，这个检验获得了辉煌的成果。①

按照恩格斯的意见：阶级分析法不仅仅是历史学最科学的研究方法，而且是唯物史观的对人类社会的巨大贡献。而且，在历史学研究的实践中，也充分得以证明，阶级分析法是完全正确的。

五、唯物史观史学思想的相关问题

(一) 历史学的科学性及其与自然科学的关系

如上所述，在唯物史观经典作家看来，历史学就是一种科学，甚至是包括了自然科学在内的唯一的科学。考察其根由，可能是历史学的研究主要是以事实为依据，以探究其发展规律为目的；而对于历史来说，虽然人类是其主体，但是其发展仍然是一个自然的过程。人类在历史实践中，好似实现了自己的意愿，其实是生产力发展到一定阶段的产物；在历史活动中，随着生产实践的进展，人类的意识也是随着变化着的，而且是不以个人意志在变化着的。由此而言，历史学的研究与自然科学有着什么样的关系呢？

唯物史观认为，历史学与自然科学既有联系，也有区别。

---

① 《马克思恩格斯选集》第一卷，人民出版社 2012 年版，第 667 页。

一方面，历史学研究可以吸取自然科学的研究成果，借鉴自然科学的某些方法。在《自然辩证法》中，恩格斯借助自然科学家的话说，任何一个专家只是对于自己所研究的对象而言是精通的，是专家，而相对于其他领域而言则是"半通的"，甚至可说是门外汉。在实践中，作为专家又必须研究或借鉴其他领域，"一个专家敢于让自己和必须让自己常常侵犯临近的领域"，"不论自己愿意与否，都不可抗拒地被迫考察理论的一般结论一样，每个研究理论问题的人，也同样不可抗拒地被迫研究近代自然科学的成果。在这里发生一定的相互补偿。"在这里，恩格斯所谓的"理论"当然是指自然辩证法，即人类对于自然的认识。也即是说，实际研究与理论研究是相互配合的，相得益彰的。① 同样地，历史学作为科学研究，也需要其他学科的支持。在《反杜林论》中，恩格斯说，"马克思和我"，既吸取了"德国唯心主义哲学"中的辩证法思想，也吸取了现代自然科学的成绩。而理论知识的积累，又为具体的研究提供了指南，所以，恩格斯谈到自己在杜林与自然辩证法等问题的研究中，都得益于自然科学的知识，"古代史的重新研究和我的自然科学研究工作，对我批判杜林大有益处，并在许多方面有助于我的工作。特别是在自然科学方面，我感到我对于这个领域非常熟悉，我能在这方面进行活动，虽然要十分小心，但毕竟有相当的自由和把握。"②

另一方面，历史学的研究对象毕竟是人类，所以，绝不能照搬自然科学。恩格斯在与拉夫罗夫的讨论中指出，自然界的生物仅仅为了生存，"最多是搜集"；人类不仅仅是生存，"能从事生产"。拉夫罗夫说："人不仅为生存而斗争，而且为享受，为增加自己的享受而斗争……准备为取得高级的享受而放弃低级的享受。"由此，恩格斯接着说："人类

---

① 《马克思恩格斯选集》第三卷，人民出版社 1972 年版，第 464—465 页。
② 《马克思恩格斯全集》第三十四卷，人民出版社 1972 年版，第 20 页。

的生产在一定阶段上会达到这样的高度：不仅能够生产生活必需品，而且生产奢侈品，即使最初只是为少数人生产。这样，生产斗争——假定我们暂时认为这个范畴在这里仍然有效——就变成为享受而斗争，不再是单纯为生存资料斗争，而是也为发展资料，为社会的生产发展资料而斗争，到了这个阶段，从动物界来的范畴就不再适用了。"所以，恩格斯批评达尔文、霍布斯的进化论与马尔萨斯的人口论，"只是对一种新发现的事实所作的初步的、暂时的、不完善的说明"，是"变戏法"，"如果有一个所谓的自然科学家想把历史发展的全部多种多样的内容都总括在片面而贫乏的'生存斗争'公式中，那末这种做法本身就已经判决自己有罪，这种公式即使用于自然领域也还是值得商榷的。"①

由此可见，在经典作家心目中，历史学是具有独自特质的学科，只能用唯物史观的理论作为指导，才能使其成为科学；可以借鉴自然科学的理论，但是若原样照搬是行不通的。

（二）历史发展的辩证法与历史虚无主义

唯物史观以唯物辩证法的眼光，正确地揭示了历史发展的途径，即以一个否定一个的形式展开的。马克思说："一切发展，不管其内容如何，都可以看作一系列不同的发展阶段，他们以一个否定另一个的方式彼此联系着。比方说，人民在自己的发展中从君主专制过渡到君主立宪，就是否定自己从前的政治存在。任何领域的发展不可能不否定自己从前的存在形式。"②恩格斯也说："在历史中进步是现存事物的否定。"③经典作家还列举了很多的事实。如垄断的产生，首先是由封建制的垄

---

① 《马克思恩格斯全集》第三十四卷，第163、162、161页。
② 《马克思恩格斯选集》第一卷，人民出版社1972年版，第169页。
③ 《马克思恩格斯选集》第三卷，人民出版社1972年版，第534页。

断，然后发展到资本的自由竞争，而后再到"现代垄断"，[①] 再如所有制，历史发展史是土地公有制开始，发展到私有制，其进一步的发展，"必然地产生出把私有制同样地加以否定并把它重新变为公有制的要求"。再如古希腊罗马原始的自发的唯物主义，其发展是"灵魂不死"的"一神教"，成为唯心主义，再进一步的发展则是"现代唯物主义"。而"现代唯物主义，否定的否定，不是单纯地恢复旧唯物主义，而是把两千年来哲学和自然科学发展的全部思想内容以及这两千年的历史本身的全部思想内容加到旧唯物主义的永久性基础上。""因此，哲学在这里被'扬弃'了，就是说'既被克服又被保存'；按其形式来说是被克服了，按其现实的内容来说是被保存了"。[②] 由此，在历史发展的新时期，常常就是对之前历史的否定。有时甚至可以说是倒退，或者说是重演。这就是历史发展的辩证法，是历史发展的动力。"真正的、自然的、历史的和辩证的否定正是一切发展的推动力（从形式方面看……）"。[③]

在历史学的研究中，如果不能正确地理解历史发展的辩证法，那么，就会导致历史虚无主义。即单纯地要么否认要么肯定历史事实。以卢梭为例，卢梭认为，"人在自然和野蛮的状态中是平等的"。"但是这些彼此平等的兽人有一种比其他兽类优越的特性，这就是趋于完善化的能力，即往前发展的能力；而这种能力就成了不平等的原因。因此，卢梭把不平等的产生看做一种进步。但是这种进步是对抗性的，它同时又是一种退步。""文明每前进一步，不平等也同时前进一步。随着文明产生的社会为自己建立的一切机构，都转变为它们原来的目的的反面。"由此，恩格斯认为，卢梭还没有完全走向历史虚无主义，还是具有历史

① 《马克思恩格斯选集》第一卷，人民出版社 1972 年版，第 141—142 页。
② 《马克思恩格斯选集》第三卷，人民出版社 2012 年版，第 516—517 页。
③ 《马克思恩格斯全集》第二十卷，人民出版社 1971 年版，第 673 页。

辩证法的倾向。"按本性说是对抗的、包含着矛盾的过程，每个极端向它的反面的转化，最后，作为整个过程的核心的否定的否定。"①

由此可知，历史发展的辩证法是认识历史真谛的锁钥。但是，在这里必须要克服历史虚无主义。"在辩证法中，否定不是简单地说不，或宣布某一事物不存在，或用任何一种方法把它消灭。苏宾诺莎早已说过：Omnis deter-minatio est negation，即任何的限制或规定同时就是否定。再说，否定的方式在这里首先取决于过程的一般性质，其次取决于过程的特殊性质。我不仅应当否定，而且还应当重新扬弃这个否定……因此，每一种事物都有它的特殊的否定方式，经过这样的否定，它同时就获得发展，每一种观念和概念也是如此。"②根据辩证法，只要作出结论，就会有所否定。而所有的结论，都含有一般与特殊两个方面。因此，在做历史结论时，既要考虑历史过程的特殊性，同时也要考虑历史过程的一般性。这样，即可消除历史虚无主义了。

（三）历史认识的主体性与接受史学

接受史学作为西方史学史的一个流派，兴起于 20 世纪初年，至今依然方兴未艾。与唯物史观相比，显然已经晚了将近一个世纪。但是，因为接受史学很多的观点带有回应唯物史观的倾向，而唯物史观的一些论述，实际上也预警了接受史学的观点。所以，在这里有必要揭示两者的关系。

接受史学将历史学家的活动看作是历史学的研究对象，强调本文的重要。唯物史观也论述了历史学家的活动，只是很是超前了地将历史学家的活动区分为研究与叙述两种形式，并且指出了基于研究的叙述与研究是不同的。研究需要的是占有材料，分析历史运动的各种形

---

① 《马克思恩格斯选集》第三卷，人民出版社 1972 年版，第 178—180 页。
② 《马克思恩格斯选集》第三卷，人民出版社 2012 年版，第 520—521 页。

式；而叙述则是呈现的史学家的思想及其所认知历史的整体，"材料的生命一旦观念地反映出来，呈现在我们面前的就好像是一个先验的结构了"。①"这种反映是经过修正的，然而是按照现实的历史过程本身的规律修正的，这时，每一个要素可以在它完全成熟而具有典范形式的发展点上加以考察。"②

按照唯物史观的看法，本文作为学术观点即思想的载体，其实也是社会发展到一定阶段的产物。"人们是自己的观念、思想等等的生产者，但这里所说的人们是现实的，从事活动的人们，他们受着自己的生产力的一定发展以及与这种发展相适应的交往（直到它的最遥远的形式）的制约。意识在任何时候都只能是被意识到了的存在，而人们的存在就是他们的实际生活过程。"③由此，历史学作为一种实践，是人们从现实出发对过去的思想。"对人类生活形式的思索，从而对它的科学分析，总是采取同实际发展相反的道路。这种思索是从事后开始的，就是说，是从发展过程的完成的结果开始的。"④在这里，克罗齐的"一切历史都是当代史"与卡尔的"历史是史学家与他所处时代的对话"等观点，让我们得到了互鉴。

同时，本文作为思想，又是学术传统的继承和展现。"历史思想家（历史在这里只是政治的、法律的、哲学的、神学的——总之，一切属于社会而不仅仅属于自然界的领域的集合名词）在每一科学部门中都有一定的材料，这些材料是从以前的各代人的思维中独立形成的，并且在这些世代相继的人们的头脑中经过了自己的独立的发展道路。当然，属

---

① 《马克思恩格斯选集》第二卷，人民出版社 1995 年版，第 111 页。
② 《马克思恩格斯选集》第二卷，人民出版社 1972 年版，第 122 页。
③ 《马克思恩格斯选集》第一卷，人民出版社 1972 年版，第 30 页。
④ 《马克思恩格斯全集》第二十三卷，人民出版社 1972 年版，第 92 页。

于这个或那个领域的外部事实作为并发的原因也能给这种发展以影响，但是这种事实又被默默地认为只是思维过程的果实，于是我们便始终停留在纯粹思维的范围之中，这种思维仿佛能顺利地消化甚至最顽强的事实。"① 在这里，柯林武德的"一切历史都是思想史"的观点得到出处。

也许是基于以上两点，或者自己的实践体验，经典作家特别强调历史学家的学术品德。"作家绝不把自己的作品看作手段。作品就是目的本身；无论对作家或其他人来说，作品根本不是手段，所以在必要时作家可以为了作品的生存而牺牲自己个人的生存。"② 马克思批评马尔萨斯"竭尽全力企图为了现有社会统治阶级或统治阶级集团的特殊利益而牺牲生产的要求""伪造自己的结论""伪造科学"，"他不单单是残酷无情，而且宣扬他的残酷无情，厚颜无耻地以此自夸"。③ 对于考斯基一是明知材料不够，明知不对，仍然写作；二是为了享受赚稿费写作，恩格斯予以了"诚恳的告诫"，"毫不宽容""进行无情的批评"。④ 由此，海登·怀特所谓强调本文中的作家印痕，也寻找到根源。唯物史观经典作家对作家的要求，则彰显了后现代主义极端主体化的失真。

第二节　抉择与时段：年鉴学派的史学思想

年鉴学派源自于法国、是 20 世纪的国际史学界最为活跃、最具影响的史学流派之一。它与马克思主义、历史主义有着千丝万缕的关系。

---

① 《马克思恩格斯选集》第四卷，人民出版社 1972 年版，第 501 页。
② 《马克思恩格斯全集》第一卷，人民出版社 1956 年版，第 87 页。
③ 《马克思恩格斯全集》第二十六卷，人民出版社 1973 年版，第 127 页。
④ 《马克思恩格斯全集》第三十六卷，人民出版社 1975 年版，第 343 页。

法国著名的年鉴学派研究者弗朗索瓦·多斯指出："历史主义在右边，马克思主义在左边，处于中间的年鉴学派代表第三条道路。"[①] 由此，无论是研究西方历史主义，或者是研究西方马克思主义，都应该研究、检讨年鉴学派的史学思想。

一、年鉴学派及其研究现状

年鉴学派创立于 20 世纪上半期，迄今为止，已经经历了近 90 年的历史。整体上看，年鉴学派已经经历了三代的发展阶段。

其第一代大致 1929—1956 年，以年鉴学派的创立到费弗尔去世为止。其创立者是吕西安·费弗尔（Lucien Paul Victor Febvre，1878—1956）、马克·布洛克（Marc Leopold Benjamin Bloch，1886—1944）。1929 年，费弗尔与布洛克两人共同创办了《经济社会史年鉴》，试图将历史学与社会学、经济学等人文学科的研究结合起来，开创历史学研究的新途径。年鉴学派得名即源于此。在史学实践中，费弗尔先后从地理学、心理学的角度研究历史。1922 年，费弗尔出版了《土地与人类的演变：地理历史学引论》，探究了人类社会生活中历史与地理的关系，揭示了地理环境在人类历史发展中的重要作用。1928 年费弗尔出版了他的心理史学的专著《马丁·路德：一个命运》，揭示了德国宗教改革的心理因素；1942 年，又出版了《16 世纪的不信神问题：拉伯雷的宗教》，揭示了 16 世纪法国民众的宗教信仰与精神状况。布洛克则从心理学、社会学的角度研究历史。1924 年，布洛克出版了《巫师国王：论王权的超越性》，以法国人到兰斯教堂加冕礼时接受国王的触摸可以消除

---

① ［法］弗朗索瓦·多斯：《碎片化的历史学——从〈年鉴〉到"新史学"》，马胜利译，北京大学出版社 2008 年版，第 55 页。

疾病为依据，揭示了中世纪崇拜王权的民众心理因素。1931年，出版
了讲义《法国农村史》、1940年出版了专著《封建社会》，比较全面地
揭示了中世纪社会的农民、经济、语言、宗教、信仰等。

年鉴学派的第二代从1956年到1968年，以费弗尔的去世到布罗
代尔辞去主编为止。其代表人有布罗代尔（Fernand Braudel，1902—
1985）、欧内斯特·拉布鲁斯（Camille-Ernest Labrousse，1895—1988）、
乔治·杜比（Georges Duby，1919—1996），等等，其领军人物就是布
罗代尔。在史学实践中，第二代年鉴学派承继了费弗尔与布洛克的社会
史学研究的方法，并将之发展为整体史学的形式。其代表论著有布罗代
尔在1949年所出版的《菲利普二世时代的地中海和地中海世界》（简
称《地中海》），以立体画卷的形式描述了菲利普时期的地中海历史，提
出了"时段"的历史研究概念。1967年、1979年出版的专著《15至18
世纪的物质文明、经济和资本主义》（简称《资本主义》），从物质、文
明与制度三个层面描述了欧洲从中世纪到现代社会的转型发展。

年鉴学派的第三代从1968年到21世纪，其代表人物有雅克·勒高
夫（Jacques Le Goff, 1924—2014）、艾曼纽·勒华·拉杜里（Emmanuel
Le Roy Ladurie，1929—　）、马克·费罗（Marc Ferro，1924—　）、皮
埃尔·诺拉（Pierre Nora，1931—　）等。年鉴学派发展至此，用勒高
夫的话说，是"新史学"阶段，逐渐从之前的总体史学、长时段走向分
科史学、微观史学。其最著名的代表就是勒华·拉杜里的《蒙塔尤》，
以叙事的方式描述了一个村庄普通农民的生活及其精神状况。

关于年鉴学派的研究，早在其发展的鼎盛时期，法国的历史学者已
经对其史学贡献予以了详细的评析。其中最著名的就是弗朗索瓦·多斯
所撰写的《碎片化的历史学——从〈年鉴〉到"新史学"》，该书首次出
版于1987年，1997年又再版。可以说，比较准确地"勾画"并"批评"

了"年鉴学派自 1929 年到 20 世纪 80 年代中期断续传承的系谱"。

　　国内对于年鉴学派的研究，一是对年鉴学派主要代表人物的论著研究，比如张芝联先生的《费尔南·布罗代尔的史学方法》①、笔者撰写的《马克·布洛赫对史家心理的研究》②、陈新的《理性、保守主义与历史学家的责任——初论布罗代尔史学思想及其实践效应》③、姜芃的《布罗代尔文明理论的启示》④ 等等。二是对年鉴学派总体的介绍和研究，如姚蒙先生所撰写的《法国当代史学主流——从年鉴学派到新史学》⑤、张正明的博士论文《年鉴学派史学理论的哲学意蕴》⑥、樊江宏的博士论文《法国年鉴学派研究》⑦、金志高的硕士论文《年鉴学派史学范式与雅克·勒高夫的新史学实践》⑧、苑莉莉的硕士论文《动态变化中的"年鉴形象"——年鉴学派在中国传播的回顾与反思》⑨。

　　显然，无论是国外学者的研究，或者是国内学者的研究，对于深入理解和认识年鉴学派都有着重要的引领价值。但是，能否从历史主义的角度，将年鉴学派的史学思想予以深刻的把握呢？于此谨以尝试，希望能提出新的启发。

---

　　①　张芝联：《费尔南·布罗代尔的史学方法》，《历史研究》1986 年第 2 期。

　　②　郑先兴：《史家心理研究》，河南大学出版社 1997 年版。

　　③　陈新：《理性、保守主义与历史学家的责任——初论布罗代尔史学思想及其实践效应》，《世界历史》2001 年第 1 期。

　　④　姜芃：《布罗代尔文明理论的启示》，《江苏社会科学》2004 年第 1 期。

　　⑤　姚蒙：《法国当代史学主流——从年鉴学派到新史学》，台北远流出版事业股份有限公司 1988 年版。

　　⑥　张正明：《年鉴学派史学理论的哲学意蕴》，黑龙江大学博士学位论文，2010 年。

　　⑦　樊江宏：《法国年鉴学派研究》，首都师范大学博士学位论文，2013 年。

　　⑧　金志高：《年鉴学派史学范式与雅克·勒高夫的新史学实践》，东北师范大学硕士学位论文，2013 年。

　　⑨　苑莉莉：《动态变化中的"年鉴形象"——年鉴学派在中国传播的回顾与反思》，华东师范大学硕士学位论文，2010 年。

二、历史是人类的进步及其抉择

正确地描述历史的本质及其特征，不仅是史学思想的基本内容，也是历史主义的基本要求。遗憾的是，就笔者所见，所有年鉴学派的研究者，都没有就这一问题予以论及。那么，年鉴学派的历史观念是什么？有哪些特征呢？

鉴于年鉴学派产生于 20 世纪中期，与之前欧洲的历史主义、马克思主义有着密不可分的关系，其历史观念主要有以下的特征。

1. 历史是人类的活动

众所周知，将历史定义为人类的活动，而不是天神的旨意，是理性史学（文艺复兴思想家与启蒙思想家的史学）的杰出贡献。年鉴学派接受了理性史学的这一观点，特别强调历史是人类的活动。用吕西安·费弗尔的话说："历史就是人。"[①] 马克·布洛赫则接着说："还是让我们把它称为'人类'吧。复数比单数更便于抽象"，"复数的语法形态更适用于一门研究变化的科学"。马克·布洛赫很风趣地说，弗莱明斯所在的文斯海湾呈现出锯齿形的海岸。表面看来，这是地质学研究的问题。但是考虑到"人工围堤使海湾淤积，改变河道的流向以及灌溉系统等因素，所有这些人类的活动均基于人们的集体需求，并依靠一定的社会组织来进行的"，所以锯齿型海岸的形成，"是一次'历史性'的事件"，这又是历史学所研究的问题。由此可以说，历史"显然是人的因素"，其本质就是人类的活动。[②] 由此，所有涉及人类活动的，都可以看作是历史。

---

① [法] 费尔南·布罗代尔：《论历史经济学》，《论历史》，刘北成、周立红译，北京大学出版社 2008 年版，第 99 页。

② [法] 马克·布洛赫：《历史学家的技艺》，张和声、程郁译，上海社会科学院出版社 1992 年版，第 21—23 页。

列维－斯特劳斯说："一切都是历史。所以昨天说的话是历史，一分钟前说的话也是历史。"布罗代尔解释这句话说："只要是说过的、想过的、做过的和经历过的，都是历史。"①

2. 历史是进步的，其表现就是文明的连续性与多样性

强调历史发展的进步和向善，是理性史学承继了宗教神学史学之后所持有的历史观念。年鉴学派接受了这一观点，只是用"文明""文化"来描述历史的进步和向善。

在《文明史纲》中，费尔南·布罗代尔说，人们对历史进步的认识，其词语是"文明（civilisation）"与"文化（culture）"。文明是一个双义词，"它既表示道德价值又表示物质价值。因此，卡尔·马克思区分了经济基础（物质上）与上层建筑（精神上）——在他看来，后者严重地依赖于前者"②。德国的学者则将其前者看作是"文明（civilisation）"，是指"大量的实用性技术知识、一系列应对自然的方式"；将后者看作是"文化（culture）"，是指"一套规范性的原则、价值和理想——概言之，也就是精神（I'esprit）"。③人们对文明的认识有一个过程，"文明"由"civilise（开化的）"和"civiliser（使开化）"所构成。在 18 世纪之前，仅仅是一个法律用语，指"正义行为"，或者是"对刑事犯罪进行民事诉讼（civil）的审判"；④在 18 世纪之后，才出现了具有其现代含义的"进入开化状态的过程"。1819 年前，"文明"是作为单数使用的，"是指某种为所有文明

① ［法］费尔南·布罗代尔：《历史学和社会学》，《论历史》，刘北成、周立红译，北京大学出版社 2008 年版，第 76 页。

② ［法］费尔南·布罗代尔：《文明史纲》，肖昶、冯棠、张文英、王明毅译，广西师范大学出版社 2003 年版，第 25 页。

③ ［法］费尔南·布罗代尔：《文明史纲》，肖昶、冯棠、张文英、王明毅译，广西师范大学出版社 2003 年版，第 25 页。

④ ［法］费尔南·布罗代尔：《文明史纲》，肖昶、冯棠、张文英、王明毅译，广西师范大学出版社 2003 年版，第 23 页。

所共享却不可均分的东西：人类的共同遗产。火、文字、算术、耕种和饲养——这些东西已不再拘泥于任一起源：它们已经称为单数形式文明的集体属性"。1819 年之后，"文明"是作为复数使用的，是指"西方发明的工业技术"，"同样由钢筋混凝土、钢铁和玻璃构成的建筑，同样的机场，同样分布着许多车站、安装着扬声器的铁路，同样湮没了大量人口的巨型城市"，"输出到世界各地并得到热情地接纳"，"使世界一致化"，"单数形式的文明概念将会适用于一切文明"。显然，"文明"含义的变化，表明了历史是进步的、向善的，借用雷蒙·阿隆的话来说："多元文明的阶段正在走向终结，无论如何人类正在开始一个新阶段。"①

在《文明史纲》中，布罗代尔还论述了文明发展的多样性特征，从而揭示了历史发展的基本样式。

（1）历史是以个别的形式持续变化着的。历史的进步体现在文明上，而文明的出现是以个别的事件所构成，"一出戏剧，一次画展，一本成功的书，一种哲学，一款时装，一个科学发现，一场技术进步"，"节目不停地变换着：没有人愿意让它持续得太久"。表面上不相关联，实际上是历史的发展形式，"这些景象事实上是服从于持续不断的变化的"。②

（2）历史是以个人的活动持续变化着的。历史的进步主要由人，特别是杰出人物所创造的。"不管怎样，文明是由人构成的，因此，这还不算完，文明也是由人的行为、成就、热情，由他们对事业的'奉献'以及他们的一百八十度大转弯构成的。"历史是人类的活动，但是只有

---

① ［法］费尔南·布罗代尔：《文明史纲》，肖昶、冯棠、张文英、王明毅译，广西师范大学出版社 2003 年版，第 26—27 页。
② ［法］费尔南·布罗代尔：《文明史纲》，肖昶、冯棠、张文英、王明毅译，广西师范大学出版社 2003 年版，第 44 页。

那些杰出人物的创造性的活动，才是促使历史进步、向善的节点。布罗代尔举例说，如但丁、歌德、牛顿、爱因斯坦、苏格拉底、柏拉图、孔丘、笛卡尔、马克思，等等，"他们是文明的缔造者，在重要性上丝毫不亚于世界上那些不朽宗教的卓越创始人——佛陀、基督和穆罕默德"。①

（3）历史是以其多样性持续变化着的。在《地中海》"序言"中，布罗代尔指出，历史的这种多样性，表现在三个部分，第一，环境史，即人与自然关系的历史。其特征在于"一切变化都十分缓慢"，而且"是由不断重演、反复再现的周期"所构成。第二，社会史（une histoire sociale），是由人们所组成的"有关群体和集团的历史"，其内容涵盖了"经济、国家、社会和文明"四个方面。第三，事件史（I'histoire evenementielle），它是现实人的活动，"有他们的愤怒、梦想和幻觉"，"它最激动人心、最富有人性，但它也是最危险的"，其特征是既"短暂、急促、紧张不安的波动"，又"极端敏感"，"它能引起这种历史的全部领域颤动"。② 由此，反过来说，在布罗代尔看来，历史的进步与向善，是以事件的（亦即人们自己的活动）、社会的（包括集体、经济、国家和民族）与自然的（包括地理环境、气候、物产、交通）等多样性的形式持续变化着的。

3. 历史发展的动力是抉择，是人们在漫长实践中所自然而成的价值诉求

正确地把握历史进步和向善的动力，也是历史主义需要回答的问题。年鉴学派吸纳了理性史学、非理性史学与唯物史观的观点，予以消

---

① ［法］费尔南·布罗代尔：《文明史纲》，肖昶、冯棠、张文英、王明毅译，广西师范大学出版社 2003 年版，第 46、47 页。
② ［法］费尔南·布罗代尔：《〈菲利普二世时代的地中海及地中海世界〉前言（节选）》，《论历史》，刘北成、周立红译，北京大学出版社 2008 年版，第 3—5 页。

X 西方史学思想研究
IFANGSHIXUE SIXIANG YANJIU

化综合,提出了自己比较独到的答案:这就是"抉择"。

所谓的"抉择",其表层的意蕴,当然是指人类活动的选择、决策或者行动,而其深层的意蕴,还包含着人们的价值诉求,乃至于民族的个性。这用布罗代尔的话说,就是"结构"(structure),是指长期历史文化积淀所形成的价值意向,也可以说是价值诉求。它"是文明的'基础',或者不如说是文明的基本'结构'。例如,宗教信仰,各个时代都存在的粗鄙无知,抑或对死亡、工作、快乐和家庭生活的态度……";它"通常都是历史悠久、长期存在,而且它们总是各具特色、与众不同的。正是它们赋予了文明基本轮廓和典型特征。此外,它们很难在各种文明之间进行交换:所有文明都把它们视为不可替代的价值";它又是"自然而然和理所应当的","通常都是无意识的"。[①] 由此,作为历史发展动力的"抉择",或者说是"结构",与兰克所谓的"精神趋向"、德罗伊森所谓的"道德界"是一致的。可见,年鉴学派的历史观念充分采纳了民族传统史学、实证史学的观念。

不仅如此,"抉择"的思想根源,还有阿诺德·汤因比的影子。汤因比认为,历史的发展,亦即文明的创造,是因杰出人物对来自自然和人类自身的困难的应对,这种应对又得到了民众的模仿和实践,从而推进了历史的进步与向善。"人类的一切成就都与挑战与回应直接相关。"对于汤因比的"挑战与回应"提法,布罗代尔积极地予以了采纳,他称赞说这是"一种颇具吸引力的理论"。[②]

由此,"抉择"就是"回应",是对来自不同方面"挑战"的反击,

---

① [法] 费尔南·布罗代尔:《文明史纲》,肖昶、冯棠、张文英、王明毅译,广西师范大学出版社 2003 年版,第 48 页。

② [法] 费尔南·布罗代尔:《文明史纲》,肖昶、冯棠、张文英、王明毅译,广西师范大学出版社 2003 年版,第 31 页。

是推进历史进步的途径。在布罗代尔看来，这种途径有以下四个方面：

其一，地理区域、自然环境。任何文明都立足于一定的区域，都或多或少地受到一定限制，当然也是一定的机遇。所谓"挑战不同，回应也不同"，所以，语言、粮食作物、婚礼、宗教信仰、陶器、羽翎箭以及编制技术，也就各具特色。虽然各个区域的文明相互之间有交流，但是很久以来，其传播的速度和路程都很慢和遥远，当然，现在的文化传播是异常快捷的，"令人头晕目眩的"。①

其二，社会、文明。社会与文明是不可分离的，都是指同一个现实。文明的存在主要仰赖"社会的支持"，"社会带来的张力和进步"。社会的概念内容很丰富，主要包括"社会及其组成部分、社会张力、社会的道德价值和知识价值、社会理想、社会习俗、社会趣味，等等"。文明是建立在"等级制社会的基础上的，群体之间存在着很大的隔阂，因此，紧张局势、社会冲突、政治斗争以及持续的发展交替进行着。"②

其三，经济、人口。"人口的增长总是有助于文明的发展"，"当人口的增长速度超过经济发展速度时，曾经是有利条件的因素就变成了不利条件。"人口过剩所带来的问题就是"饥荒、实际收入下降、人口增加以及严酷的衰落时期"，"流行病和物资的匮乏"使人口减少。由此，形成了历史周期。经济也影响着历史的发展。"丰年和歉年彼此相继；社会和文明都感受到它们的影响，在经济上升和衰退的时间被延长时，情况更是如此。"③

---

① ［法］费尔南·布罗代尔：《文明史纲》，肖昶、冯棠、张文英、王明毅译，广西师范大学出版社 2003 年版，第 29—35 页。

② ［法］费尔南·布罗代尔：《文明史纲》，肖昶、冯棠、张文英、王明毅译，广西师范大学出版社 2003 年版，第 35—37 页。

③ ［法］费尔南·布罗代尔：《文明史纲》，肖昶、冯棠、张文英、王明毅译，广西师范大学出版社 2003 年版，第 38—39 页。

其四，精神、信仰。历史的进步和向善，是在理性的引导下实现的。"在每个时期，都有一种确定的世界观，都有一种集体心态支配着社会的全体大众。强加给社会一种态度，引导社会的选择，固执社会偏见，指导社会行动。"但是在现实中，总有着"源自于今天的人们几乎已察觉不到的古代的信仰、恐惧和焦虑"的"集体无意识"会突发出来，需要作出"抉择"。所以，"宗教是文明中最强有力的特征，始终是过去和今天的文明的中心问题"。①

显然，在上述的四种途径中，可以将地理与经济归属于物质层面的，而社会和信仰则归属于精神层面的。因此，可以将之概括为物质与精神，或者经济与社会。在历史实际中，两者当然是不能分离的。"因此，一个文明既不是某种特定的经济，也不是某种特定的社会，而是持续存在于一系列经济或社会之中、不易发生渐变的某种东西。"②这也就是说，推进历史进步的力量，是复合式的多选题，不是单一的选题。

综上所述，年鉴学派的历史观可以概括为，历史是人类的活动，其进步、向善是以文明的形式展现的，而其动力在于人们的"抉择"，在于人们面对自然与文化（经济与社会）的困境时所作出的回应与对策。

三、历史学是关于社会人类的科学

年鉴学派既然将历史的本质看作是人类进步与向善的活动，那么，历史学的研究对象就是人类。马克·布洛赫说："历史学所要掌握的正

---

① ［法］费尔南·布罗代尔：《文明史纲》，肖昶、冯棠、张文英、王明毅译，广西师范大学出版社 2003 年版，第 41—42 页。

② ［法］费尔南·布罗代尔：《文明史纲》，肖昶、冯棠、张文英、王明毅译，广西师范大学出版社 2003 年版，第 54 页。

是人类，做不到这一点，充其量只是博学的把戏而已。优秀的史学家犹如神话中的巨人，他善于捕捉人类的踪迹，人，才是他追寻的目标。"①吕西安·费弗尔在《为历史学而战》中也指出，历史学"所关心的是人类的全部活动，是'属于人类，取决于人类，服务于人类的一切，是表达人类，说明人类的存在、活动、爱好和方式的一切'。"② 在这里，年鉴学派所谓的人类，可以说暗含着时空两个因素。就时间因素而言，它包括了人类的过去、现在乃至于未来。所以，历史学研究人类，不仅研究过去，也研究现在与未来。由此，马克·布洛赫主张将历史学定义为"时间中的人的科学"，"我们已把历史学称为'人类的科学'，那还是太含糊，有必要加上'时间中的'定语"③。他说："人们有时说，历史是一门有关过去的科学。在我看来，这种说法很不妥当。"④ 因为"各个时代的统一性是如此紧密，古今之间的关系是双向的。对现实的曲解必定源于对过去的无知；而对现实一无所知的人，要了解历史也必定是徒劳无功的"⑤。所以，历史学"既要研究已死的历史，又要研究活的现实。""我建议将历史学的范围延伸到当代"。⑥ 就空间而言，历史容纳了人类生活的各个方面，即整个社会。所以，"历史其基本的、核心的部分就是

---

① ［法］马克·布洛赫：《历史学家的技艺》，张和声、程郁译，上海社会科学院出版社1992年版，第23页。

② ［英］杰弗里·巴勒克拉夫：《当代史学主要趋势》，杨豫译，上海译文出版社1987年版，第55页。

③ ［法］马克·布洛赫：《历史学家的技艺》，张和声、程郁译，上海社会科学院出版社1992年版，第24页。

④ ［法］马克·布洛赫：《历史学家的技艺》，张和声、程郁译，上海社会科学院出版社1992年版，第20页。

⑤ ［法］马克·布洛赫：《历史学家的技艺》，张和声、程郁译，上海社会科学院出版社1992年版，第36页。

⑥ ［法］马克·布洛赫：《历史学家的技艺》，张和声、程郁译，上海社会科学院出版社1992年版，第38页。

社会历史"。吕西安·费弗尔也说:"不是个人,再重复一遍,不是个人,永远不是个人,而是人类社会,是有组织的群体。"① 布罗代尔在《文明史纲》中,将文明等同于社会。这就是说,历史学揭示人类的进步,其实就是探究人类社会史。由此,历史学研究的人类,其实就是社会史。总结来说,年鉴学派认为,历史学的研究对象就是人类社会。用雅克·勒高夫的话说,"历史是关于社会的人的科学"。

历史学研究既然将人类社会作为研究的对象,那么,其任务何在?

年鉴学派的第三代杰出代表勒高夫予以了深刻的论述。在他看来,历史学的研究任务有两点:一是揭示历史发展的规则,二是构建客观性的历史事实。

关于第一点,在批评非理性史学对历史规律的否定时,勒高夫说:

> 我的看法是,历史研究的目的是让历史进程变得清晰,也即意味着必然要从历史演化过程中找出某些"规则性"。这是为马克思主义者们所公开承认的,虽然他们有意让"规则性"一词滑向"规律"。首先,承认在历史学家所研究的每一个系列事件的内部存在有规则性,也即意味着可将这一系列事件看成是一种逻辑或是一个"体系",并通过对其进行研究以便使其变得清晰易懂。②

由此,历史学研究的任务是在描述历史发展的线索中阐述其中的规则。在这里,虽然勒高夫不太接受唯物史观的"规律"概念,而是将之替换成"规则性",但是从解释历史的角度而言,其意是相同的。

---

① [法]雅克·勒高夫:《历史与记忆》,方仁杰、倪复生译,中国人民大学出版社2010年版,第120页。

② [法]雅克·勒高夫:《历史与记忆》,方仁杰、倪复生译,中国人民大学出版社2010年版,第140页。

1950 年，布罗代尔在就任年鉴学派的主编时，也谈到了历史学的研究任务，他说：

> 在活生生的世界里，并不存在完全囿于自我的个人；所有的个人活动都植根于更复杂的现实之中，社会的现实如社会学家所说，是"相互盘错的"现实（une realite"entrecroisee"）。我们反对特赖奇克（Treitschke）傲慢而片面的宣言："人造就历史。"不，历史也造就人，规范他们的命运——这是不以某个人命名的历史；它在深层处起作用，而且通常是默默地起作用；它的领域实际上广袤而不确定，但这正是我们现在应该加以探讨的。①

由此，在布罗代尔看来，历史学所探究的历史规则，其实就是考察人怎样创造历史，以及历史怎样塑造人来进行创造。

关于第二点，勒高夫融合了实证史学与接受史学对历史事实的论述。

一方面，勒高夫承认历史学的任务是考究历史资料，论定历史的真实。他说："谈到史学家，我想借用伟大自由撰稿人司各特（C.P.Scott）的箴言'言论是自由的，而事实是不可侵犯的'来对其加以描述。"从而，肯定了考据资料工作的价值。

另一方面，勒高夫也指出，历史事实是经过历史学家予以整理、解读之后构建的，是历史学所给定的历史知识。他引用吕西安·费弗尔在1933 年的演讲：

> 是原本的？不是，是历史学家的创造，这样的事比比皆是。从发明到制造，由假设到猜测，通过充满激情的、细腻的工作，制作出一件事实，这就是构建。如果人们愿意的话，也可把它说成是为

---

① ［法］费尔南·布罗代尔：《1950 年历史学的处境》，《论历史》，刘北成、周立红译，北京大学出版社 2008 年版，第 11 页。

一个问题找一个答案。如果连问题都没有，那就只剩下虚无。①

又引用亚当·沙夫（Adam Schaff）的话：

> 认知是一个无限的过程，核心在于透过各式各样的外表，积累真相片段，以种种方法来穷尽已知事情的真相，这种无限的进程可以完善我们有待完善的知识。最终，不仅要获得纯粹额外的认识，以增加我们知识的数量，而且还要改善我们历史观的质量。②

据此，历史事实的构建，仰赖于富有真相的事实片段和历史学家认识的筛选、厘定与重构，从而称为历史知识，而其价值就在于其客观性。所以，勒高夫指出：

> 通过对历史研究进行不断地修正，通过艰苦且卓有成效地校正，通过真相的点滴积累，历史客观性这一雄心雄心勃勃的目标最终慢慢地被确立起来了。③

这就是说，历史学研究的基本任务，就是搜集相关的资料，寻求事实的真相，予以阐释解读，从而构建历史事实，形成解析历史发展的基本知识体系。

历史学研究人类，揭示其发展的规则，那么，其性质是什么呢？

关于这个话题，以往的历史学家都相继予以了回答，其答案无外乎在艺术与科学两者之间徘徊。理性史学、实证史学给予了历史学属于科学的答案，非理性史学、接受史学则给予了历史学属于艺术的答案。年鉴学派既然享有唯物史观的史学思想，所以也秉承其观念，认为

---

① ［法］雅克·勒高夫：《历史与记忆》，方仁杰、倪复生译，中国人民大学出版社2010年版，第127—128页。

② ［法］雅克·勒高夫：《历史与记忆》，方仁杰、倪复生译，中国人民大学出版社2010年版，第129页。

③ ［法］雅克·勒高夫：《历史与记忆》，方仁杰、倪复生译，中国人民大学出版社2010年版，第129页。

历史学属于科学。只是在具体的理由上，年鉴学派中各代的杰出代表的认识是有所不同的。其创始人吕西安·费弗尔与马克·布洛赫认为，历史学的科学性主要在于研究的方法上，如果采用自然科学的研究方法研究历史，那么，历史学就成为科学。比如采用概率论、计量方法。"如果历史学能够评判史料，制作解读工具，测试各种假设，并采取更为开放和主动的做法，把坐等变为创造，那么历史学也能和自然科学一样，把自己称作一门科学。"① 据此，第二代代表人物布罗代尔曾经自信地说，正是得益于年鉴学派的整体史学方法论，从而使得历史研究能够全面观照历史发展中的各种因素，诸如种族、经济、阶级斗争、精神、科技、人口膨胀等，把握历史发展的规则，预见历史发展，从而使历史学称为科学。"它们使我们沿着超越个人与特殊事件的道路逐渐地前进了。这种超越长期以来被预见、被预示、被隐约看见，但只是在我们时代才充分实现。"② 在第三代代表人物勒高夫看来，历史学的科学性主要体现在历史学的客观性上。历史学的客观性渗透在历史学的研究任务上，一是论定历史事实、构建历史知识是客观的。"如在构建历史事实以及处理文献时恪守良知，那么出现在历史知识构建中的各个层次上的人为操控便无处藏身。"③ 二是考察历史发展，"对历史事实观的批判还导致'历史真相'的出现"。④

历史学研究人类并揭示其发展的规则，那么，其功用何在？

在年鉴学派看来，历史学的功用主要展现在以下三个方面。

----

① ［法］弗朗索瓦·多斯：《碎片化的历史学——从〈年鉴〉到"新史学"》，马胜利译，北京大学出版社2008年版，第24页。

② ［法］费尔南·布罗代尔：《1950年历史学的处境》，《论历史》，刘北成、周立红译，北京大学出版社2008年版，第11页。

③ ［法］雅克·勒高夫：《1986年意大利语版前言》，《历史与记忆》，方仁杰、倪复生译，中国人民大学出版社2010年版，第4页。

④ ［法］雅克·勒高夫：《1986年意大利语版前言》，《历史与记忆》，方仁杰、倪复生译，中国人民大学出版社2010年版，第5页。

其一，在于思想与精神的审美，激励人们创造生活。

马克·布洛赫说："历史学以人类的活动为特定的对象，它思接千载，视通万里，千姿百态，令人销魂。因此它比其他学科更能激发人们的想象力。伟大的莱布尼兹对此深有同感，当他从抽象的数学和神学转向探究古代宪章和德意志帝国的编年史时，和我们一样，亲身感受到探幽索奇后的喜悦。我们要警惕，不要让历史学失去诗意。""如果有人以为历史诉诸于感情会有损于理智，那真是太荒唐了。"又说："历史的魅力首先触发人们对历史的兴趣，继而激励人们有所作为，它的作用始终是至高无上的。"①

其二，在于理解现实及其缘由，培养人们立足生活。

吕西安·费弗尔说："史学是依据现在的需要来系统地收集了过去的事实，并对其加以分门别类。依据生命来探究死亡，依据现在来组织过去，这就是历史的社会功能。"这就是说，历史学的功用就在于为了掌握现实，而去了解过去，然后通过对过去的认知，再掌握现实。对此，勒高夫解释说："过去与现在的互动也就是所谓的过去的社会功能，或者说历史的社会功能。"②勒高夫在谈到吕西安·费弗尔与马克·布洛赫创建《年鉴》杂志的"问题史学"宗旨时，曾经说："它比任何时候都更重视从现时出发来探讨历史问题，以便能在一个'动荡不宁的世界中'生活和理解。"③

其三，在于构建人文学科知识，提供社会学研究的独特方法。

---

① [法]马克·布洛赫：《历史学家的技艺》，张和声、程郁译，上海社会科学院出版社1992年版，第10页。

② [法]雅克·勒高夫：《历史与记忆》，方仁杰、倪复生译，中国人民大学出版社2010年版，第122页。

③ [法]雅克·勒高夫、皮埃拉·诺拉等主编：《新史学》，姚蒙译，上海译文出版社1980年版，第13页。

1958 年，布罗代尔为乔治·古尔维奇所主编的《论社会学》（两卷，巴黎，法兰西大学出版社，1958—1960）第四章撰写的"导言"中，论及 20 世纪以来历史学的发展，指出，历史学不仅研究"独一无二的事件"，同时也研究深层有意识或无意识的时段，因此，历史学广泛吸纳了所有的人文、社会学科，并为之提供研究方法：

从那时起，历史学就忙于同时对付重复发生的事件和独一无二的事件、有意识和无意识的现实。从那时起，历史学家就期望同时成为（而且已经成为）经济学家、社会学家、人类学家、人口学家、心理学家和语言学家。这种在知识方面的聚会同时也是朋友的聚会和感情的交流。从那时起，历史学继续吞噬其他的人文科学。[1]

存在着趾高气扬的历史学的帝国主义。只要历史学存在于有关过去的这个广阔领域中的所有人文科学之中，它就是一个综合者，一个交响乐作曲者。[2]

我认为，历史是无法回避的。如果它不记录造成各种社会现象的那种运动的方向、快慢和兴衰，如果它不附着于历史的运动，即贯穿过去、现在乃至于未来的强大辩证法，它能有什么科学价值呢？[3]

我希望，年轻的社会学家在学习期间能够用必要的时间（哪怕在最简陋的档案馆里）研究一下最简单的历史问题。[4]

---

[1] ［法］费尔南·布罗代尔：《历史学和社会学》，《论历史》，刘北成、周立红译，北京大学出版社 2008 年版，第 75—76 页。

[2] ［法］费尔南·布罗代尔：《历史学和社会学》，《论历史》，刘北成、周立红译，北京大学出版社 2008 年版，第 77 页。

[3] ［法］费尔南·布罗代尔：《历史学和社会学》，《论历史》，刘北成、周立红译，北京大学出版社 2008 年版，第 88 页。

[4] ［法］费尔南·布罗代尔：《历史学和社会学》，《论历史》，刘北成、周立红译，北京大学出版社 2008 年版，第 88 页。

四、历史认识是时段的辩证法

历史认识问题是历史哲学的核心问题，也是历史主义的基本问题。与理性史学的"事实"、非理性史学的"心智"、实证史学的"史料"不同，年鉴学派将"时段"看作是历史认识的基石。所谓时段，也可说就是时间，其本义是指事物的延续长度，作为学术术语，它是指基于历法时间计量单位上的事物长度，因而也可以说是历史时间。

时段作为历史认识的基础，或者说是范畴，已经由马克·布洛赫提出来了。他说："正是在时间的长河中，潜伏着各种事件，也只有在时间的范围内，事件才变得清晰可辨"①，"脱离特定的时间，就难以理解任何历史现象"②。"只要我们的研究界定在时间的序列和现象的范围内，那么，不管这段时间的长短如何，问题就变得十分简单了，应根据现象本身来划分适当的阶段。"③在马克·布洛赫看来，历史时间可以划分两种，一是"人生时间"，二是"社会时间"。以凯撒为例，其生平事迹如征服高卢地区，属于人生时间；而高卢地区的被征服之前后，以及征服的过程，属于社会时间。历史学研究的重点则是社会时间。④

布罗代尔对马克·布洛赫的历史时间观点予以了发扬光大。他说："历史学是时段的辩证法。通过时段，也因为有了时段，历史学才能研究社会，研究社会整体，从而研究过去，也研究现在，因为过去和现

---

① ［法］马克·布洛赫：《历史学家的技艺》，张和声、程郁译，上海社会科学院出版社 1992 年版，第 24 页。
② ［法］马克·布洛赫：《历史学家的技艺》，张和声、程郁译，上海社会科学院出版社 1992 年版，第 29 页。
③ ［法］马克·布洛赫：《历史学家的技艺》，张和声、程郁译，上海社会科学院出版社 1992 年版，第 133 页。
④ 郑先兴：《史家心理研究》，河南大学出版社 1997 年版，第 268 页。

在是密不可分的。"① 在布罗代尔看来，历史时间有三种形式。第一种是"短时段"，其"对应的是个人、日常生活、我们的错觉、我们的瞬间印象"等，其表现为"凡人琐事：一场火灾、一次火车撞车、小麦价格、一次犯罪、一次剧场演出、一场洪水等等"。② 第二种是"中时段"，其对应的事情是"价格曲线、人口基数、工资运动、利率变动、生产力研究（与其说实现了还不如说是梦想）、流通的严密分析等"，"可涵盖 10 年、25 年乃至康德拉捷夫（Kondratiev）的经典周期——50 年"。③ 第三种是"长时段"，是"一种比较缓慢的、有时近乎停滞的时间"，可能多少世纪都不会变化。其表现如自然环境即"地理制约"，其中的气候、植物、动物种群、农作物以及慢慢所建立起来的生态系统；文化系统中，如拉丁文学，其常用的题目、比喻、陈词滥调等，直到 13—14 世纪都没有变化，再如吕西安·费弗尔揭示了 16 世纪的不变的信仰问题，又如十字军、人口等问题，都延续了几个世纪。④ 在这里，"短时段"又被称为"事件史"，或者是偶然的；"中时段"又被称为"社会史"，或者"举事"；"长时段"又被称为地理环境史，或者说是历史的规则。由此，"时段"的提出，从布罗代尔来说，是其《地中海》观点的进一步发展，表明其史学思想之成熟；对年鉴学派来说，则标志着历史学完全脱离了自然科学的束缚，有了自己完整的科学化的理论基础。布罗代尔说："马克思的天才及其影响持久的秘密，在于他第一个在历史长时

---

① ［法］费尔南·布罗代尔：《历史学和社会学》，《论历史》，刘北成、周立红译，北京大学出版社 2008 年版，第 76 页。

② ［法］费尔南·布罗代尔：《历史学和社会科学：长时段》，《论历史》，刘北成、周立红译，北京大学出版社 2008 年版，第 30—31 页。

③ ［法］费尔南·布罗代尔：《历史学和社会科学：长时段》，《论历史》，刘北成、周立红译，北京大学出版社 2008 年版，第 33 页。

④ ［法］费尔南·布罗代尔：《历史学和社会科学：长时段》，《论历史》，刘北成、周立红译，北京大学出版社 2008 年版，第 33—36 页。

段的基础上构造了真正的社会模式。"① 显然，在布罗代尔看来，他所提出的长时段观点，是历史学走向科学的必由之路。

在史学实践中，年鉴学派还采纳文明、社会等作为历史认识的范畴。文明就是进步，也就是历史，此前已予以了论述。至于社会概念，也与历史是等同的。"历史学和社会学是经常汇聚到一起，相互认同，甚至融为一体。""至于在长时段历史的领域里，历史学和社会学几乎不能说是会面，甚至不是摩肩接踵。而应该说，它们简直是亲密无间，融为一体。"②

将历史与社会相等同，其结果就是认为，历史认识的方式是基于社会学上的总体史学，或者说是整体史学。1929 年，当《经济·社会史年鉴》创刊时，马克·布洛赫的初衷就是用"社会"作为旗帜，以宣扬其总体史学的旨趣。"经济和社会史其实是不存在的，只有作为整体而存在的历史。就其定义而言，历史就是整个社会的历史。"③ 布罗代尔也说："历史学和社会学是仅有的两门总体科学。二者都能够把自己的研究扩展到任何社会现实的任何方面。"④

由此可见，总体史学是将社会作为研究历史范畴予以使用的。布罗代尔说："信守吕西安·费弗尔和马塞尔·莫斯的教诲等的历史学家，总是想把握整体，即社会生活的整体。"进而，他认为，社会作为历史研究的范畴，决定了总体史学的两个特点：

---

① ［法］费尔南·布罗代尔：《历史学和社会科学：长时段》，《论历史》，刘北成、周立红译，北京大学出版社 2008 年版，第 55 页。

② ［法］费尔南·布罗代尔：《历史学和社会学》，《论历史》，刘北成、周立红译，北京大学出版社 2008 年版，第 77、83 页。

③ ［法］雅克·勒高夫、皮埃拉·诺拉等主编：《新史学》，姚蒙译，上海译文出版社 1980 年版，第 6 页。

④ ［法］费尔南·布罗代尔：《历史学和社会学》，《论历史》，刘北成、周立红译，北京大学出版社 2008 年版，第 77 页。

一方面静态地把握其本质，审视其各方面的表现。其实质就是用社会学的方法，探究构成社会的诸如地理、物产、交通、经济、人口、生产力、组织机构、分配体制、阶级关系、信仰与宗教等诸因素，其内容及其特质，从而寻求其长时段的、规则性的东西。"他会努力把各种层次、时段、各种时间、结构、局势和事件搜罗在一起。对于他来说，这样一种拼凑有助于形成一种总体平衡。但是这种平衡很不稳定，只有经过一系列的调整、冲撞和修正，才能维持住。"

另一方面动态地揭示其发展，寻求其变化的各种因素，其实就是历史的方法，从事件、局势与结构的演变中探究其发生的缘由、方式及其后果，其要求就是揭示其变化的共有的原因，或者是其独自所具有原因，从而揭示历史发展的个别性。"总的说来，在理论上，流动的社会现实每时每刻都在发展自己的历史。谁会否认这一点呢？这就是社会总体结构的观念之所以激动和困扰历史学家的原因；尽管总体结构和总体现实之间当然会有很大的距离。但是历史学家在这种思考中最关心的是，这一大规模运动的不确定性，其变化的各种可能性，其自由度以及对其特殊'函数'（瞬时和个别的后果）的解释。简言之，在'总体'——我不太愿意生活'总体化'——的阶段上，历史学家总是会回到自己导师的反社会学主张上。任何社会即便有很多旧的因素，但终归是独一无二的。在这方面，尽管它可以在自己时代之外得到解释，但它也可以从自己时代背景中得到解释。"①

在这里，无论是静态的社会学方法，或者是动态的历史分析，总体史学就是采用分门别类、条举件系的形式描述人类社会的发展，其成就在于博学多识，凡事精深。

---

① ［法］费尔南·布罗代尔：《历史学和社会学》，《论历史》，刘北成、周立红译，北京大学出版社 2008 年版，第 84 页。

问题在于，总体史学作为历史研究的理念，将如何展开与实施？

为此，年鉴学派提出了问题史学的研究方法。所谓问题史学，就是历史学家抱着"求知释疑，即获取知识，释解疑难"的动机，针对现实生活中所涌现的人类社会各方面出现的问题、困难、疑问等，"历史学从事物发展的角度予以阐述解释"，"从历史中寻求答案"。"法国年鉴学派最推崇这种史学形式，认为它是史学研究的主要方法。"①吕西安·费弗尔指出："确切地说，提出问题是所有史学研究的开端和终结。没有问题，便没有史学……在科学指导下的研究这个程式涉及两个程序，这两个程序构成了所有现代科学工作的基础：这就是提出问题和形成假设。"②马克·布洛赫也说："一件文字史料就是一个见证人，而且像大多数见证人一样，只有人们开始向它提出问题，他才会开口说话。""历史研究若要顺利开展，第一必要的前提就是提出问题。"③布罗代尔秉承两位前辈的意旨，也指出："如果没有问题的话，研究就是白费劲。任何为研究而研究的兴趣至多限于搜集资料。但是，甚至这些资料本身对于将来的研究也不都是有用的。我们应该警惕为艺术而艺术。"从布罗代尔的史学研究实践看，史学问题的解决，"至关重要的"是根据历史发展的时段、考察其所处的"兴盛期还是衰落期"，"是某种遥远的复现或是单调的重复"。④

那么，这里又出现了问题：即在历史研究中，怎样从总体走向问

---

① 郑先兴：《史家心理研究》，河南大学出版社1997年版，第35、40页。

② 姚蒙：《法国当代史学主流的内涵与变迁（代序）》，[法]雅克·勒高夫、皮埃尔·诺拉主编：《史学研究的新问题、新方法、新对象——法国新史学发展趋势》，郝名玮译，社会科学文献出版社1988年版，第27页。

③ [英]杰弗里·巴勒克拉夫：《当代史学主要趋势》，杨豫译，上海译文出版社1987年版，第56页。

④ [法]费尔南·布罗代尔：《历史学和社会科学：长时段》，《论历史》，刘北成、周立红译，北京大学出版社2008年版，第41页。

题? 也就是说, 怎样将历史的整体分解到问题中去? 史学问题的出现是源自于生活, 源自于现实。那么, 一个个问题的历史阐释怎样展开? 对此, 年鉴学派用史学研究的实例予以了回答。这就是全方面多学科的研究。年鉴学派初创时, 吕西安·费弗尔和马克·布洛赫就在创刊词中提出了要打破历史学研究中互相隔绝的闭塞状况, 希望历史学家与"从事社会、近代经济研究的人"携手合作。为了实现多学科的合作,《年鉴》杂志初创时的编委共 10 人, 除了费弗尔与布洛赫, 其余 8 人中, 历史学家 4 人, 其他 4 人分别是人文地理学家、社会学家、经济学家与政治学家。后来高等试验研究院第六部也从组织机构上保障了年鉴学派的跨学科思想的实践。"这个部的宗旨正是《年鉴》杂志的宗旨: 跨学科研究、向全世界开放、以探讨问题和集体调查为基础。历史学科在这个部中起鼓动和带头作用……从此新史学通过教学、讨论和研究与兄弟学科结合了, 并逐步形成制度。"① 由此, 借助于其他学科, 年鉴学派实现了从史学总体到史学问题的过渡。

由上所述, 在年鉴学派看来, 历史主义方法论的要义在于, 以时段为抓手, 以社会为切入点, 以人类生活总体的视野, 考察现实问题之源流, 并予以专业知识的阐释。

综上所述, 年鉴学派以唯物史观作底蕴, 广泛吸纳理性史学、非理性史学、民族传统史学、实证史学乃至于接受史学的精华, 在历史观、历史学学科理论与认识论方法论上, 系统地构建了自己的历史学知识体系, 既丰富了唯物史观历史学的理论宝库, 也推进了历史主义的巨大发展。可以说, 年鉴学派的历史主义, 是迄今为止较为完善的历史学理论知识体系。

---

① [法] 雅克·勒高夫、皮埃拉·诺拉等主编:《新史学》, 姚蒙译, 上海译文出版社 1980 年版, 第 16 页。

第三节　性本能与潜意识：心理学的史学思想

心理史学诞生于 20 世纪初年，迄今为止，可以说是方兴未艾，其主旨是将历史发展的决定因素归因于人的性本能与潜意识。作为历史研究的新方法论，心理史学被美国历史学家克里格（L.Krieger）划归为历史主义学派。① 由此，讨论西方历史主义，必须要研究心理史学的精意深旨。

一、心理史学的发展及其研究现状

心理史学，又称为心智史学、心态史学，或者称为历史心理学、历史心智学、历史心态学；用心理学的专业术语来说，则为精神分析的历史学，或历史的精神分析学。其本义都是指用心理学的理论研究历史，或是探究历史发展中的人的心理因素。用埃里克森（Erik Erikon，1902—1994）的话说，心理史学就是"用精神分析学和历史学相结合的方法来研究个体和群体生活"。②

心理学研究人的心理及其发展规律，历史学研究人类的活动及其发展规律，两者在研究对象与任务方面是一致的。由此而言，心理学的研究，本质上就是历史学的研究。当然，这是一种广义的历史学理论。就其狭义而言，心理史学作为历史学研究的理论与方法，是 20 世纪初由

---

① 庞卓恒、田晓文、侯建新主编：《西方新史学述评》，高等教育出版社 1992 年版，第 309 页。

② Erik Erikon, *Dimensions of a New Identity*, New York, 1974, p.113. 转引自萧延中：《在明澈"冰山"之下的幽暗底层——写在〈心理传记学译丛〉即将出版的时候》，《中国图书评论》2010 年第 6 期。

弗洛伊德（Sigmund Freud，1856—1939）所创立的。1910 年，弗洛伊德《达·芬奇画传：一个对童年的记忆》（*Eine Kindheitserinnerung des Leonard da Vinci*）问世，论析了童年达·芬奇的性本能及其满足与转移，从而揭示其人格特征，与其艺术创作的缘由。该论著的发表，标志着心理史学的正式诞生。1913 年，弗洛伊德发表《图腾与禁忌》，讨论了俄狄浦斯情结与原始图腾的形成，即原始文明阶段性本能的觉醒及其对文明制度的影响。1930 年，弗洛伊德发表了《文明及其缺憾》，讨论了爱、性爱与文明的关系，指出文明的发展史实际上是爱、性爱的发展史。弗洛伊德的研究，虽然过度强调爱与性爱的动力作用，甚至引起一些人的误解，但是毕竟开辟了心理学与历史学的新领域，奠定了心理史学的基础。

心理史学的繁荣发展，是在第二次世界大战之后的美国。早在 1909 年，弗洛伊德受美国马萨诸塞州乌斯特市克拉克大学校长荷尔（G. Stanley Hall）先生的邀请，进行为期一周的德语讲学。弗洛伊德回忆说："当时我年仅 53 岁，我觉得自己年轻而健康。对那个新世界的短期访问在各个方面激发了我的自尊心。在欧洲，我感到大家好像都看不起我；但在那里，我发现那些最优秀的人物对我是平等相待的。当我走上乌斯特的讲台发表《精神分析五讲》时，我好像实现了一些难以置信的白日梦；精神分析不再是一种幻想的产物，它已成为现实的一个宝贵的部分。"又说："无论是在德国还是在西欧其他国家，战争实际上激发了大家对于精神分析的兴趣。对于战争神经症的观察，终于使医学界认识到了精神失调的心理发生之重要性。"[①] 1935 年，威廉·兰格出版《帝国主义外交》，专门从心理学的角度分析了 19 世纪年帝国主义向外扩张

---

① ［奥］弗洛伊德：《弗洛伊德自传》，张霁明、卓如飞译，辽宁人民出版社 1986 年版，第 70、73 页。

的问题。1957 年，威廉·兰格出任美国历史学会主席，在就职演讲中，号召美国历史学家们要用心理史学研究作为"今后的任务"。1958 年，埃里克·埃里克森出版《青年路德传：对精神分析与历史学的研究》，论析了青年路德宗教改革的缘由，是源自于青春期与社会问题所导致的认同危机。《青年路德传》与《一个童年的记忆》，皆成为心理史学史上的经典。

在兰格、埃里克森的带动下，心理史学的研究成为美国史学界的一个重要领域。以最能说明学术热点的博士学位论文为例，1965 至 1969 年，有 12 篇；1975 至 1979 年，有 65 篇，十年间增加了 400％。可见，自 20 世纪 70 年代后，心理史学已成为一种时髦。1972 年，美国历史学会所属机构"历史学应用心理学小组"的主管者劳埃德·德莫斯（Lloyd DeMause）创办了《心理史学评论》（*The Psychohistory Reivew*）杂志；1973 年，又创办《心理史学杂志》（*The Joumal of Psychohistory*）。这两份杂志都是以刊登专门的心理史学研究论文为己任的。其他一些史学杂志，如《美国历史评论》、《现代史杂志》、《跨学科杂志》等专业期刊，也都设有心理史学的专栏。美国的心理史学发展，逐渐形成了以精英人物、特殊人物为研究主题的特色，亦即形成了新的学科规范"心理传记学"。"其中固然不乏杰作，但在一定程度上也有些'泛滥成灾'。"①

也许是过于强调性本能、潜意识与精神病对历史的影响，心理史学在其极为繁荣的发展中，遭遇了极为强烈的批评。1975 年，美国学者这样说："精神分析学是 20 世纪最惊人的智力欺诈，是思想史上近似

---

① Erik Erikon, *Dimensions of a New Identity*, New York, 1974, p.113. 转引自萧延中：《在明澈"冰山"之下的幽暗底层——写在〈心理传记学译丛〉即将出版的时候》，《中国图书评论》2010 年第 6 期。

于恐龙或齐柏林（Zeppelia，1838—1917，德国著名的圆筒硬式气球飞艇发明者）那样的绝代怪物，一个设计上根本不健全的、断子绝孙的庞然怪物。"澳大利亚学者大卫·斯坦纳德则有专著，从"证据"、"逻辑"、"理论"与"文化"四个方面，系统地批评了弗洛伊德的心理史学。他说："从最初力图创作心理史学著作开始直至当今，那些自诩为心理史学家的人的著作中都一致具有这些特征：对事实的傲慢态度；对逻辑的恣意扭曲；对理论效力的不负责任以及在文化差异性上的近视和犯有时代错误。"①

心理史学在国内的发展，是从理论与实践两个层面展开的。

理论方面，主要是译介西方心理史学的论著。这一方面，做得最多的是罗凤礼先生。1998 年，中央编译出版社出版了罗凤礼先生所编著的《历史与心灵：西方心理史学理论与实践》，书中用五个章节，介绍了弗洛伊德的心理史学的理论及其贡献，回顾了西方史学理论的发展，叙述了心理史学的崛起与发展，介绍了非精神分析心理学在史学研究中的应用，以及劳埃德·德莫斯等在心理史学上的贡献，附录了两个代表作品。1988 年所撰写的《心理史学》，刊载于于沛先生所主编的《现代史学分支学科概论》②，分为五节介绍了心理史学发生的背景，弗洛伊德、埃里克森的心理史学贡献，非精神分析学的心理史学研究等。2010 年，与萧延中合作主编了《心理传记学译丛》，翻译了九种心理史学的代表作。张广智、周兵编著的《心理史学》，作为《文化手边册》一种，由台湾扬智文华事业股份有限公司 2001 年出版。

---

① ［美］大卫·斯坦纳德：《退缩的历史——论弗洛伊德及心理史学的破产》，冯刚、关颖译，浙江人民出版社 1989 年版，第 214、209 页。

② 罗凤礼：《心理史学》，于沛主编：《现代史学分支学科概论》，中国社会科学出版社 1998 年版。

该书分为六个章节，不仅介绍了弗洛伊德、埃里克森、大卫·斯坦纳德的心理史学，更是介绍了中西方史学的互动及其影响。庞卓恒、田晓文与侯建新所主编的《西方新史学述评》中，有两个章节专门介绍心理史学。在新学科中，《何处寻觅心智发展的动因和规律——当代西方心智史学》，对西方心智史学的演变、学派、动向等做了详细的介绍；在新方法论中，《历史行为心理动因的窥探——当代西方心理史学方法》，则介绍了西方心理史学的背景、成就、困境与出路。[①] 除此之外，还有大批的论文介绍和评述西方的心理史学，在此就不一一列举了。

实践方面，主要是利用心理史学的理论研究历史，成果颇多。[②] 从史学史看，主要有彭卫先生著《历史的心境：心态史学》[③]，以心理史学的理论为指导，系统分析了西汉文、景、武帝的性格气质对历史的影响，指出历史心理研究的可能性与必要性。胡波著《历史心理学》[④]，主要从理论上论述了历史研究中所适应的心理学理论。郑先兴著《史家心理研究》[⑤]，则借助心理学的理论分析了史家的历史感、动机、态度、价值观、审美观以及历史认知等史家的治史心理。

总之，心理史学的发展，西方也好，国内也好，一直以来都是史学研究中的热点问题。但是，若从方法论角度而言，不仅毁誉参半，而且站在马克思主义史学的历史主义高度予以理论论析，真正把握其精确含义的，却极为少见。

---

① 庞卓恒、田晓文、侯建新主编：《西方新史学述评》，高等教育出版社 1992 年版。

② 邹兆辰：《近年来我国心理史学发展趋势》，《史学理论研究》2005 年第 4 期。

③ 彭卫：《历史的心境：心态史学》，河南人民出版社 1992 年版。

④ 胡波：《历史心理学》，广东高等教育出版社 1993 年版。

⑤ 郑先兴：《史家心理研究》，河南大学出版社 1997 年版。

二、历史进步、文明与性本能

弗洛伊德不仅创建了精神分析学派，创建了心理史学学科，更重要的是，在历史观上，对历史的进步，对文明的创制及其发展动力的问题，有着独步千秋、影响深远的见识。

（一）历史就是文明，是基于人类活动的进步状态，是人类独有的特殊活动

在《文明及其缺憾》中，弗洛伊德由讨论人生的意义而谈到了历史，指出历史的本质是人类的活动，而其进步则是文明的创制。

> 我们将再一次满足于说：'文明'这个词是指所有使我们的生活不同于我们的动物祖先的生活的成就和规则的总和。①
>
> 我们看到，文明发展是人类所经历的一个独特的过程。②
>
> 我倾向于这样一种思想，就是文明是人类所经历的一个特殊的过程。③

将历史的本质看作是人类的活动，而其进步状态就是文明，这是理性史学的基本观点，也是年鉴学派的基本理念。在理性史学看来，人类物质资料的获得和精神即心灵的满足等，就是人类历史进步状态，就是文明。在年鉴学派看来，历史是以个别的、个人的、多样化的形式进步着的。弗洛伊德接受了这个观点，在他看来，历史就是

---

① ［奥］弗洛伊德：《文明及其缺憾》，傅雅芳、郝冬瑾译，安徽文艺出版社1987年版，第31页。

② ［奥］弗洛伊德：《文明及其缺憾》，傅雅芳、郝冬瑾译，安徽文艺出版社1987年版，第39页。

③ ［奥］弗洛伊德：《文明及其缺憾》，傅雅芳、郝冬瑾译，安徽文艺出版社1987年版，第69页。

文明，是人类活动的进步状态，是人类不同于其他动物的特殊的独有过程。

在弗洛伊德看来，历史的进步状态，即文明的创制，主要体现在以下五个方面。

其一，是对自然的认知与改造。"一切有助于人类改造地球以使之效劳于人类、有助于抵御自然势力的凶猛进攻等的活动和资源都具有文化的性质"[1]，如"使用工具、控制火和建造住房"、"船和飞机"、"望远镜"、"显微镜"、"照相机"、"唱片"、"电话"、"文字"[2]，等等，"人类可以把所有这些资产称为文化的成果"[3]。"总之，一切对人类有用的事物，都受到了注意，并且有效地实现了，那么，这些国家的文明就已经达到了很高的水平"。[4]

其二，是对审美的体验与享受。"美的享受有一种独特的令人微醉的感觉；美没有显而易见的用途，也没有明确的文化上的必要性。但是，文明不能缺少它。"[5]城市中用来储存新鲜空气的绿地、花坛、窗子上的花盆，这些看起来"没有任何实用价值或无用的东西"，"我们赞同这种做法，因为这是文明的表现"，"这种无用的东西就是美"。"我们要求文明人尊重美；在自然中看到美以及在手工艺中创造的美都应该得到

---

① [奥]弗洛伊德：《文明及其缺憾》，傅雅芳、郝冬瑾译，安徽文艺出版社1987年版，第31—32页。

② [奥]弗洛伊德：《文明及其缺憾》，傅雅芳、郝冬瑾译，安徽文艺出版社1987年版，第32—33页。

③ [奥]弗洛伊德：《文明及其缺憾》，傅雅芳、郝冬瑾译，安徽文艺出版社1987年版，第33页。

④ [奥]弗洛伊德：《文明及其缺憾》，傅雅芳、郝冬瑾译，安徽文艺出版社1987年版，第34页。

⑤ [奥]弗洛伊德：《文明及其缺憾》，傅雅芳、郝冬瑾译，安徽文艺出版社1987年版，第23页。

尊重。"①

其三，是对清洁、秩序的构建和遵从。清洁是文明的展现，太阳王（Roisoleil）路易十四身上的令人讨厌的气味与被流放在爱色拉岛上的拿破仑晨洗的脸盘，使人们感觉到了两个人的文明差异。"我们觉得一切污秽都与文明相悖，我们也把清洁的要求扩展到人体。"秩序"像清洁一样只适用于人类行为"，"秩序是一种强迫性的重复。当一条规律被永久性地确定下来时，秩序就决定一件事应在何时、何地以及如何做，这样在相同的情况下，人们就不必犹豫不决了，秩序的好处是无可争议的。它使人们能够在最大限度内利用时空，同时又保持了他们的体力。"②

其四，是对知识、智慧的学习和拥有。人类的精神活动，即思想、知识与智慧，包括了理智的、科学的和艺术的成就，在历史发展中占据着更为重要的地位，是历史进步的主要元素，也是文明的最高形式。在人类的精神活动即思想中，最重要的是"宗教体系"、"哲学的沉思"与"理想"。人类的理想，"即关于个人，民族或全人类可能达到的至善至美境界的思想以及建立在这些思想基础之上的要求"。③

其五，是对公正、自由的追求和斗争。作为历史的进步状态，"文明首先要求公正，也就是要保证法律一旦制定，就不能徇私枉法。"所以，文明的进一步发展，使得法律不再代表小集体的意愿，不再是某一个等级、某一个阶层或某一个种族的意愿，而是成为人们共同遵守的法

---

① ［奥］弗洛伊德：《文明及其缺憾》，傅雅芳、郝冬瑾译，安徽文艺出版社1987年版，第34—35页。

② ［奥］弗洛伊德：《文明及其缺憾》，傅雅芳、郝冬瑾译，安徽文艺出版社1987年版，第34—36页。

③ ［奥］弗洛伊德：《文明及其缺憾》，傅雅芳、郝冬瑾译，安徽文艺出版社1987年版，第36页。

律。"文明的发展限制了自由，公正要求每个人都必须受到限制。在人类集体中，以渴望自由的形式表现出来的东西是人类对现存不公正的反抗。因此，它可能有助于文明的进一步发展"；也"可能成为敌视文明的基础"。"毫无疑问，人永远要反对集体意志，维护对个体自由的要求。"① 在弗洛伊德看来，这是人类历史上一个无解的永恒问题。所以，对于资产阶级所标榜的公正与自由，弗洛伊德是很不赞同的。他说：历史的这种进步，"还有待于评价"。②

众所周知，否定历史的进步性，从而否定人类可以肆情尽意地创造历史，是非理性史学的重要观点。弗洛伊德借助个人自由否定公正，从而否定历史的进步性，指出文明的缺憾，其正确与否姑且不论，但其就资本社会与工业化所带来的社会问题、现代化问题的批判，以及对非理性史学的认同和承继却是异常明显的。

（二）历史发展的动力是性本能，文明的创制则是其转型升华

在讨论人生价值的美感时，弗洛伊德论析了历史发展的动力是性本能及其转型升华。

在弗洛伊德看来，人生的目的和价值"毫无疑问是追求幸福。他们想变得幸福并保持幸福"③。而幸福有两个正反方面的目的，即消除痛苦和获得快乐。"生活中的幸福主要是在对美的享受中得到的"，"'美'和'吸引'最初都是性对象的特性"，"幸福就是个人利比多的

---

① ［奥］弗洛伊德：《文明及其缺憾》，傅雅芳、郝冬瑾译，安徽文艺出版社1987年版，第38页。

② ［奥］弗洛伊德：《文明及其缺憾》，傅雅芳、郝冬瑾译，安徽文艺出版社1987年版，第37页。

③ ［奥］弗洛伊德：《文明及其缺憾》，傅雅芳、郝冬瑾译，安徽文艺出版社1987年版，第15页。

有效利用问题"。^①而历史的发展，即文明的创制，"实际上是我们生命的有效利用的过程"。由此，利比多的发泄与文明的创制，是非常"相似"的过程，"是一致的"，都是幸福的实现与升华。以幼儿时期"肛门欲（ananl erotism）"为例证，幼儿的肛门排泄作用、排泄器官与排泄物，转型升华而成的人的性格如吝啬、秩序与清洁，即肛门性格。其中的秩序和清洁，正是文明的重要条件。由此，性本能是历史发展的根本动力，而其幼年时期的转型升华，才是创制文明的基本元素。^②在《图腾与禁忌》（*Totem and Taboo*）中，弗洛伊德论析了原始群居生活中，兄弟姊妹恪守禁忌而形成的权力和法律意识，以及团结起来反对父权制从而满足自己性本能的集体拼搏意识。由此，"劳动"和"爱的力量"成为创制原始文明的两个极为重要的力量。"厄洛斯和阿南刻（爱情和必然性）也就成为人类文明的始祖。"^③在《文明及其缺憾》中，弗洛伊德论析了现代社会文明的创制是性本能的转型与升华："本能的升华是文化发展的极其引人注目的特点；由于它的存在，科学、艺术、思想意识等较高层次的心理活动才在文明生活中起着至关重要的作用。"^④"我现在再补充一点，就是文明是为厄洛斯服务的一个过程，它的目的是把人类单个的人，然后是家庭、种族、民族和国家结合在一个大的统一体中，即人类的统一体中。我们不知道为什么事情会这样，厄洛斯的工作就是如此，人类的这些部分是通过里

---

① ［奥］弗洛伊德：《文明及其缺憾》，傅雅芳、郝冬瑾译，安徽文艺出版社1987年版，第23—24页。

② ［奥］弗洛伊德：《文明及其缺憾》，傅雅芳、郝冬瑾译，安徽文艺出版社1987年版，第39页。

③ ［奥］弗洛伊德：《文明及其缺憾》，傅雅芳、郝冬瑾译，安徽文艺出版社1987年版，第44页。

④ ［奥］弗洛伊德：《文明及其缺憾》，傅雅芳、郝冬瑾译，安徽文艺出版社1987年版，第40页。

比多互相联结起来的。单靠需要、共同的工作利益是不会把他们聚到一起的。"①

在弗洛伊德看来，历史的发展也好，文明的创制也好，对于人类自身来说，都是外在的，是由人类内在的性本能所决定的，也是为人类性本能所服务的。反过来说，历史上人类的行为无论怎样的怪异乖戾，都可以从性本能中找到答案。"所有这些感情的冲动最初具有一种完全的性本能，但这种性本能在其目的上受到压抑或者得到升华。这些性本能可能被如此影响和转移的那种方式，使其能够被应用到各种文化活动之上，它们确实对这些文化活动作出了最重要的贡献。"② 由此，"本能是贯穿弗洛伊德精神分析学的中心概念之一。无意识中的本能欲望是决定人的行为的根本动力，所有行为都直接或间接地与本能需要有关。"③ 总之，历史发展的动力，文明创制的源泉，是人类的性本能及其转型升华。可见，弗洛伊德的历史观是受制于精神分析学的，有着泛性论和排斥唯物史观的特征。

（三）历史是"具有特殊的性格和能力"者即神经症者所创造的，而其根源于童年经历

历史的进步，即文明的创制，需要利比多的转移，亦即"借助于本能的升华"。但是，利比多的转移和升华，在人类社会中不是普遍现象，"它只适用于某些人"，"具有特殊的性格和能力"的人。"艺术家从创作和塑造他幻想中的东西中得到快乐，科学家在解决问题或是发

---

① ［奥］弗洛伊德：《文明及其缺憾》，傅雅芳、郝冬瑾译，安徽文艺出版社1987年版，第69页。

② ［奥］弗洛伊德：《弗洛伊德自传》，张霁明、卓如飞译，辽宁人民出版社1986年版，第50页。

③ 杨鑫辉主编：《心理学通史》第四卷，山东教育出版社2000年版，第441页。

现真理中感到快乐"，尽管艺术家和科学家只是少数人，但是毕竟创造了历史，创制了文明。由此，一方面，依照非理性史学的观点，历史是少数英雄豪杰所创造的；另一方面，因为利比多的转移，并没有使艺术家、科学家这些英雄豪杰"完全免于痛苦"，"它不是能抵挡命运之箭的不可刺透的盾牌，而且，当痛苦的根源在人们自己的肉体上时，它必然就失去了作用"。①换句话说，英雄豪杰依仗利比多的转移升华创造了历史，但是历史的创造并没有解除其自身利比多的困苦，由此，不仅构成了本身的精神疾病，而且还造成了神经症患者创造历史的现象。

> 在人类历史上的某些时候，疯子，能见到幻想的人，预言者，神经官能症患者和精神错乱者，曾经起过重大作用，而且不仅仅是在偶然的机会使他们生而为王的时候。通常，他们都造成了极大的破坏，然而并非总是如此。某些人对他们的以及后来的时代产生过无法估量的影响，他们发动过重要的文化运动，作出了巨大的发现，也就是说，他们克服了他们的反常。但另一方面，往往恰是因为他们性格中的病态的特点，他们发展的不平衡，某些欲望不正常地强烈，无保留、无分别地献身于一种唯一的目标，使他们具有力量，拖着其他人跟在他们后面，并战胜世界的抵抗。②

据此而言，"历史是由精神病患者所创造的"，就成了心理史学的一个核心话题。是耶非耶？心理史学所得到的臧否，可以说皆由此而来。在弗洛伊德看来，神经症患者之所能够创造历史，创制文明，其因就是

---

① ［奥］弗洛伊德：《文明及其缺憾》，傅雅芳、郝冬瑾译，安徽文艺出版社1987年版，第19—20页。

② ［奥］弗洛伊德：《前言》，［美］皮埃尔·阿考斯、皮埃尔·朗契尼克：《病夫治国》，何逸之译，新华出版社1981年版，第1页。

"幼儿性欲"受到了挫折与压抑，迫使他们性本能的转型升华。"根据我的发现，个体生命一开始，性功能便存在，尽管起初它隶属于那些其他的生命功能，直到后来才从中独立出来。在它变成我们所熟悉的、成人的那种正常性生活之前，它必须经过一个长期复杂的发展过程。"①弗洛伊德认为，"幼儿性欲"经过了"口腔"、"肛门"到成人三个阶段；依照人格结构，则分别是本我、自我与超我的三种性格。成人阶段性欲的基于良知、道德与法律的满足，是超我的展现，也是创造历史、创制文明的实现。而其成因，则皆可以追溯到童年的经历即"幼儿性欲"。

通过观察人们的日常生活，我们发现，大多数人都将他们性欲中相当大的一部分成功地转向了他们的职业。性本能特别适合作出这种牺牲，因为它具有升华能力，也就是说，它有能力让其他具有更高价值的、不是性的目标来取代它的下一个目标。我们认为这个过程已经得到了证实，因为一个人的童年历史，即他童年心理发展的历史表明，在童年时期，这个强烈的欲望是为性兴趣服务的。我们找到了进一步的证据来证明，如果一个人在成年之后，性生活发生了明显的衰退，那么他的性活动的一部分将被这个强烈的本能活动所代替。②

综上所述，弗洛伊德历史观的主旨在于，历史是基于人类活动上的文明创制，而其动力则是性本能的压抑所转型升级的艺术创造，历史是由精神症者所创造的，其因则源自于童年的经历。

---

① ［奥］弗洛伊德：《弗洛伊德自传》，张霁明、卓如飞译，辽宁人民出版社1986年版，第44页。

② ［奥］弗洛伊德：《达·芬奇画传：一个对童年的记忆》，李雪涛、任仲伟译，华东师范大学出版社2005年版，第50页。

三、潜意识的研究及其科学性

作为精神分析学的创始人，弗洛伊德不仅研究了历史，而且对历史学的学科理论，也有所论述。他说："历史学以记载现今发生的事件开始，同时也回顾过去；它搜集传统和传奇，解释从古代幸存下来的风俗习惯，由此创造史前时代的历史。"① 由此，历史学的研究对象是事件、传统和传奇，其任务是揭示其发展的原因，并再现其原貌。显然，这个论述是仅就一般性的历史学而言的。关于心理史学的理论观点，尚需我们从其已有的论述中，抽绎其有关历史学的研究对象、任务以及其学科属性的观点的。

在弗洛伊德看来，历史学的研究对象与任务有三个互相关联的层面。

其一，历史学的研究对象是性本能与集体意志的关系，其任务就是揭示个人自由与群体公正的协调与和谐。"文明在多大程度上要通过消除本能才能得到确立；在多大程度上（通过克制、压抑或其他手段）要以强烈的本能得不到满足为前提条件，这个问题是不能忽略的。这种'文化挫折'（Cutural frustration）在人类的社会关系中占据很广泛的领域。我们已经知道，它造成了一切文明都必须反对的对文明的敌意。它也对科学工作提出了严格的要求，对此我们尚需作许多解释。"② 历史上，人性本能所追求的自由，与群体意志所追求的公正，是一个不可调和的矛盾。然而，正是由于这个矛盾的存在与发展，推进了历史的进步，促进了文明的发展。所以，科学研究的任务，就是揭示其发展

---

① ［奥］弗洛伊德：《达·芬奇画传：一个对童年的记忆》，李雪涛、任仲伟译，华东师范大学出版社 2005 年版，第 61 页。

② ［奥］弗洛伊德：《文明及其缺憾》，傅雅芳、郝冬瑾译，安徽文艺出版社 1987 年版，第 40 页。

的路径与规则，揭示其如何剥夺性本能，又如何适当地予以补偿。沿着这一思路，心理史学逐渐将社会心理、集体心理作为自己的研究课题，进一步挖掘集体、群体或者群众的心理对历史发展的作用。

其二，历史学的研究对象是性本能与潜意识、无意识，其任务就是揭示隐匿在意识之内的心理机制与幸福感。弗洛伊德认为，"强迫重复仿佛是一种比它所压倒的那个唯乐原则更原始、更基本、更富于本能的东西。如果人心中的确有一种强迫重复的原则在起作用，我们将很想知道一些有关它的情况：它相应于哪一种功能，它在什么条件下表现出来，它与唯乐原则关系怎样，迄今为止，我们毕竟是一直认为，唯乐原则在人的心理活动的兴奋过程中据支配地位。"① 在历史上，人的性本能的存在和发展是客观的，是有其规律的；科学研究的任务就是揭示其以怎样的形式展现和发展。沿着这一思路，心理史学注重历史人物的性格特征（或者变态人格，或者精神症患者）对于历史发展的影响，进而发展成为心理传记学派。

其三，历史学的研究对象是"幼儿性欲"，其任务是揭示其内涵的利比多对历史的影响。弗洛伊德说："性功能在生命初期便开始，甚至儿童时期便有一些重要迹象证明它的存在。"②"男女两性的第一个爱恋目标均是其母"③："男孩将其性欲愿望集中在母亲身上，把其父亲当作竞争对手，发展对其父的敌意；女孩也采取一种类似的态度。"④ 男孩子

① ［奥］弗洛伊德：《超越唯乐原则》，《弗洛伊德后期著作选》，林尘、张焕民、陈伟奇译，上海译文出版社1986年版，第23页。
② ［奥］弗洛伊德：《弗洛伊德自传》，张霁明、卓如飞译，辽宁人民出版社1986年版，第42页。
③ ［奥］弗洛伊德：《弗洛伊德自传》，张霁明、卓如飞译，辽宁人民出版社1986年版，第46页。
④ ［奥］弗洛伊德：《弗洛伊德自传》，张霁明、卓如飞译，辽宁人民出版社1986年版，第46页。

恋母斥父，女孩子恋父斥母，这就是弗洛伊德所谓的俄狄浦斯情结，也是其所谓的无意识，或者说是潜意识。"我把这种性本能的能量叫做'利比多'（libido），这个名称只属于这种能量形式。接着我又被迫推测：'利比多'并非总是顺利地通过其规定的发展过程。由于某些本能成分力量过强，或者某些包括成熟前性满足在内的经验，'利比多'在其发展过程中的各种关节点之处可能发生固着现象。如果后来发生了压抑，'利比多'便流回到这些关节点之处（这个过程被描述为'倒退'），而这种能量正是从这些关节点之处以一种症状的形式突破而出。后来情况更加清楚，固着点的那一定位正是决定那种神经症选择的因素，即它决定后来的那一疾病的表现形式。"① 由此，考察"幼儿性欲"，实际上就是分析神经症患者的病因，也是分析历史人物行为（尤其是变态人格）的精神因素。

总之，研究"幼儿性欲"与童年经历，揭示其成长道路上受挫、受压的关节点，才能够揭示人类创造历史、创制文明的真谛。由此，在弗洛伊德的心目中，历史学是基于研究人的性本能及其发展规律之上从而揭示历史进步与文明创制奥秘的学问，而其学科属性，当属于科学。之所以说其是科学，是因为弗洛伊德虽然在说性，说人的欲望、意识，但始终是挖掘之前人类所不曾注意的、不被之前人类所认识的客观存在，即隐匿于意识之内的不被人所觉察的、主导人的意识的东西，即性本能，或说是潜意识、无意识，而其方法，也是以观察、实验为主体。英国著名的历史哲学家柯林武德曾经分析了心理史学的性质属于科学。他说：

　　什么是心理历史学呢？它根本不是历史学，而是一种特殊的自然科学。它不是为叙述事实而叙述事实。它的主要目的是要证实规

---

① ［奥］弗洛伊德：《弗洛伊德自传》，张霁明、卓如飞译，辽宁人民出版社 1986 年版，第 45—46 页。

律，即心理学的规律。心理学的规律既不是事件，又不是事件的复合体；它是支配各个事件之间的关系的不变法则。①

那么，作为科学的心理史学，其功用如何？

心理史学的功用问题，其实也是历史学理论及其史学史研究中的热点问题，已经有很多史学家作了论述。如罗凤礼先生指出，心理史学对历史学发展的功用在于：开辟历史研究的新领域，"促使他们更加重视家庭史和儿童史的研究"；"能够解释个人和社会之间的矛盾冲突和个人内心中经常存在的矛盾"，"有利于帮助历史学家和其他社会科学家加强对人和社会的认识"；无意识概念的提出，帮助人们认识真正的历史偶然性是不存在的，"所有的历史事件都是可以解释的"；重视"收集证据资料"，表明精神分析学与历史学存在着天然的合作条件；重视神经症的分析，"分析病态心理和其他非理性的常人无法理解的现象"，诱惑着历史学家参与研究；"文明和社会现象是个体心理冲突的副现象"，有助于了解时代及其社会群体的历史演变。总之，心理史学开辟了"新的学术领地"。② 张文生认为，心理史学的功用在于，"扩大了对历史的理解范围"，"增强历史研究的生动性"，增加了历史研究所需要的"想象力和开创精神"。③ 高勇认为，心理史学的功用在于，"增强了历史研究的生动性"，"使史学的社会功能得到进一步发挥"；"扩大了历史研究领域，有助于深化丰富历史研究"；"加深了对历史的理解"。④

---

① ［英］柯林武德：《历史的观念》，何兆武、张文杰译，商务印书馆 1997 年版，第 64 页。

② 罗凤礼：《历史与心灵：西方心理史学的理论与实践》，中央编译出版社 1998 年版，第 32—35 页。

③ 张文生：《认识人类历史活动的新视角——心理史学评估》，《内蒙古师范大学学报》（哲学社会科学版）1995 年第 4 期。

④ 高勇：《浅论心理史学对历史学的影响》，《学理论》2013 年第 3 期。

可见，关于心理史学功用的问题，之前的学者已经予以了广泛而深入的论析。但是，在我们看来，心理史学的功用，主要在于以下三点：第一，心理史学探究个人的自由与集体的关系，有利于调和个人与集体的关系，以便于社会生活的管理，从而构建和谐社会。第二，心理史学探究"利比多"，有利于认识历史人物的个性及其人格特征，既可以揭示历史的多样性与差异性，又可以治疗精神症患者。第三，心理史学探究"幼儿性欲"与其成人的历史贡献之间的关系，揭示其"利比多"的转型升华，进而揭示历史进步、文明创制的奥秘，从而挖掘历史发展的规律性、必然性。理论上可以促进历史学的科学化，实际上则可以推进社会教育的有效性、科学性。总之，正如弗洛伊德所说，历史学的功用就是纠正人们的错误，激励人们奋勇前行："人们写历史并不是出于客观的好奇心，而是期望以此来影响他们的同时代人，鼓励和激励他们，并明确指出他们的错误。"①

四、传记资料运用的方式与方法

在弗洛伊德看来，正如达·芬奇强烈的求知欲源自于性本能一样，历史认识之所以能够进行，也是源自历史学家强烈的求知欲，源自性本能的转型升华。

我们认为，这种强烈的欲望有可能在一个人的童年生活的早期就已经存在了。童年生活的印象确立了这种欲望的主导地位。我们进一步假设，原始的性本能增强了这种强烈的欲望，以至它可以代表这个人以后性生活的一部分。例如，这种类型的人会用高度的牺

---

① [奥] 弗洛伊德:《达·芬奇画传:一个对童年的记忆》，李雪涛、任仲伟译，华东师范大学出版社 2005 年版，第 61 页。

牲精神（另一种类型的人则将这种精神奉献给了爱情）来从事研究事业，用研究来代替爱情。我们可以大胆地推论，性本能不仅增强了研究的欲望，而且在绝大多数带有强烈欲望的事件中，都起着推波助澜的作用。①

众所周知，历史研究的展开，更多是居于文化和社会现实的需要，加之史学家个人的"天性"。如，笔者曾提出，历史认识主体性的动机有四个方面：个人动机包括"借史抒怀""牟利营私"，史学动机包括"记存事实""求知释疑"，社会动机包括"借鉴经验""取得成就"，文化动机包括"寻根""弘扬"。② 乍一看来，这个论析虽然已经相当丰富和清楚了，但是从历史认识主体性的要求来看，还是有所亏缺的。由此可见，弗洛伊德追本溯源，将历史认识主体性的动机归因于童年经历的性本能转型升华，可谓是对历史认识主体性的细化与深化。可以说是心理史学关于历史认识主体性论析的经典案例。

历史认识源自于性本能的转型升华，其实施的基础是什么呢？

在这里，心理史学同一般性的史学一样，都是历史资料。因为心理史学注重的是个人历史，所以更多专注的是传记资料，包括日记、手记、账册、作品等，尤其是原始的、第一手的资料。弗洛伊德谈到传记资料时说：

> 就像人们轻易地抛弃在一个民族的史前历史中发现的传奇、传统和对此所做的解释那样，它们虽然存在着被歪曲和误解的地方，但仍然代表着过去的事实。它们是一个民族根据早期的活动，在曾经强大的、现在仍在起作用的动机下形成的经验。如果我们能够借助

---

① ［奥］弗洛伊德：《达·芬奇画传：一个对童年的记忆》，李雪涛、任仲伟译，华东师范大学出版社 2005 年版，第 50 页。

② 郑先兴：《史家心理研究》，河南大学出版社 1997 年版，第 32—39 页。

于所有起作用的知识力量把被歪曲的事实扭转过来，那么发现这些传说材料背后的历史真相并不困难，同样，这也适用于一个人对童年的记忆或幻想。一个人相信他对童年的记忆并不是无关紧要的。通常，在这些连他自己都搞不清楚的残存的记忆背后，隐藏着关于他心理发展重要特征的难以估量的证据。现在，我们掌握了精神分析中先进的辅助手段，让隐藏的事实显现出来，这样，我们就可以通过分析列奥纳多童年的幻想，来填补他生活经历中的空白。①

在弗洛伊德看来，传世文献虽然有失真的地方，但毕竟是历史事实的记录与历史经验的总结，只要掌握着相关的知识和方法，即可以透过文献看到历史的真相。而精神分析理论，就是揭示英雄人物成长真相的有力手段。由此，弗洛伊德不仅指出了历史认识的基石是传记资料，而且还进一步指出，历史认识的主体性在历史认识中起着异常重要的作用。换句话说，没有精神分析的理论知识，无论阅读过怎样丰富的传记资料，都是不可能认识到历史的真谛的。

在弗洛伊德看来，历史认识的方式是联想。联想是人们正常的思维方式，其特征就是考虑问题时，由此及彼，由表及里，举一反三。再以达·芬奇的研究为例，弗洛伊德阅读其手记，发现有这样一段文字：

看起来，我似乎是命中注定要彻底地研究一番秃鹫了。因为我记起了一件很早的往事：当我还躺在摇篮里时，一只秃鹫向我飞来。它用它的尾巴打开了我的嘴，并多次用它的尾巴撞击我的嘴唇。②

就这一段话，弗洛伊德认为，蕴含着"他心理发展重要特征的难

---

① 〔奥〕弗洛伊德：《达·芬奇画传：一个对童年的记忆》，李雪涛、任仲伟译，华东师范大学出版社2005年版，第62—64页。

② 〔奥〕弗洛伊德：《达·芬奇画传：一个对童年的记忆》，李雪涛、任仲伟译，华东师范大学出版社2005年版，第59—60页。

以估量的证据"。那么，有哪些"重要特征"呢？弗洛伊德联想到的是：1.尾巴在意大利语言中为"coda"，是男性性器官。2.用尾巴撞开嘴巴，是"口交"（Fellatio）。3."妈妈将奶头放入嘴里吮吸"。4."列奥纳多确实是一个有同性恋感情的人"。5."列奥纳多是一个私生子"，5岁之后才被生父带回家中。6.一生最关键的三四年中，是与"他那贫穷的、被遗弃的生身母亲共同度过的"，"体验到了缺乏父爱的感受"。7.对母亲的爱恋，使他"以为母亲的生殖器会是一个阴茎"，转而厌恶阴茎。8.蒙娜丽莎神秘的微笑，其实就是达·芬奇的童年的恋母情结的性幻想。

另一位著名的心理史学家埃里克森在其《青年路德传》中，也使用了联想的方式。其中第二章记载说，路德一次在埃尔富特修道院中聆听福音时，突然倒地，"像公牛似的吼道：'我不是！我不是！'"埃里克森由此联想到，这是路德因遭人辱骂和受中伤后孩子气儿地抗议，是其后来实施宗教改革的动因之一。

可以说，这两个例子充分体现了心理史学在历史认识方式上的特征。当然，在心理史学的质疑者看来，这种认识方式却是不真实的，是错误的。斯坦纳德指出，弗洛伊德所谈到的秃鹫，是列奥纳多《笔记》中有关"动物寓言·贪食"中的一段话："兀鹰如此贪得无厌，它宁愿飞翔千里觅腐尸为食。这便是它跟踪军队的原因。""据此，我认为能理直气壮地说，这段话根本无助于弗洛伊德的论点。"[1]而埃里克森所述的昏倒的事情，是"尚未证实的事"。[2]

---

① ［美］大卫·斯坦纳德：《退缩的历史——论弗洛伊德及心理史学的破产》，冯刚、关颖译，浙江人民出版社1989年版，第27页。

② ［美］大卫·斯坦纳德：《退缩的历史——论弗洛伊德及心理史学的破产》，冯刚、关颖译，浙江人民出版社1989年版，第43页。

虽然心理学研究方法论很是复杂，有观察法、问卷法、实验方法等，但是具体到心理史学方面，其方法论能够准确地予以应用的，则是类比方法。

一个人对他成年所经历的事件的有意识记忆与历史学相类似，而他对童年的回忆，就其产生和可信度而言，则与一个民族的史前史相同，它是人们在以后的岁月里，根据自己的倾向性而加以改编的。①

通过重要的生物学类比，我们发现，每个人的精神发展其实是以简化的方式重复着人类发展的过程。②

由此，心理史学的研究方法，是从两个方面予以类比的：一是成年有意识的回忆，正是历史学研究的基本样式；二是人们对童年的回忆，正是历史学对远古史研究的基本样式。

五、潜意识与意识：心理史学与唯物史观的关系

在西方学术史上，心理史学与唯物史观的关系，有着一个从对立排斥到逐渐认识、包容的过程。一开始，两者好像是水火不相容、截然对立的，但是随着认识的深入，逐渐意识到两者水乳交融的关系。以国内学者的论述为例，20世纪80年代，学者们谈到弗洛伊德与马克思主义的关系时，说："我们认为，弗洛伊德主义并不是科学真理，根本不值得人们去迷恋信仰；但它也不是纯粹地胡说八道，可以简单地否定。从宏观上

---

① ［奥］弗洛伊德：《达·芬奇画传：一个对童年的记忆》，李雪涛、任仲伟译，华东师范大学出版社2005年版，第61页。

② ［奥］弗洛伊德：《达·芬奇画传：一个对童年的记忆》，李雪涛、任仲伟译，华东师范大学出版社2005年版，第61、88页。

说，弗洛伊德主义同马克思主义是根本对立的，也是根本错误的；从微观上讲，弗洛伊德主义确有一定的合理因素，有值得借鉴和吸收之处。"①20世纪90年代之后，随着心理史学的译入与普及，人们对心理史学的合理性、科学性也有了深入的认识，逐渐意识到两者之间的有益联系。程伟礼认为，在历史动力欲望问题上，唯物史观将之看作是"根源于一定的社会结构和一定的生产和交往的条件"，弗洛伊德则认为是源自于与动物身上"都具有相同性质的'永恒的'驱动力"。马克思"不仅考察了人的感觉的社会形成，而且还全面把握了人性的感觉同世界的全部丰富关系"，所以，马克思的理论比弗洛伊德"更为全面、深刻"。②邱昌胤则说："在历史研究中引入心理分析法，与辩证唯物主义和历史唯物主义的一般原理和方法论毫无抵牾之处，恰恰相反，它还是后者的基本要求。"③罗凤礼先生指出："重视研究人的行为与心理，以及应用现代心理学来从事这种研究，不仅与马克思主义不相矛盾，而且恰是马克思主义史学题中应有之义，将会促进马克思主义史学的健康发展。"④陈静也认为，心理史学与唯物史观不是对立的，而是统一的，"唯物史观需要用心理史学方法来开创新的研究领域，心理史学方法需要借助唯物史观来解决自身的缺陷。二者互相结合，可以进一步推动历史研究的深入发展。"⑤

批阅学术史，我们知道，心理史学与唯物史观的关系，远没有学者所论析的静止平面关系如此简单，而是有着深刻的历史渊源及其关系。

---

① 车文博：《译序》，[奥]弗洛伊德：《弗洛伊德自传》，张霁明、卓如飞译，辽宁人民出版社1986年版，第5页。

② 程伟礼：《唯物史观与心态史学》，《探索与争鸣》1990年第5期。

③ 邱昌胤：《心理分析法：一种马克思主义史学方法》，《贵州师范大学学报》（社会科学版）1996年第2期。

④ 罗凤礼：《心理史学与马克思主义史学》，《史学理论研究》1998年第3期。

⑤ 陈静：《心理史学方法与唯物史观关系探讨》，《山西高等学校社会科学学报》2010年第8期。

一方面，从学术发展史看，心理史学与唯物史观有着先后相续的对立关系。

弗洛伊德与马克思，虽然都是犹太人出身，但是却处于不同的时代。马克思生活在 19 世纪中期，弗洛伊德生活在 19 世纪末到 20 世纪初。时间上的先后相续，特别是唯物史观的广泛深远的影响，使得弗洛伊德不得不接受并思考其观点；而作为学者的存在，必然会提出相左的意见。弗洛伊德在叙述了唯物史观的共产主义设想后，很傲慢地说：

> 我不介入对共产主义体系的任何经济批评，因为我不能探究私有财产的废除是权宜之计还是进步。但是我能清楚地认识到作为共产主义体系基础的心理学前提是站不住脚的幻想。在废除私有财产中，我们剥夺了人类喜爱进攻的手段之一；这当然是一个很强的手段，尽管不一定是最强的，但是我们绝没有改变在能力和影响方面为进攻性所滥用的差异性，我们也没有改变人类天性中的任何东西。进攻性并不是由财产创造的……即使我们废除了物质财富的私人所有权，仍然存在着性关系领域的特权，这一特权必定会成为在其他方面完全平等的人们中间的极度的不悦和最强烈的敌意的根源。①

可见，弗洛伊德认为，历史发展的决定因素是其所蕴含的永久性的性本能，至于唯物史观的废除私有制以消弭人类的争斗，以及将历史发展的决定因素看作是物质资料的生产等观点，心理史学是不太同意的。与唯物史观相比，心理史学的历史观可以概括为唯性史观。

另一方面，从学术旨趣来看，心理史学与唯物史观是互相统一的，是一致的。

心理史学强调性本能是历史发展的动力，从表面看，是与唯物史观

---

① ［奥］弗洛伊德：《文明及其缺憾》，傅雅芳、郝冬瑾译，安徽文艺出版社 1987 年版，第 59 页。

相对的。但是，如果置放在反对封建神学史观的背景下，置放在理性史学、非理性史学的人文主义、启蒙运动的视野内，那么就会发现，心理史学与唯物史观一样，都是反对封建神学史观的，都是质疑资本主义现代文明的，都是对理性史学与非理性史学的发展和补充。费德说："马克思和弗洛伊德都为人们提出了把自己从基督教的束缚下解放出来的办法。"① 朱孝远也说，弗洛伊德的精神分析学是"对当时西方文明的现状所持的深深的怀疑和批判态度。'情欲世界'和'人是病人'这两个结论实际上是他一切学说的起点。"②

历史是人类的活动，其发展和进步的动力源自于人类的自身。这是资产阶级学者的基本观点。但是在人类自身中，究竟是指的哪些因素？理性史学说是人类的理性，是人类对良知的诉求，所以，人类可以所向披靡，无往而不利；非理性史学则指出，历史虽然是人类的理性活动，但理性不是万能的，人类不能随心所欲，人类的活动还是受到时代、地理与制度等因素的制约，促使人们创造历史的动力是灵感、智慧和天才。唯物史观发展了非理性史学的观点，认为，主宰历史进步的因素固然是人类的理性，是人的意识、智慧和灵感，但是理性、意识、灵感却是受社会发展一定阶段的生产方式因素所制约的。弗洛伊德则指出，主宰历史的人类自身因素，不是理性、意识、灵感，更不是意识背后的生产方式，而是意识中的无意识，即人类自然的性本能。性本能是隐匿在历史发展乃至于日常生活中的决定因素。因其根源于"幼儿性欲"的历练，内化为成年的人格，所以，可以称之为无意识、潜意识，也可以称之为俄狄浦斯情结。潜意识由本我、自我和超我所组成。小到人自身的

---

① [美]查尔斯·B.斯特罗切尔、丹尼尔·奥弗：《领袖——一项心理史学研究》，梁卿、贾宇琰译，中央编译出版社2010年版，第31页。
② 朱孝远：《现代历史心理学的产生和发展》，《历史研究》1989年第3期。

成长，大到人类历史的发展，无论人们认识与否，潜意识都起着决定性的作用。无疑，弗洛伊德的无意识学说，带着泛性论的特征。所以，从其诞生那天开始，就遭到了众多的诟病。

荣格，这位弗洛伊德的传人、逆徒，对无意识重新做了较为合理的解释。在荣格看来，历史发展的动力是本能与原型，即"集体无意识"（Collective unconscious）。所谓本能，就是指人们行为的自然冲动，其特征是"意识不到隐藏在行为后面的心理动机"，"它具有普遍一致性和可重复发生性"。[①] 在这里，荣格没有将其归之于性爱，而是归之于"先天遗传"，"是一切心理过程必需事先具有的决定性因素"。所谓原型，是指"人类范型"，即"人的知觉和领悟方式"。"本能和原型共同构成了'集体无意识'"。[②] 又说：集体无意识"关系到古代的或者可以说是从原始时代就存在的形式，即关系到那些自亘古时代起就存在的宇宙形象"，[③] 由此，荣格所谓的"集体无意识"，实际上是指远古以来的人类历史积淀而成的社会心理元素，它虽然不被人们所认知，但是时常主宰着人们来创造历史。

埃里克森，这位弗洛伊德女儿——安娜·弗洛伊德（Anna Freud，1895—1982）——的学生，也对无意识作了更为明了的解释。在埃里克森看来，历史发展的动力是"同一性危机"，或说是"身份认同危机"，其实就是指现实社会中的社会化问题。在个人发展史上，婴儿期、童年期、学龄期与青年期等，每个阶段都有着各自的追求、认同与危机，个

---

① ［瑞士］荣格：《本能与无意识（1919）》，《荣格文集》，冯川、苏克译，改革出版社1997年版，第2页。

② ［瑞士］荣格：《本能与无意识（1919）》，《荣格文集》，冯川、苏克译，改革出版社1997年版，第6页。

③ ［瑞士］荣格：《集体无意识的原型（1934/1950）》，《荣格文集》冯川、苏克译，改革出版社1997年版，第40页。

人的个性是跟随着社会文化的要求不断构建和完善的。以青年阶段为例，一方面，青年"热烈地寻求可以信赖的人和观念"；另一方面，"青年又害怕傻瓜似的过分承担义务，从而会自相矛盾地表现出需要对招摇的和玩世不恭的不信任表示信仰"；"总有部分青年在历史的某些时期适逢最为激动人心的时刻，发现历史本身处于技术、经济和意识形态的高潮，似乎可以允诺青春活力所可要求的一切"。"如果不是这样，青年的心灵就会表现出一种较为明显的意识形态观点"，亦即，"他就会像困兽般地被迫奋力抵抗，以求保全自己的生命。确实如此，因为在人类生存的社会丛林中，没有同一感也就没有生存感"。[1]《青年路德传》就是埃里克森理论的实验，该书考察路德一生的言行，分析其宗教改革的心理进程，经过了"我是谁？""我服从谁？""我怎么做？"等社会化的认同等阶段。

至此，历史发展动力的概念从弗洛伊德的无意识即性本能，经历了荣格的集体无意识即远古文化遗存，再到埃里克森的"同一性危机"或"身份认同危机"即社会化，从人的个性逐渐扩展至社会条件，终于走到了唯物史观的思路上。英国的奥兹本说："精神分析学者和马克思主义者从不同的角度来研究同一的现象。一方面注重主观的因素，另一方面则注重外部的条件。但双方的观点却是并行不悖的，并且统一起来能使彼此获益。这一点在他们对于宗教的解释上表现得最明白。"[2]约翰·斯特拉奇则说，奥兹本的研究表明，"精神分析学已经完全不自知地，对于辩证唯物论的主要原则之正确性提供了强有力的证据"。[3]

---

[1] ［美］埃里克·H.埃里克森：《同一性：青少年与危机》，孙名之译，浙江教育出版社1998年版，第114、115页。

[2] ［英］奥兹本：《弗洛伊德和马克思》，董秋斯译，中国人民大学出版社2004年版，第98页。

[3] ［英］奥兹本：《弗洛伊德和马克思》，董秋斯译，中国人民大学出版社2004年版，第3页。

　　由上可知，在反对宗教神学史观、质疑资本主义现代文明的背景下，心理史学与唯物史观都认为，历史是人类的活动，其动力在于人类自身。唯物史观所谓的人类自身，是指人类的意识以及决定其性质与特征的生产方式；心理史学所谓的人类自身，是指人类的意识之内不被人所意识到而决定意识的无意识、潜意识。以此而言，弗洛伊德虽然不同意共产主义的设想，但是在历史观问题上，却是对唯物史观的深化、细化和补充。而其嗣后的发展，尤其是埃里克森的"同一性危机"观点，显然逐渐与唯物史观交织融合在一起了。

　　综上所述，心理史学是继唯物史观之后，与年鉴学派同时发展起来的历史主义思潮。在心理史学看来，历史是基于人类活动上的文明创制，而其动力则是性本能的压抑（无意识或潜意识）所转型升级的艺术创造，历史是由精神症者所创造的，其因则源自于童年的经历；历史学的研究对象是潜意识，其任务是揭示其转型升华之规则，其性质属于科学；历史认识的基点是传记资料，其方式是联想，其方法是类比。在历史发展动力问题上，唯物史观将其看作是基于物质生产方式之上的人类意识，心理史学则将其看作是基于人类自身生产之上的人类的性本能、无意识或潜意识。所以两者相互映衬，完善着历史主义思维方式。学术史上，弗洛伊德、荣格、兰格、埃里克森、科胡特等学者，都为心理史学的发展和学科建设作出了贡献。

参 考 文 献

1. 张芝联：《资产阶级历史主义的形成及其特征》，《世界历史》1979 年第 1 期。

2. 蒋大椿：《历史主义与阶级观点研究》，巴蜀书社 1990 年版。

3. 王学典：《历史主义思潮的历史命运》，天津人民出版社 1994 年版。

4. 王学典：《二十世纪后半期中国史学主潮》，山东大学出版社 2000 年版。

5. 梁柱、龚淑铎主编：《警惕历史虚无主义》，人民教育出版社 2006 年版。

6. 梁柱：《历史虚无主义评析》，社会科学文献出版社 2012 年版。

7. 宋友文：《历史主义与现代价值危机》，人民出版社 2012 年版。

8. 李永刚：《历史主义与解释学——以 "〈历史性〉概念为核心的考察"》，人民出版社 2016 年版。

9. 焦佩锋：《唯物史观与历史主义》，复旦大学博士学位论文 2010 年。

10.《马克思恩格斯选集》，人民出版社 1995 年版。

11.《马克思恩格斯全集》，人民出版社 1995 年版。

12. 郭圣铭：《西方史学史概要》，上海人民出版社 1983 年版。

13. 韩震：《西方历史哲学导论》，山东人民出版社 1992 年版。

14. 张广智：《西方史学史》，复旦大学出版社 2000 年版。

15. 张广智：《克利奥之路：历史长河中的西方史学》，复旦大学出版社 1989 年版。

16. 朱本源：《历史学理论与方法（修订本）》，人民出版社 2012 年版。

17. 郑先兴：《文化史研究的理论与实践》，中央编译出版社 2004 年版。

18. 郭圣铭、王晴佳主编：《西方著名史学家评介》，华东师范大学出版社 1988 年版。

19. 刘北成、陈新主编：《史学理论读本》，北京大学出版社 2006 年版。

20. 姜芃：《西方史学的理论和流派》，中国社会科学出版社 2007 年版。

21. 于沛主编：《西方史学史》，高等教育出版社 2011 年版。

22. ［古希腊］希罗多德：《历史——希腊波斯战争史》，王以铸译，商务印书馆 2016 年版。

23. [古希腊] 修昔底德：《伯罗奔尼撒战争史》，谢德风译，商务印书馆 2016 年版。

24. [古罗马] 奥古斯丁：《上帝之城》，王晓朝译，人民出版社 2006 年版。

25. [法] 格雷戈里：《法兰克人史》，寿纪瑜、戚国鑫译，商务印书馆 1981 年版。

26. [英] 比德：《英吉利教会史》，陈维振、周清民译，商务印书馆 1991 年版。

27. [美] 汤普森：《历史著作史》，孙秉莹、谢德风译，商务印书馆 1988、1992 年版。

28. [英] 乔治·皮博迪·古奇：《十九世纪历史学与历史学家》，耿淡如译，商务印书馆 1989 年版。

29. [意] 维科：《新科学》，朱光潜译，商务印书馆 1989 年版。

30. [法] 孟德斯鸠：《罗马盛衰原因论》，商务印书馆 1962 年版。

31. [法] 孟德斯鸠：《论法的精神》，商务印书馆 1961 年版。

32. [德] 康德：《历史理性批判文集》，何兆武译，商务印书馆 1990 年版。

33. [法] 卢梭：《论人类不平等的起源和基础》，商务印书馆 1962 年版。

34. [法] 伏尔泰：《路易十四时代》，商务印书馆 1982 年版。

35. [法] 孔多塞：《人类精神进步史表纲要》，何兆武、何冰译，三联书店 2003 年版。

36. [意] 马基雅维利：《佛罗伦萨史》，李活译，商务印书馆 1982 年版。

37. [法] 卢梭：《社会契约论》，商务印书馆 2003 年版。

38. [英] 马尔萨斯：《人口原理》，王惠惠译，陕西师范大学出版社 2008 年版。

39. [德] 斯宾格勒：《西方的没落》，齐世荣译，商务印书馆 1995 年版。

40. [德] 李凯尔特：《文化科学与自然科学》，涂纪亮译，商务印书馆 1986 年版。

41. [意] 贝奈戴托·克罗齐：《历史学的理论和实际》，傅任敢译，商务印书馆 1986 年版。

42. [英] 柯林武德：《历史的观念》，何兆武、张文杰译，商务印书馆 1997 年版。

43. [德] 狄尔泰：《历史中的意义》，艾彦、逸飞译，中国城市出版社 2001 年版。

44. [德] E.卡西勒：《启蒙哲学》，顾伟铭、杨光仲、郑楚宜译，山东人民出版社 1988 年版。

45. 许章润：《萨维尼与历史法学派》，广西师范大学出版社 2004 年版。

46. 许章润主编：《萨维尼与历史法学派研究专号》，《清华法学》第 3 辑，2003 年 11 月。

47. 余履雪：《德国历史法学派：方法与传统》，清华大学出版社 2011 年版。

48. 刘文会：《法律制度的民族性之维及其变革——历史法学派的法哲学反思和启示》，中共政法大学出版社 2013 年版。

49. [德] 弗里德里希·卡尔·冯·萨维尼：《历史法学派的基本思想 1814—1840 年》，郑永流译，法律出版社 2009 年版。

50. [英] 柏克：《法国革命论》，何兆武、许振洲、彭刚译，商务印书馆 1998 年版。

51.［英］柏克：《自由与传统——柏克政治论文选》，蒋庆、王瑞昌、王天成译，商务印书馆 2001 年版。

52.［英］柏克：《埃德蒙·柏克读本》，陈志瑞、石斌译，中央编译出版社 2006 年版。

53.［加］C.B.麦克弗森：《柏克》，江原译，中国社会科学出版社 1989 年版。

54.杨生茂编：《美国历史学家特纳及其学派》，商务印书馆 1984 年版。

55.王邵励：《美国边疆、地域与西部：弗雷德里克·杰克逊·特纳史学思想初论》，中国社会科学出版社 2018 年版。

56.［英］爱德华·吉本：《吉本自传》，戴子钦译，生活·读书·新知三联书店 1989 年版。

57.［英］爱德华·吉本：《罗马帝国衰亡史》，席代岳译，吉林出版集团股份有限公司 2008 年版。

58.易兰：《兰克史学研究》，复旦大学博士学位论文 2005 年。

59.［德］兰克：《历史上的各个时代——兰克史学文选之一》，杨培英译，北京大学出版社 2010 年版。

60.［法］安托万·基扬：《近代德国及其历史学家》，黄艳红译，北京大学出版社 2010 年版。

61.［德］德罗伊森：《历史知识理论》，胡昌智译，北京大学出版社 2006 年版。

62.［德］兰克：《世界历史的秘密——关于历史艺术与历史科学的著作选》，易兰译，复旦大学出版社 2012 年版。

63.［美］格奥格尔·G.伊格尔斯：《德国的历史观——从赫尔德到当代历史思想的民族传统》，彭刚、顾杭译，译林出版社 2014 年版。

64.［美］费利克斯·吉尔伯特：《历史学：政治还是文化——对兰克和布克哈特的反思》，刘耀春译，北京大学出版社 2012 年版。

65.［意］克罗齐：《作为思想和行动的历史》，田时纲译，中国社会科学出版社 2005 年版。

66.［意］卡洛·安东尼：《历史主义》，黄艳红译，格致出版社、上海人民出版社 2010 年版。

67.［美］海登·怀特：《后现代历史叙事学》，陈永国、张万娟译，中国社会科学出版社 2003 年版。

68.［美］海登·怀特：《话语的转义——文化批评文集》，戴立河译，大象出版社 2011 年版。

69.［英］卡尔·波普：《历史决定论的贫困》，杜汝楫、邱仁宗译，华夏出版社 1987 年版。

70.［英］E.H.卡尔：《历史是什么》，陈恒译，商务印书馆 2007 年版。

71.［法］德里达：《二十世纪西方哲学译丛》，上海译文出版社 2005 年版。

72.［德］梅尼克：《历史主义的兴起》，陆月宏译，上海译林出版社 2009 年版。

73.［英］巴特菲尔特：《历史的辉格解释》，张岳明、刘北成译，商务印书馆 2012 年版。

74.［美］海登·怀特：《元史学：十九世纪欧洲的历史想象》，陈新译，译林出版社 2004 年版。

75. 洪谦主编：《西方现代资产阶级哲学论著选辑》，商务印书馆 1964 年版。

76. 张文杰、何兆武主编：《当代西方著名哲学家评传》第 7 卷《历史哲学》，山东人民出版社 1996 年版。

77. 张京媛主编：《新历史主义与文学批评》，北京大学出版社 1993 年版。

78. 王晴佳、古伟瀛：《后现代与历史学：中西比较》，山东大学出版社 2006 年版。

79.［法］弗朗索瓦·多斯：《碎片化的历史学——从〈年鉴〉到"新史学"》，马胜利译，北京大学出版社 2008 年版。

80.［法］费尔南·布罗代尔：《论历史》，刘北成、周立红译，北京大学出版社 2008 年版。

81.［法］马克·布洛赫：《历史学家的技艺》，张和声、程郁译，上海社会科学院出版社 1992 年版。

82.［法］费尔南·布罗代尔：《文明史纲》，肖昶、冯棠、张文英、王明毅等译，广西师范大学出版社 2003 年版。

83.［英］杰弗里·巴勒克拉夫：《当代史学主要趋势》，上海译文出版社 1987 年版。

84.［法］雅克·勒高夫：《历史与记忆》，方仁杰、倪复生译，中国人民大学出版社 2010 年版。

85.［法］雅克·勒高夫、皮埃拉·诺拉：《新史学》，姚蒙译，上海译文出版社 1980 年版。

86.［法］勒高夫：《史学研究的新问题新方法新对象》，郝名玮译，社会科学文献出版社 1988 年版。

87.［英］伊安·汉普歇尔·蒙克：《比较视野中的概念史》，周保巍译，华东师范大学出版社 2010 年版。

88.［英］梅尔文·里克特：《政治和社会概念史研究》，张智译，华东师范大学出版社 2010 年版。

89. 孙江、刘建辉主编：《亚洲概念史研究》第 1 辑，生活·读书·新知三联书店 2013 年版。

90. 孙江、陈力卫主编：《亚洲概念史研究》第 2 辑，生活·读书·新知三联书店 2014 年版。

91.《文明及其缺憾》，傅雅芳、郝冬瑾译，安徽文艺出版社 1996 年版。

92.《弗洛伊德后期著作选》，林尘等译，上海译文出版社 1986 年版。

93.《弗洛伊德自传》，张霁明、卓如飞译，辽宁人民出版社 1986 年版。

94.西格蒙德·弗洛伊德：《达·芬奇画传：一个对童年的记忆》，李雪涛、任中伟译，华东师范大学出版社 2006 年版。

95.大卫·斯坦纳德：《退缩的历史——论弗洛伊德及其心理史学的破产》，冯刚、关颖译，浙江人民出版社 1989 年版。

96.[美] 皮埃尔·阿考斯、皮埃尔·朗契尼克：《病夫治国》，何逸之译，新华出版社 1981 年版。

97.《荣格文集》，冯川、苏克译，改革出版社 1997 年版。

98.[美] 埃里克·H.埃里克森：《同一性：青少年与危机》，孙名之译，浙江教育出版社 1998 年版。

99.[英] 奥兹本：《弗洛伊德和马克思》，董秋斯译，中国人民大学出版社 2004 年版。

100.萧延中、罗凤礼主编：《心理传记学译丛》，中央编译出版社 2012 年版。

101.罗凤礼：《历史与心灵：西方心理史学的理论与实践》，中央编译出版社 1998 年版。

102.杨鑫辉主编：《心理学通史》第四卷，山东教育出版社 2000 年版。

后　记

　　奉献在读者面前的这本小册子《西方史学思想研究》，是我们长期研读西方史学论著的结晶。阅读的机缘巧合及其酸甜苦辣毋庸赘言，但是有关西方史学思想研究的话语，至此依然意犹未尽，于是再续说如下。

　　一是要以价值观的角度，充分肯定西方史学思想研究的重要性。

　　一方面，史学思想是历史研究理论、观点与方法论的总结与升华。当代领袖曾经指出："历史是一切社会科学研究的基础。"那么，史学思想的研究，就具有更重要的价值。历史以关注事物的过程、史实为旨趣，那么，其他人文社会科学的研究，无论其旨趣如何，都离不开其发展过程的观察及其史实的考证，离不开史学的理论与方法，因此，其研究必须以历史研究为基础。而史学思想研究的旨趣，则是以历史研究为基础，是以考察历史研究为其对象的。可以说，史学思想的研究是历史研究的研究。如果说历史研究是历史认识的基本范式，那么，史学思想的研究就是有关历史认识范式的提炼与抽绎，是每个时代历史学家认知范式的总结、提炼与升华。

　　另一方面，史学思想是人生基本观念、价值与意义的总结与凝练。钱穆说："历史就是人生。"德国新黑格尔主义历史哲学家认为，历史不同于自然的，就在于历史是"一趟儿过的"，不重复的，不循环的。然而，这只是就个人的历史而言的。如果放眼历史长河之中，人们就会发现，每个人，每个时代，都在以各种形式重复、循环过去的人、过去的时代经历。或者说，过去的人，过去的时代又以新的形式在新的时代重新展开。这就是说，历史对于单个的个人、单个的时代而言，是"一趟儿过的"，但是对于历史的个人、历史时代而言，却是重复的，循环的。"历史视域下没有新鲜事儿"，说的就是这个理儿。人们常说，研究历史就是要总结历史的经验教训，即可以启迪后人创造历史，避免重蹈覆辙。但是历史经验教训的总结，却又因人因时而不同。所以，胡适曾经说："历史是一个漂亮的女孩子，可以任人打扮。"那么，究竟怎样打扮，才会符合历史的本真呢？这就需要史学思想的考察与研究，需要史学思想研究的"剔除糟粕，吸取精华"，从而抽绎出正确的观点与方法。

最后，史学思想是在互相借鉴中获得进步与发展的。"它山之石，可以攻玉。"近现代以来的学术发展充分证明，中西文化的交流互鉴是史学思想发展进步的源泉。西方史学思想对中国史学的发展所起到的推进作用也是有目共睹的。因此，全面深入地揭示西方史学思想的发展思潮与流派，对于促进我国的史学发展构建人类共同的人文社会科学学科体系，有着不可估量的作用。

二是要以辩证的眼光，充分认识西方史学思想发展的思潮与流派。

西方史学思想的发展，是以一个否定另一个的形式展开的。以思潮而论，由文化思潮到启蒙思潮、实证思潮，再到科学思潮，都是以后发的否定前一个的形式为其特征的；以流派而论，古典史学→基督神学史学→理性史学→非理性史学→民族传统史学→实证史学→接受史学→概念史学→唯物史观史学→年鉴学派→心理史学，也是以一个否定另一个的形式为其特征的。其间，虽然历史的历法时间有所错位，但是其逻辑顺序却是鲜明的。在实践中，西方史学发展的这种趋势，表面上呈现了历史虚无的现象，如基督神学史学对于古典史学人文因素的否定，理性史学对基督神学史学的否定，非理性史学对理性史学的否定，等等。于此，必须采用辩证法的眼光分析其发展，才能正确认识到西方史学发展中的否定，其实质是一种继承了之前精华的辩证否定，是一种高级发展。马克思说："一切发展，不管其内容如何，都可以看做一系列不同的发展阶段，他们以一个否定另一个的方式彼此联系着。"① 比如，基督神学史学否定了古典史学的人文因素，但是其将神的意志看作是历史的决定因素，却是基于古典史学人文因素的判断上的；同样地，理性史学否定基督神学史学的神的意志学说，肯定理性的历史发展动力也是基于基督神学史学的神意史观的，而非理性史学否定理性史学的理性史观，是基于其人类的创造能力及其艺术灵感的。可见，西方史学思想的发展以思潮与流派的前后否定形式展开，而本质上却是在吸取之前各个思潮与流派的精华后淬炼与升华而成的，是进步发展的具体展现。

三是要以整体的眼光，充分理解西方史学思想的原著原意。

西方史学思想的发展，正如任何历史事件一样，都有着自身的发展路径与规则，要研究和论述西方史学思想，必须阅读其原著，体察其原意。用恩格斯的话说，就是"学会按照作者写的原样来阅读这些著作"，"不把著作中原来没有的东西塞进去"。② 实践中，西方史学思想的研究，常常会被打上主观的烙印，违背恩格斯的指示。如在吉本史学思想的研究中，吴于廑先生根据早期翻译的《罗马帝国衰亡史》的第15—16卷文字，说"吉本书中很少讲到中国"③，显然是不准确的。又如在西方后现代主义研究中，有见于后现代主义强调历史学的"叙事"特征，于是

---

① 《马克思恩格斯选集》第一卷，第169页。
② 《马克思恩格斯全集》第二十五卷，第26页。
③ 吴于廑：《吉本的历史批判与理想主义思潮》，《社会科学战线》1982年第1期。

国内学者纷纷论述中西史学的汇通为"叙事",甚至有些学者兴奋地说,中国传统史学的叙事有了更为广阔的国际前景。殊不知,后现代主义史学所讲的"叙事",目的是揭示历史研究与文学本质上的一致性,是以"受众""接受"的角度,说明历史学与文学具有同样的价值作用,是对历史学性质的论析及其价值的评估。再如在西方浪漫主义史学的研究中,大多考虑其历史哲学的意蕴,忽略了其中所蕴含的非理性思想、民族传统思想,所以,掩盖了德国法的历史学派、英国国家学说的历史学派与美国边疆学派的历史学派的民族传统性质。显然,这些在西方史学思想研究中所出现的问题,都要求在西方史学思想的研究中,必须要以整体的眼光,充分理解和把握其原著原意,才能真正认识西方史学发展脉络及其规则。

最后,本册子之所以能够得以出版问世,还要感谢为此作出贡献的诸位编辑先生,如《理论与史学》《宁夏师范学院学报》《南阳师范学院学报》与《南都学坛》,正是他们的热心支持,使得我们有信心完成这一话题。特别还要感谢人民出版社的编辑同志,正是他们的热心支持,才使得本册子得以顺利立项出版。当然,也要感谢我的同事金爱秀、王仁宇、孔永红、余峰、高艳丽等,正是他们承担了繁复的日常工作,使得我有时间能专心写作。在此,向所有关心、爱护我的亲朋好友、领导同事,一并呈上我真诚的谢意!

2019 年 10 月 22 日

责任编辑：戚万迁　李之美

图书在版编目（CIP）数据

西方史学思想研究／郑先兴 著 . —北京：人民出版社，2021.6
ISBN 978－7－01－022695－8

I. ①西…　II. ①郑…　III. ①史学史－研究－西方国家　IV. ① K091

中国版本图书馆 CIP 数据核字（2020）第 239659 号

西方史学思想研究

XIFANG SHIXUE SIXIANG YANJIU

郑先兴　著

人 民 出 版 社 出版发行
（100706　北京市东城区隆福寺街 99 号）

涿州市星河印刷有限公司印刷　新华书店经销

2021 年 6 月第 1 版　2021 年 6 月北京第 1 次印刷
开本：710 毫米 ×1000 毫米 1/16　印张：22.25
字数：280 千字

ISBN 978－7－01－022695－8　定价：68.00 元

邮购地址 100706　北京市东城区隆福寺街 99 号
人民东方图书销售中心　电话（010）65250042　65289539